对外经济贸易大学
“惠园优博文库”项目资助出版

外资进入与中国出口产品升级路径

史瑞祯　著

对外经济贸易大学出版社
中国·北京

图书在版编目（CIP）数据

外资进入与中国出口产品升级路径 / 史瑞祯著. 北京 : 对外经济贸易大学出版社, 2024. 6. --（惠园优博文库）. -- ISBN 978-7-5663-2614-0

Ⅰ. F752.62

中国国家版本馆 CIP 数据核字第 2024ND6978 号

外资进入与中国出口产品升级路径

史瑞祯　著

责任编辑：高　卓

出版发行：对外经济贸易大学出版社
社　　址：北京市朝阳区惠新东街 10 号
网　　址：www.uibep.com
资源网址：www.uibepresources.com
邮政编码：100029
邮购电话：010 – 64492338
发行部电话：010 – 64492342
E-mail：uibep@126.com

成品尺寸：170mm×240mm
印　　张：13
字　　数：240 千字
ISBN 978-7-5663-2614-0
印　　刷：北京九州迅驰传媒文化有限公司
版　　次：2024 年 6 月北京第 1 版
印　　次：2024 年 6 月第 1 次印刷
定　　价：52.00 元

前　言

在“双循环”新发展格局下，中国开启了新一轮高水平对外开放，以国内大市场为依托，缩减外资准入负面清单，吸引更多外资进入并融入国内经济发展进程。与此同时，中国出口贸易正处在由“高速增长”转向“高质量发展”的关键时期，统筹内外部要素资源，破解融资困境和技术堵点，重塑本土产品在海外市场的竞争优势，成为新时期中国实现出口产品升级、迈向贸易强国的可行路径和客观选择。然而，受限于“有限的”资本，经济主体在产品升级过程中往往表现出路径偏向性，更青睐于产品内升级路径或是产品间升级路径，外资在其中所起的作用也显现出了不同。在此背景下，本书以“外资进入与中国出口产品升级路径”为主题，遵循“文献梳理—典型事实—理论分析—实证检验”的脉络展开研究，揭示不同阶段外资进入的具体表现，诠释中国出口产品升级路径内涵，并全面识别二者之间的关系。本书得到的主要结论如下：

第一，中国外资准入政策始终与同时期推动经济体制改革和产业发展的政策步调相一致，且偏向于缩减负面清单、缩小区域差距和促进产业转型等内容。中国市场一直是外商投资的重要选择，庞大的外部资金注入国内经济发展进程，成为不可替代的组成部分。中国实际利用外资呈现出由制造业转向服务业、由稳固东部向中西部延伸的特征。与此同时，出口贸易也取得了可观的增长，出口产品质量及技术复杂度均呈现出不同程度的提高，尤其是通信设备、计算机及其他电子设备和纺织服装皮革及其制品等生产部门。产品升级动力主要来源于“资源配置”贡献。但放眼国际，中国出口产品品质与排名前10位国家差距较大，在新时期加快出口产品升级、实现高质量发展的任务仍十分艰巨。

第二，不同阶段外资进入对中国出口产品升级路径的影响各异。“进入前”阶段，外资准入自由化有助于降低外国资本品价格和企业边际成本，促使企业缩短产品技术距离，增强其获取产品升级效应的主观能动性，成本节约为其中的传导机制。同时，相关税收优惠政策设计是推进外资自由化和出口产品升级的主要手段。“进入时”阶段，行业内外资“水平”进入规模扩张会带来竞争效应、示范效应和人员流动效应，整体上有助于出口产品升级路径的实现，技术溢出为主要的传导机制。进一步地，在受到外资并购冲击后，企业更青睐于选择产品间升级路径。“进入后”阶段，行业上下游外资进入通过前后向关联渠道带来“垂直”溢出，下游制造业外资进入通过后向关联渠道能促进其上游企业出口产品升级，吸收能力为主要的传导机制。相对地，上游服务业外资进入则通过前向关联渠道为其下游企业出口产品升级带来积极的溢出效应。

第三，中国出口产品升级过程呈现出明显的路径偏向性。受限于“有限的”资本，企业难以集中全力“同步”实现产品内升级和产品间升级，往往会对两条路径做“排序”选择。在外资准入自由化背景下，企业优先产品间升级而后追求产品内升级的路径潜力较大，能最大限度地释放外资进入带来的积极效应，行业内外资“水平”进入规模扩张带来的影响亦是如此。但是，外资“进入后”通过前后向溢出渠道对路径偏向性的影响稍显纵深复杂，优先产品内升级的路径偏向会强化外资后向溢出，优先产品间升级的路径偏向则会弱化外资前向溢出。另外，从企业看，外资进入对内外资企业的出口产品升级路径均存在显著影响；从地区看，这一影响主要存在于东部地区，中西部地区的影响较不显著；从行业看，技术密集型行业从外资进入中获益较大，劳动密集型行业更倾向于产品间升级，资本密集型行业则遭受较多的负向冲击。

本书将不同阶段的外资进入和中国出口产品升级路径充分融合，全面分析外资进入对产品升级路径实现以及路径偏向的影响效应，为有关部门制定具象化的外资政策和产业政策提供有益启示。具体包括：第一，外资准入自由化有助于补齐资金短板，供应多样化和高质量的外国资本品，缓解企业成本压力，应多措并举将外资效益内化为产品升级动力；第二，外资进入对不同要素密集型行业出口产品升级路径的影响存在差异，企业应选取切合自身产品要素属性的差异化升级路径，以最大化汲取外资养分；第三，各地外资政策设计既要匹配产业要素需求，更要与自身发展目标相结合，产业优惠和地区优惠双重联动、重点突出，共促出口产品升级和高质量发展；第四，不仅要合理把握外资进入带来的产品升级效应，还应对“有限的”外资保持清醒认识，加强关键领域的外资审查和外资监管，降低外资集聚对出口产品升级的负向冲击。

本书的边际贡献在于：第一，扩展异质性企业理论模型，设定外资进入与出口产品升级路径的基本模型，推演不同阶段外资进入影响出口产品升级路径的内在机理，从而建立起一个系统的理论分析框架，丰富利用外资与产品升级相关理论研究；第二，依据同一类产品内及不同类产品间的要素差异，将产品升级过程识别为以质量增强为表现的产品内升级路径和以技术改进为表现的产品间升级路径，再结合路径偏向性分析，全面探究外资进入在产品升级路径实现以及路径偏向中的差异化作用，较以往研究有所突破。

目 录

第 1 章

绪　论

1.1　研究背景与意义

1.1.1　研究背景

自 2001 年加入世界贸易组织（WTO）以来，中国主动接轨国际经贸规则，对贸易、投资和市场准入等相关法律、法规及政策予以修订，形成了以开放促改革、以改革促发展的良好格局。国内生产总值（GDP）由 2001 年的 11.09 万亿元增长至 2022 年的 121.02 万亿元，年均增长率达到 12.06%，为全球第二大经济体。伴随着中国经济大踏步前进，对外开放的深度和广度也取得了长足的发展，其中，吸引外资与利用外资成为突出的表现之一。中国不断更新引资观念，优化外资营商环境，持续放宽市场准入门槛，实际利用外资总额由 2001 年的 0.41 万亿元增长至 2022 年的 1.23 万亿元，俨然成为全球炙手可热的投资热土。大规模外资流入为国内经济高速增长贡献了持续的动力，尤其在 2008 年全球金融危机爆发之前，利用外资对经济增长的贡献（即外资依存度）超过 2%，随后有所回落并逐步稳固在 1%左右（见图 1.1）。

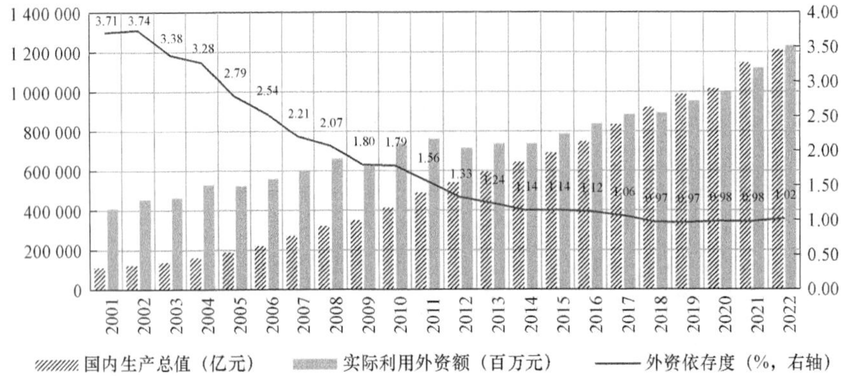

图 1.1 2001—2022 年中国外资依存度

注：外资依存度 = 实际利用外资 ÷ 国内生产总值 × 100%。

资料来源：国家统计局。

近年来，极个别西方国家单边主义和保护主义抬头，信任赤字急剧上升，国际格局发生巨变。“十四五”规划指出，加快构建以国内大循环为主体、国内国际双循环相互促进的新发展格局。有些人错误地认为对外开放不再重要，外资对经济增长贡献降低，应尽快摆脱对外资依赖。对此，习近平总书记强调，这绝不是封闭的国内循环，而是更加开放的国内国际双循环。外资作为国内国际双循环的重要衔接点，在坚持更高水平对外开放，打通国内大循环堵点，拓宽资源配置空间，建立富有较强动态国际竞争力的核心技术和产业体系等方面的积极作用将进一步凸显（桑百川，2021）。商务部特别出台了《“十四五”利用外资发展规划》，作为国内首份利用外资发展专项规划，指明新时期引资的工作方向；2022 年 10 月，国家发展和改革委员会（简称国家发展改革委）等多部门共同发布《关于以制造业为重点促进外资扩增量稳存量提质量的若干政策措施》，全面加强外商投资促进和服务，精准扩大外资流入。政策实践中，中国持续缩减外资准入负面清单、建设高水平自贸试验区、加快中欧投资协定谈判、签署《区域全面经济伙伴关系协定》（RCEP）以及申请加入全面与进步跨太平洋伙伴关系协定（CPTPP）等，充分彰显了新发展格局下对外开放和利用外资的重要性。

与此同时，外贸转型及产品升级成为新一轮经济全球化最显著的特征之一。“入世”之初，中国出口总额仅为 2.20 万亿元，历经 20 年快速增长，2022 年达到 23.97 万亿元，同比增长约 10.26%（见图 1.2），再次领跑全球，迈入贸易大国行列。但还应清醒地认识到，在历年《全球竞争力报告》中，中国全球竞争力排名在 20 位开外，这与自身的经济总量和贸易大国地位形成鲜明反差，在某种程度上意味着追求数量型的出口模式难以为继，如何实现从贸易大国迈向贸易强国成为新时期发展外贸的重中之重。最早在十九大报告中正式提出“由高速增长转向高质量发展”；2022 年 10 月，二十大报告再次重申“坚持以推动高质量发展为主题”“加快建设制造强国、质量强国”。无论是外部形势变迁还是自身发展要求都促使中国重视外贸转型和产品升级问题，推动出口竞争优势由价格为主向质量和技术为核心的综合优势转型，加强相关研究以提供理论支撑和实践指导。

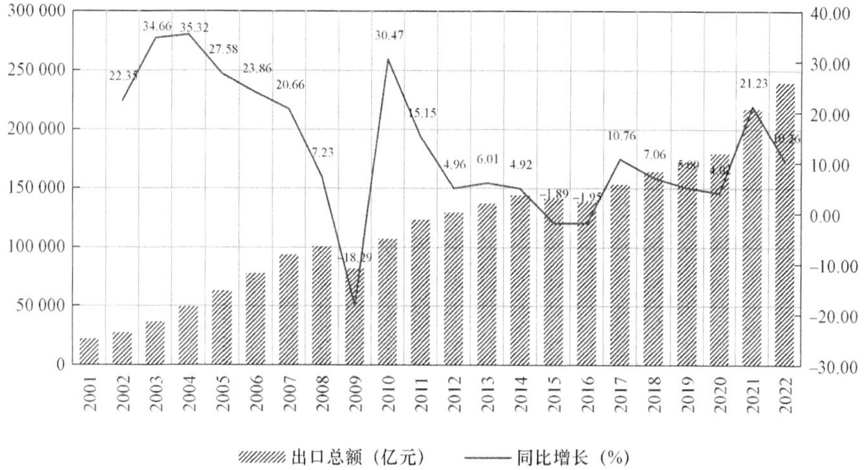

图 1.2 2001—2022 年中国出口贸易情况

资料来源：国家统计局。

现实中，外贸转型和产品升级的难度在于升级方向、路径选择及所需的资金支持。一方面，大量研究认为，产品升级是由低技术制造为主向高新技术制造为主、由低附加值产品转向高附加值产品的结构升级（殷醒民，1998；Poon，2004），或是由以全球价值链嵌入位置和主导环节为表现的价值链升级（Gereffi，1994；刘斌等，2016）。该类研究直指产业升级内容，而将产业升级框架套用在微观分析中存在着很大问题。产品作为资金、技术、知识及管理经验等要素投入的凝结体，其演化路径更能反映出升级方向（Hausmann 和 Klinger，2007），亟须建立直指产品升级的理论分析框架。另一方面，企业作为产品升级的微观主体，通常面临着较大的技术约束和资金短缺问题，如何改进生产技术、填补资金缺口是企业能否成功实现出口产品升级的关键。这时，外资进入作为有益的资本补充，能够缓解企业自有资金不足、外部融资难的困境，还会带来部分先进的技术及管理经验，为中国外贸优势重塑和产品升级注入动力。

在此背景下，学术界就如何高效利用外资以加快出口升级展开了激烈讨论，一个中心命题是外资进入究竟会促进还是阻碍我国出口产品升级？持“促进”观点的学者认为，外资企业在东道国高新技术产品出口贸易中贡献了很大的力量，通过技术扩散、竞争及应用加速本土技术进步和产品结构升级（江小涓，2002；王红玲等，2006；桑百川等，2021a）；持“阻碍”观点的学者认为，外资进入对东道国出口贸易存在着负面效果，技术引进不等于技术吸收，一味地依赖外资只会削弱自身创新动力，尤其是外资进入对东道国劳动密集型产品升级及其在内资企业缩小与国际先进水平差距的努力中均起到阻碍作用（裴长洪，2006；文东伟等，2009）。可见，已有文献就外资进入对出口产品升级的影响效应和作用机制尚未达成共识，对产品升级方向和路径偏向性也鲜有探讨。

外资进入为国内企业带来的资金、技术及管理经验，被部分企业视为自身改革与发展的一条捷径，甚至成为一些地方制定发展战略的重要内容，以致形成了吸引外资流入并在国内市场竞相逐利的局面。蜂拥而至的外资并不是“免费的午餐”，大量外商在华并购活动升温，引起社会各界的广泛关注。例如，德国 FAG 与银川西轴集团组建合资企业，初衷是德方出技术、中方出厂房及设备共同实现产品升级，不料在随后两年，德方投资仅带来“有限的”技术改造，企业连年亏损；法国 SEB 收购浙江苏泊尔股份有限公司，引发国内多家炊具企业的激烈争议，它们认为这是一种垄断抽血式的外资并购行为，扰乱行业良性竞争格局。上述案例表明，外资进入带来的预期效果是有限的，被并购企业无法将外资溢出效应“消化”得十分理想，甚至在并购整合中面临着成本控制、文化融合、战略重整等诸多挑战。

在新发展格局下，我们应正确认识并把握外资进入带来的积极影响，将其内化为出口产品升级动力。还要保持清醒的认识：合资与并购只是企业转型发展的重要选项，而非唯一出路，“以我为主，为我所用”，立足于自身需求选择更加合意的出口产品升级路径。

1.1.2 研究意义

中国不仅是全球最大的外资流入国，还是最大的“世界工厂”，对中国出口产品现状及未来成长进行研究是一个兼具理论和实践意义的研究议题。特别是在后疫情时代全球经济复苏、贸易摩擦不断增多的国际背景下，正确判别外资进入的具体表现，把握出口产品升级路径内涵，全面探究外资进入对中国出口产品升级路径实现和路径偏向的影响机理，有助于拓展相关理论研究，为有关部门制定具象化的外资政策和产业政策提供决策参考。

一是有助于深入理解外资进入作用于出口产品升级路径的内在机理。自异质性企业理论模型开创以来，国际贸易领域的学者们围绕着该理论模型在以下两方面进行拓展：一是强调产品异质性，包括产品技术含量、产品质量及市场份额等（Grossman 和 Helpman，1991；Khandelwal，2010；Kugler 和 Verhoogen，2012）；二是关注产品多样化，建立并完善多产品企业出口模型（Bernard 和 Jensen，2004；Bernard 等，2010）。遗憾的是，外资进入对产品升级路径的影响机理在该类理论研究中未能很好地体现出来。另外，已有文献大多关注外资技术溢出效应及其对企业生产率和出口结构的影响（Aghion 等，2005；Keller 和 Yeaple，2009；余淼杰，2011；Du 等，2011），尚未落脚到产品升级路径这一根本性问题上。有鉴于此，本书尝试将外资进入与出口产品升级路径纳入统一的理论分析框架，有助于厘清外资进入影响出口产品升级路径的内在机理，充实相关理论研究。

二是有助于全面把握中国出口产品升级决策及路径选择。作为出口贸易的微观主体，企业内生地做出产品升级决策以实现利润最大化。本书全面识别不同阶段外资进入的具体表现及其对出口产品升级路径的影响机理。在外资自由化背景下，行业内外资“水平”进入份额扩张能降低外国资本品价格和企业边际成本，最终有助于产品升级路径的实现。但受限于“有限的”资本，产品升级过程往往表现出产品内升级和产品间升级交叉进行（即路径偏向性）。企业如何根据自身情况选取最具潜力的出口产品升级路径，以最大化汲取外资进入带来的积极溢出？以往研究均未做回答。本书基于基本模型推演外资进入对企业出口产品升级路径偏向性的影响机理，弥补现有研究的不足，为外资政策制定和出口产品升级路径的协调提供理论支撑。

三是有助于正确评估并持续完善中国利用外资的产业政策体系。1995 年 6 月，中国首次发布了《指导外商投资方向暂行规定》和《外商投资产业指导目录》（简称《目录》），引导外商投资更符合国家的产业发展方向；截至 2017 年底，有关部门多次修订《目录》并扩大鼓励外商投资的产业范围，放宽制造业、服务业及高新技术产业的外资准入限制；2018 年 6 月，在吸收自贸试验区开放试点和负面清单管理模式经验的基础上，中国发布《外商投资准入特别管理措施（负面清单）》，清单之外实行备案管理，不得限制外资准入；2019 年以来，有关部门多次修订《鼓励外商投资产业目录》（2019 年版、2020 年版、2022 年版），持续优化外资产业布局，促进先进制造业和现代服务业等领域外资流入。本书通过调查和研读相关外资产业政策，评估中国利用外资发展历程，揭示不同行业及地区外资进入的分布特征，实证检验外资进入对出口产品升级路径的差异化影响，为有关部门持续完善外资产业政策体系提供现实依据。

四是有助于精准判别出口产品升级路径潜力及外资效益。外资准入自由化有助于提升企业出口产品质量和技术复杂度。在此背景下，行业内外国资本品增多带来的产品升级效益亦是如此，且优先产品间升级而后产品内升级的路径偏向更有助于汲取外资营养。但在外资充分融入国内经济后，外资“垂直”溢出对出口产品升级路径的影响表现出很大的不同。上游服务业外资进入通过前向溢出渠道促进下游企业实现出口产品升级路径；下游制造业外资进入通过后向溢出渠道也起到促进作用；优先产品内升级的路径偏向能强化外资后向溢出效应，优先产品间升级的路径偏向能弱化外资前向溢出效应。可见，各类市场经济主体应根据自身生产经营状态、产品要素特征及其与上下游生产环节的关联程度选择最具潜力的出口产品升级路径，以最大化外资进入的正向效应。

1.2 相关概念

1.2.1 外资进入

外资进入是指外国厂商来本土以从事经济社会活动为主要目的而进行的独资、合资、合作和参股等经营活动所带来的市场资金流入，主要包括外商直接投资（Foreign Direct Investment，FDI）、对外借款和其他投资这三种形式。其中，FDI 占比最大，作为东道国实体经济的一部分，参与生产、分配、交换和消费的各个环节，跨国公司为其主要的表现形式或行为载体。

外资进入以 FDI 流入本土为主要内涵，本书将外资进入与 FDI 视作等同，对二者不作区分。在这一层含义下，相关国际组织及权威机构给出定义：国际货币基金组织（IMF）认为，在投资人所属国以外的国家所经营的企业拥有持续利益的一种投资；WTO 认为，某国的投资者为了获得在外国的某些资产的经营权而进行的投资；联合国贸易和发展会议认为，国际投资者或者总部为了获得长期的收益和支配权而投资在外国的某企业或外国子公司。

从外资进入的分类看，已有文献通常将其划分为水平型 FDI 和垂直型 FDI（林毅夫和张鹏飞，2006），也有学者以最终产品是否返销母国（FDI 流出国）为依据将其划分为出口平台型 FDI 和市场寻求型 FDI（于国才，2019）。实际上，中国利用外资发展历程具有鲜明的“阶段性”特征，不同阶段外资进入表现形式各异（见图 1.3）。具体来看，外资在“进入前”阶段集中表现为政策层面的准入门槛放宽（即外资准入自由化）；在“进入时”阶段表现为外资准入自由化引起的行业内外资“水平”进入规模或份额；在“进入后”阶段表现为行业内外资“水平”进入后通过行业间前后向关联渠道产生的“垂直”溢出。

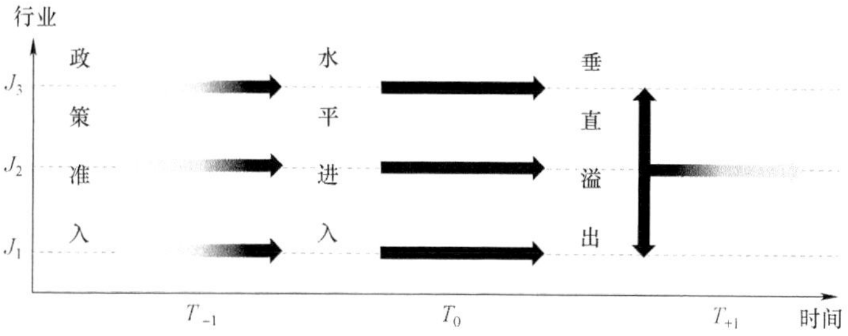

图 1.3　不同阶段外资进入的具体表现

注：T_{-1}、T_0、T_{+1} 分别为“进入前”阶段、“进入时”阶段和“进入后”阶段。

1.2.2　出口产品升级路径

传统国际贸易理论认为，一国比较优势决定该国的出口产品结构，表现为：具有劳动力要素比较优势的国家专业化生产并出口劳动密集型产品；具有资本要素比较优势的国家专业化生产并出口资本密集型产品。在此分工模式下，国际贸易表现为两国产业间贸易（Inter-industry Trade）。20 世纪 80 年代，新贸易理论以规模报酬递增作为国际贸易发生的基础，认为拥有相似要素禀赋和生产技术的两国间也存在贸易的可能，这是因为规模化生产能够降低产品成本，为产业内贸易（Intra-industry Trade）现象提供了理论解释。20 世纪 90 年代，新新贸易理论打破新贸易理论中关于“企业同质”的强假设，以 Melitz（2003）为主要代表，从微观视角研究企业生产率异质性对出口贸易的影响。国际贸易本质上是要素资源跨区域流动及再配置，资源配置方向正是出口产品升级的关键，依据同一类产品内部及不同类产品间的要素差异，本书将产品升级过程识别为产品内升级路径和产品间升级路径。

一方面，产品内要素差异体现在同一类产品的使用特性（如耐用性、安全性、兼容性等）和社会特性（如广告、口碑、品牌、社会影响等）上，甚至包括消费者从消费过程中获得的虚荣心、满足感等内容（Garvin，1984）上。例如，低端纺织品与高端纺织品、低端机械设备与高端机械设备间的差异。概括起来，在消费相同产品和相同数量时，所有增加消费者效用的产品内垂直特性均可归结为产品质量。因而，产品内升级路径指的是同一类别下的产品由低质量向高质量调整的过程。

另一方面，产品间要素差异体现在不同类别产品的生产要素（劳动力、资本、技术、知识等）组合和技术含量差异上，可用产品技术复杂度来衡量。技术复杂度越高的产品，生产该产品所需投入的要素组合越难获得，具备该种产品生产能力的国家或地区越少。因而，产品间升级路径指的是不同类别下的产品由低技术（低复杂度）向高技术（高复杂度）调整的过程。

现实中的产品升级路径并非单一线性的，可能出现产品内升级和产品间升级交叉进行或是产品内升级优先或产品间升级优先的情形（张其仔，2008）。前一种情形指的是产品质量先提升到一定水平后，再转向产品技术复杂度升级，后一种情形指的是优先提升产品技术复杂度，再实现产品内质量升级（见图 1.4）。其中，产品内升级为 A→B、A→C、A→D 路径，产品间升级为 A→D、A→E、A→F 路径。因此，产品升级路径分为三种情况：优先产品内而后产品间升级（即 A→B→C、A→B→D、A→C→D）；优先产品间而后产品内升级（即 A→F→E、A→F→D、A→E→D）；同时产品内升级和产品间升级（即 A→D）。

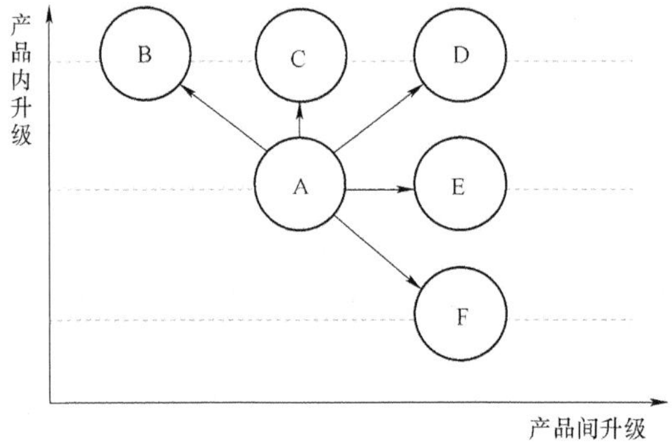

图 1.4　中国出口产品升级路径示意

注：圆圈内的字母为产品状态，箭头方向为产品状态的调整方向。

1.3　研究内容、思路与方法

1.3.1　研究内容

第 1 章为绪论。具体包括：研究背景与研究意义，相关概念，研究内容、思路与方法，创新之处。

第 2 章为文献综述。具体包括：（1）有关外资进入的研究。围绕外资进入的“阶段性”综述相关文献，厘清不同阶段外资进入的具体表现及其对经济活动的影响，从现有文献挖掘外资进入的识别方法。（2）有关出口产品升级路径的研究。围绕出口产品升级路径内涵，回顾有关出口产品质量和技术复杂度的估算方法及影响因素。（3）聚焦外资进入与出口产品升级路径，综述有关外资进入影响出口产品升级路径的内在机理和实证检验，为后续研究奠定坚实的文献基础和方法借鉴。

第 3 章为外资进入与中国出口产品升级路径的典型事实。具体包括：（1）中国外资进入事实及国际比较。依据不同时期外资政策走向和规模体量划分中国外资准入自由化发展历程，统计分析中国实际利用外资的分布特征并做横向国际比较。（2）中国出口产品升级路径事实及国际比较。基于数据清洗和指标测算分别绘制出口产品质量及技术复杂度的变化趋势，分解测算产品升级动力来源，再依据不同国家的出口贸易情况展开国际比较。（3）外资进入与中国出口产品升级路径的关联性。从地区和行业层面分析相关关系，明确外资进入与出口产品升级路径偏向性。

第 4 章为外资进入与出口产品升级路径的理论分析框架。具体包括：（1）建立外资进入与出口产品升级路径的基本模型，包括揭示理论关联、设定出口市场偏好异质性产品的效用函数、考虑企业成本及技术投入形式、一般均衡分析和出口定价。（2）推演不同阶段外资进入的具体表现对出口产品升级路径的影响机理，将“进入前”外资准入自由化内化为基本模型中的政策管制参数，将外资“水平”进入视作企业复合资本品中的外国资本品份额，再基于文献分析外资“进入后”通过行业间前后向关联渠道带来的“垂直”溢出。（3）在基础模型之上求解二次偏导，揭示外资进入对产品升级路径偏向性的影响机理。

围绕上述理论命题展开接下来的实证设计。在数据方面，该章主要选取由中国工业企业与海关贸易数据库匹配所得的高维面板数据；在路径识别方面，分别以出口产品质量、产品技术复杂度作为产品内和产品间升级路径的识别指标；在路径偏向性方面，以“中位分组”加“交叉回归”的方式完善实证设计；在影响差异方面，区分内外资企业、不同地区及不同要素密集型行业，以分组回归方式加以考察；在机制检验中，加入机制变量及其与核心变量的交互项进行检验。第 5 章至第 7 章为本书的实证研究，分别对应外资“进入前”阶段、“进入时”阶段和“进入后”阶段。

第 5 章为外资准入自由化与中国出口产品升级路径的实证检验。在这一阶段，依据《外商投资产业指导目录（2007 年修订）》相比旧版的修订内容构造准自然实验，采用双重差分法（DID）实证分析外资准入自由化对出口产品升级路径的影响效应。同时，从平行趋势、预期效应、安慰剂检验和聚集一般贸易等方面进行模型有效性及其他稳健性检验。研究发现，外资准入自由化有助于实现出口产品升级路径，且优先产品内升级而后产品间升级的路径偏向更具潜力。成本节约为其中的传导机制，包括企业内部的生产成本节约和外部的融资成本节约。进一步区分外资准入自由化类型，探究其对出口产品升级路径的影响究竟是市场准入还是政策优惠使然。

第 6 章为外资“水平”进入与中国出口产品升级路径的实证检验。在这一阶段，以全部外资控股企业主营业务收入占行业的份额作为行业层面的外资“水平”进入指标，以外资准入自由化为工具变量，采用两阶段最小二乘法（2SLS）实证分析其与出口产品升级路径间的影响关系，并从更换主要变量指标、考量企业存活时间等方面进行稳健性检验。研究发现，行业内外资进入规模扩张整体上有助于产品升级路径的实现，且优先产品间升级的路径偏向更能从外资进入中汲取养分。技术溢出为其中的传导机制，包括竞争效应、示范效应和人员流动效应。进一步地，采用倾向得分匹配—双重差分法（PSM-DID），实证检验企业受到外资并购冲击对其出口产品升级路径的微观影响。

第 7 章为外资“垂直”溢出与中国出口产品升级路径的实证检验。基于行业部门间前后向关联系数及外资“水平”进入指标测算外资“垂直”溢出，包括前向溢出和后向溢出，设定面板固定效应模型检验其对出口产品升级路径的影响效应。接着，采用工具变量法、赫克曼（Heckman）两步法对模型内生性问题做出处理，并从外资进入动态性、贸易政策冲击等方面进行稳健性检验。研究发现，得益于供应端优势，下游外资进入带来的后向溢出显著促进上游企业出口产品升级路径的实现，上游外资进入带来的前向溢出影响正好相反，吸收能力为主要传导机制。上述结论主要是立足于制造业部门得出的，鉴于制造业投入服务业、服务业外资准入门槛持续降低的客观事实，又进一步考察服务业外资开放（SFDI）对企业出口产品升级路径的影响效应，发现服务部门外资前向溢出显著促进出口产品升级路径的实现。

第 8 章为研究结论与政策启示。

1.3.2 研究思路

为直观展示本书的研究思路，绘制了技术路线图（见图 1.5）。

1.3.3 研究方法

第一，比较研究法。立足国内视角，比较国内不同行业及地区实际利用外资情况和出口产品升级方向，得出中国外资进入与出口产品升级路径的分布特征；放眼国际视角，比较世界代表性发达国家及新兴市场国家在过去二十年来外资净流入情况、出口产品质量及技术复杂度均值排名，明确中国市场在世界投资选择中的重要性，找出中国出口产品品质同其他代表性国家的差距与不足。在外资“垂直”溢出影响出口产品升级路径的分析中，比较服务业和制造业外资开放带来的“垂直”溢出效应的差异，从而得到更贴合实际的经验借鉴。

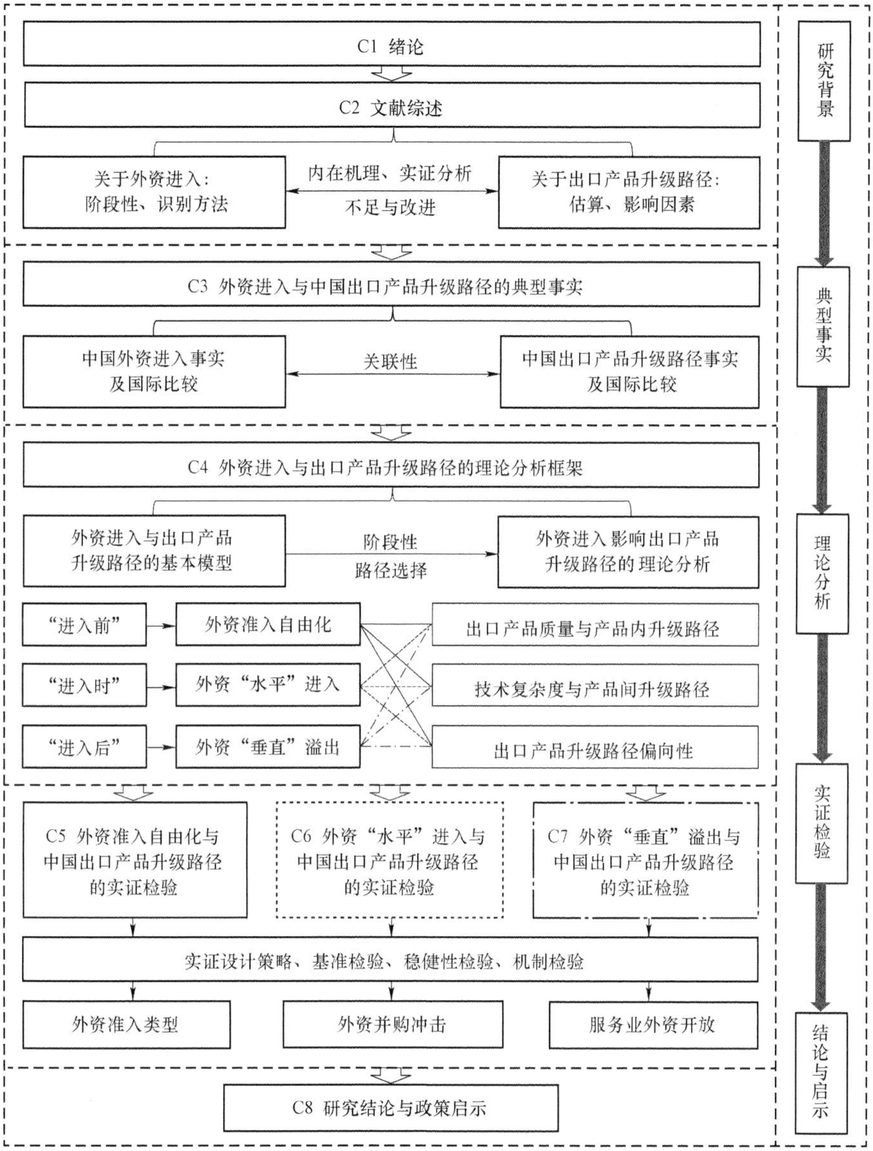

图 1.5　技术路线图

注：C1 为第 1 章，其余依此类推。

第二，数理模型分析法。基于 Melitz（2003）、Mayer 等（2014）、Jung 等（2019）的研究，考虑出口目的地代表性消费者对异质性产品的偏好，将外国资本品纳入企业生产所需的复合资本品。然后将外资准入政策设定为模型中的政策管制参数，构建起一个有关外资进入和出口产品升级路径的基本模型。通过一般均衡求解得出企业的最优出口定价、产品质量同产品异质化程度、复合资本品价格和政策管制参数间的数理关系。接着推演不同阶段外资进入对出口产品升级路径的影响机理，包括产品内升级路径分析、产品间升级路径分析和路径偏向性分析。最终得到本书的理论命题。

第三，实证研究法。为求证理论命题的真假，选取中国工业企业与海关贸易数据库的匹配数据展开实证设计。在外资“进入前”阶段，构造准自然实验并采用 DID 实证检验外资准入自由化与出口产品升级路径的影响关系；在外资“进入时”阶段，采用 2SLS 实证检验行业内外资“水平”进入份额与出口产品升级路径的影响关系，进一步采用 PSM-DID 检验企业面临外资并购冲击对其出口产品升级路径的微观影响；在外资“进入后”阶段，设定面板固定效应模型并通过工具变量法、Heckman 两步法控制模型内生性问题，实证检验上下游行业部门间外资进入对企业出口产品升级路径的“垂直”溢出影响。

1.4 创新之处

本书将外资进入的“阶段性”和中国出口产品升级路径充分融合在一起，理论推演并实证检验二者之间的影响关系，较以往研究有如下两方面的突破。

第一，建立外资进入与出口产品升级路径的系统的理论分析框架，从理论层面分析中国出口产品升级问题。

不少学者从多方面论证外资在中国高质量发展和出口升级中的重要性。从理论层面看，诸多文献将外资内化为影响国际贸易的因素之一，进而探讨外资进入对东道国出口绩效、部门工资及贸易福利等方面的影响机理，但未落脚到产品升级路径上；另一个思路是扩展异质性企业模型以分析产品升级的实现机理，遗憾的是，外资进入带来的影响尚未得到完整体现。此外，现有文献大多关注外资进入方向及规模，鲜有从“阶段性”视角展开考察。实际上，不同阶段外资进入的表现形式各异，由此衍生出其对出口产品升级路径的影响差异。

本书基于异质性企业理论建立外资进入与出口产品升级路径的基本模型，假设出口市场对异质性产品具有偏好，设定多产品企业的技术投入形式并将其生产所需的资本品视为由外国提供和国内提供两部分复合而成，进而推导一般均衡下的企业出口定价及产品质量。在此基础上，将“进入前”外资准入自由化内化为基本模型中的政策管制参数，外资“水平”进入规模被看作企业生产所需复合资本品中的外国资本品份额，外资“进入后”通过行业前后向关联渠道产生的“垂直”溢出，进而分析不同表现形式的外资进入对出口产品升级路径的影响机理，丰富利用外资与产品升级相关的理论研究。

第二，全面探究外资进入背景下中国出口产品升级路径的实现过程，并特别关注路径偏向性及外资进入带来的差异化影响。

国际贸易本质上是要素资源跨区域流动及再配置，资源配置方向正是出口产品升级的关键。在国际分工不断深化的背景下，一国内部区域或产业发展的关键不仅取决于出口了多少，更取决于出口了什么。遗憾的是，目前就产品“好”与“坏”的衡量标准还未达成共识，更未对产品升级路径投入足够的关注。本书依据同一类产品内及不同类产品间的要素差异，将产品升级过程识别为以质量增强为表现的产品内升级路径和以技术改进为表现的产品间升级路径，并以出口产品质量及技术复杂度作为路径实现的判别标准，全面探究外资进入在不同产品升级路径中的影响效应。

在“有限的”资本约束下，企业难以集中全力“同步”实现产品内升级和产品间升级，往往对两条路径做出“排序”选择，表现为路径偏向性。同时，利用外资与吸收外资是中国实现出口产品升级路径的重要选择而非唯一选择。如何最大化外资进入带来的积极影响、充分释放产品升级路径潜力？以往研究均未回答这一关键性问题。本书首先在理论分析中基于基本模型求得二次偏导，推演不同表现形式的外资进入对产品升级路径偏向性的影响机理。然后，在实证设计中以“中位分组”加“交叉回归”的方式进行检验，以揭示出口产品升级路径潜力和差异化的外资效益，较以往研究有所突破。研究发现，在外资“进入前”和“进入时”，优先产品间升级而后产品内升级的路径更具潜力且能最大化外资收益；但在外资充分融入国内经济后，优先产品内升级的路径更有助于强化外资后向溢出，优先产品间升级的路径则会弱化外资前向溢出。选择何种路径取决于企业自身产品要素属性及其与上下游行业部门间的关联程度。

第 2 章
文献综述

2.1　关于外资进入的研究

2.1.1　外资进入的“阶段性”

（1）“进入前”阶段

外资在“进入前”阶段集中表现为政策层面的外资准入自由化。改革开放以来，中国持续放宽外资准入门槛，出台《目录》，引导外资有序进入，随后多次修订《目录》并创新外资准入政策指导方案。2020 年，国家发展和改革委员会（简称国家发展改革委）和商务部联合发布了《鼓励外商投资产业目录（2020 年版）》，增加中西部地区鼓励类条目，放宽高技术产业外资准入限制；2021 年 12 月，两部门相继发布了新版《外商投资准入特别管理措施（负面清单）》和《自由贸易试验区外商投资准入特别管理措施（负面清单）》，秉承“只减不增”的原则，连续五年缩减条目，持续放宽制造业及服务业外资准入限制；2022 年 10 月，国家发展改革委等部门先后发布了《关于以制造业为重点促进外资扩增量稳存量提质量的若干政策措施》和《鼓励外商投资产业目录（2022 年版）》，深入实施外资准入负面清单，将开放政策尽快转为实实在在的外资项目。

外资准入自由化对经济增长、技术创新和出口动态等方面的影响可称为“事前影响”。从“进入前”阶段分析外资准入自由化带来的影响效应，有助于在外资政策制定及实施过程中维护自身的利益和要求，避免投资自由化可能对本国经济安全带来的风险以及外资垄断造成的消极影响（徐泉，2003）。诸多文献集中在外资准入自由化对企业创新技术的影响研究上，认为外资准入能增加研发投入、加强人员流动以及缓解融资约束，促进企业创新程度并延长创新时间，上游外资准入和知识产权保护还会进一步强化上述影响（毛其淋，2019a；何欢浪等，2020；刘斌等，2021）；部分文献关注到外资准入自由化对经济转型和贸易福利的积极影响（孙浦阳等，2015；蒋玲多等，2018；孙浦阳等，2018）；也有文献提出了相反的观点，认为外资准入自由化存在一些问题，如单边外资自由化、行业竞争扭曲、环境污染和利润转移等，这些均是外资政策制定中有待完善的部分（韩亮，2000；胡东胜，2000；邵海燕等，2016；汪慧玲等，2017）。

（2）“进入时”阶段

外资在“进入时”阶段集中表现为行业内外资“水平”进入规模或份额。“双循环”新发展格局下，中央围绕着“稳住外贸外资基本盘”的目标部署各项工作，持续放宽外资准入门槛，全力推进外资自由化进程，认同外资经济在国内高质量发展、外贸转型及产品升级中的积极功能。在此背景下，2021 年中国实际利用外资首次突破万亿元规模，达到 1.1 万亿元，同比增长 14.9%。大规模外资流入国内不同行业部门并对企业出口活动产生影响，既有弥补资金缺口、带来技术和管理经验等积极效应，又有资本过度集聚造成的负向冲击。

外资“水平”进入对经济增长、产业发展和出口绩效等方面的影响可称为“事中影响”，也可看作是行业内外资进入对其范围内企业造成的“水平”溢出。此处有必要补充一点，溢出（Spillovers）一词最早由英国经济学家 Alfred Marshall 提出，将其等同于外部性。外资进入的溢出效应是指 FDI 流入带来的“一揽子”资源（如先进技术、管理经验、市场信息和研发等）通过各种渠道对东道国经济增长及技术进步产生的外部性。因此，外资“水平”溢出是行业内外资进入对该行业内企业带来的外部性影响。Blomstrom 和 Kokko（1998）认为，该外部性影响是外资进入的间接影响，FDI 流入对东道国宏观经济（如经济增长、就业、税收、国际收支和外贸等）的影响是直接影响。

早期文献大多关注外资进入带来的技术溢出效应，最早由国外学者 MacDougall 提出，随后在学界引发了广泛而深刻的讨论。大量经验研究表明，外资“水平”进入会给东道国带来显著的技术溢出，这正是发展中国家技术进步的重要来源之一（Blalock 和 Gertler，2007）。理论上，外资技术溢出是通过竞争激励、示范模仿和人员流动等途径得以发挥的（Kokko，1994），跨国公司成为国际技术溢出的重要载体。此外，已有文献证实了行业内外资进入对本行业生产效率和出口绩效的影响微弱甚至是负向的，这主要是因为外资“水平”进入带来的竞争效应较大，挤占了部分内资企业的市场份额和要素资源。也有文献认为，外资“水平”进入能改善企业出口表现并延长出口持续期。例如，李坤望和王有鑫（2013）发现，外资份额扩张稳健地提高了出口质量，且在资本密集型行业中表现更突出；施炳展（2015）认为，外资“水平”进入通过生产研发和竞争效应负向影响出口质量，但通过缓解融资和广告效率渠道起到正向作用；樊娜娜（2018）研究发现，外资“水平”进入会显著降低本土企业退出出口市场的概率；Tang 和 Zhang（2016）认为，外资吸收能力是出口企业受益于外资“水平”溢出的必要条件，人力资本与研发更有助于企业捕捉 FDI 对出口绩效的溢出效应。

（3）“进入后”阶段

外资在“进入后”阶段集中表现为行业内外资“水平”进入后通过前后向关联渠道在行业间产生的“垂直”溢出。随着外资准入自由化进程持续推进，大规模外资“水平”涌入国内不同行业部门，为经济高质量发展和产品升级注入了蓬勃动力。在充分融入中国经济后，外资对国内生产布局和出口结构的影响更加纵深复杂，表现为行业上下游外资进入后通过前后向关联渠道带来的“垂直”溢出效应（包括上游外资进入后对其下游行业产生的前向溢出、下游外资进入后对其上游行业产生的后向溢出）。

外资“垂直”溢出对不同行业部门的生产效率及出口行为的影响可称为“事后影响”。从“进入后”阶段分析外资“垂直”溢出效应有助于打破行业局限性，探究外资进入后如何在更大范围内对出口升级产生影响，加深对外资溢出效应的认识。现有文献普遍认为，行业间生产关联程度是外资进入对东道国企业产生“垂直”溢出的主要渠道（Havranek 和 Irsova，2011；李向毅，2021）。一方面，上下游行业部门外资进入有效避免了同行业部门间的竞争威胁；另一方面，外资企业同上下游本土企业建立起稳固的合作关系，行业间关联效应得以增强。行业间关联渠道可分为前向关联和后向关联：在前向关联渠道中，上游外资企业向下游提供中间品，丰富下游企业生产所需的中间品种类及提高生产效率（孙浦阳等，2018），还通过中间品质量的传导进而影响最终产品质量（韩超和朱鹏洲，2018）；在后向关联渠道中，下游外资进入会增大对上游行业中间品需求，增强上游企业的出口定价和获利能力（Blomstorm 和 Kokko，1998）。部分文献还比较了不同行业及不同渠道下的外资“垂直”溢出效应差异。例如，徐美娜和彭羽（2016）通过测算比较外资前后向溢出对企业出口产品质量的影响发现，后向关联相较前向关联所起的作用更大，但仅对高技术和高质量产品成立；李瑞琴等（2018）研究发现，上游制造业外资进入的前向溢出抑制本土企业出口升级，上游服务部门外资前向溢出的表现正好相反。

2.1.2 外资进入的识别方法

（1）外资准入自由化的识别

一类是对相关政策文献进行文本分析（侧重于定性研究），从全局把握外资准入自由化进程（徐泉，2000；汪智刚，2005；王小丽和黄夕彪，2007）。具体包括：从历史视角分析吸引外资政策及外资管理办法的变动情况；从国别视角分析发达国家与发展中国家外资自由化的政策差异和未来走向；从行业或区域视角分析不同部门或地区制定的差异化引资政策及管理办法。另一类是在文本分析基础上进一步构造准自然实验（侧重于定量研究），主要以修订的《目录》作为素材，通过对新旧版本的《目录》展开文本分析，以外资管制放松作为准自然实验，考察中国情境下的外资准入自由化进程。

两类方法各有优劣。从研究趋势看，国内学者大多基于准自然实验法分析外资进入和中国经济增长的因果关系。例如，Lu 等（2017）认为，外资准入政策管制放松有助于提升国内生产率；刘灿雷等（2018）研究发现，外资进入能显著改进内资企业的成本加成或利润率；韩超和朱鹏洲（2018）实证发现，外资准入自由化明显促进中国制造业企业出口产品质量升级；毛其淋和方森辉（2020）认为，外资进入对本土制造业企业生产率存在负向影响。遗憾的是，鲜有文献考察外资准入自由化对出口产品升级路径的影响。因此，本书主要采用准自然实验法构造外资准入自由化指标，定量分析其对出口产品升级路径的影响。

（2）外资“水平”进入的识别

从宏观层面看，外资“水平”进入可采用国际收支平衡表中的资本账户来衡量，包括资本输入和资本输出两大块内容，在一定程度上较为准确地反映了金融资产在不同国别之间的流动方向。本书关注的外资“水平”进入实际上是指资本输入，其中的主要组成为 FDI。现有文献多采用国家统计局公布的历年实际利用外商直接投资额和外商投资企业注册登记数等数据来刻画一国或地区在一定时期内的外资进入情况。指标构建思路为各类数据占总体数据的份额。例如，实际利用外商直接投资占 GDP 的比重或外资企业数占企业总数的比重等，或是以相关数据取对数的方式来描述外资“水平”进入规模（刘建丽，2019；桑百川等，2021b）。

从行业层面看，外资进入是以行业实际利用外资规模或行业内外资企业经营绩效占行业整体的份额来衡量的（王红玲等，2006）。诸多文献以行业内外资进入对行业产出效率的影响为依据（李向毅，2021；Javorcik，2004；毛其淋和许家云，2018），构建指标计算公式（见式 2.1）。

$$Spillover_{j,t}^{I}=\frac{\sum_{i\in\Delta_{jf}}Y_{i,t}}{\sum_{i\in\Delta_{j}}Y_{i,t}} \tag{2.1}$$

其中，$Spillover_{j,t}^{I}$ 为行业外资进入指标，Δ_j 为行业 j 内的全部企业集合，Δ_{jf} 为行业 j 内的外资企业集合，$Y_{i,t}$ 为企业 i 在第 t 年的工业总产值。不同的研究侧重点会导致指标构建思路存在差异。例如，Keller 和 Yeaple（2009）采用外资企业就业量占东道国整体的比重测算外资“水平”进入的溢出效应；许和连等（2007）选取外资企业就业比重和销售额比重来测算；孙江永和冼国明（2011）采用外资企业的工业总产值、资产总计及固定资产净值占行业的比重来测算；曹鸿宇（2020）还采用外资企业主营业务收入占行业的比重来测算。

从微观层面看，外资进入程度是指外商在企业内部获取的部分或全部控股权，通常以企业实收资本中的外资资本（外商资本和港澳台商资本之和）份额来衡量。进一步地，部分文献以企业工业总产值占行业整体的比重为权重，将该指标加权汇总到行业层面。但受限于数据，企业层面外资“水平”进入指标的测算结果略显陈旧[①]。另外，也有文献以企业是否受到外资并购冲击作为准自然实验，据此构造企业层面的外资进入指标（Liu 等，2017；Brucal 等，2019）。

不同层面外资“水平”进入的识别方法既具有思路上的共性，又有各自研究内容的特殊性，应结合自身研究所需和方法可操作性来甄别。

（3）外资“垂直”溢出的识别

诸多文献以行业间投入产出（IO）关联程度加权外资“水平”进入指标来计算，由此衍生出不同层面的识别方法。外资“垂直”溢出可分为前向溢出和后向溢出。以式 2.1 为例，构建指标计算公式（见式 2.2 和式 2.3）。

$$Spillover_{j,t}^{II}=\sum_{m\neq j}\Omega_{j,m,t}\times Spillover_{m,t}^{I} \tag{2.2}$$

$$Spillover_{j,t}^{III}=\sum_{u\neq j}\psi_{j,u,t}\times Spillover_{u,t}^{I} \tag{2.3}$$

其中，行业 m 为行业 j 的上游行业，行业 u 为行业 j 的下游行业，$Spillover_{m,t}^{I}$、$Spillover_{u,t}^{I}$ 为对应行业的外资“水平”进入指标，$\Omega_{j,m,t}$ 为行业 j 从其上游行业 m 购买中间品占全部中间投入的比重，$\psi_{j,u,t}$ 为行业 j 向其下游行业 u 提供中间品占全部中间产出的比重。

---

① 通常采用中国工业企业数据来测算，鉴于 2008 年后企业实收资本等关键字段大量缺失，该指标最新测算到 2008 年。部分文献采用线性插值和移动平均等方法将缺失数据补齐并更新，这一做法的科学性有待商榷。

$Spillover_{j,t}^{II}$ 为前向关联渠道下的外资进入指标，$Spillover_{j,t}^{III}$ 为后向溢出或后向关联渠道下的外资进入指标。前者衡量上游行业部门外资进入对其下游企业的影响程度，而后者衡量下游行业部门外资进入对其上游企业的影响程度，统称为外资进入的“垂直”溢出。部分研究剔除了上游产出中仅面向出口的中间品部分，认为这部分出口并不产生前向关联，容易导致指标测算结果偏低。

沿此思路，学者们纷纷展开了对外资“垂直”溢出效应的测算。钟昌标（2006）认为，外资进入中国电子行业会带来显著的“垂直”溢出，尤其在市场导向型部门；包群等（2015）首次采用生存模型分析外资“垂直”溢出和企业退出行为间的影响关系；李磊等（2017）研究发现，外资前向、后向溢出效应每增加1%，就会分别导致中国企业全球价值链参与度提高 0.052%、0.031%。

2.2 关于出口产品升级路径的研究

2.2.1 产品内升级路径的估算

产品质量具有极高的不可观测性，目前尚未形成统一的估算方法。回顾已有文献可将产品质量的估算方法分为以下几种。

（1）单位价格法

早期文献均是采用出口产品单位价格代表产品质量（Rahman 和 Mahbubur，1991；Aiginger，1997）。其计算公式如式 2.4 所示。

$$Q_{b,t} = \frac{V_{b,t}}{q_{b,t}} \tag{2.4}$$

$Q_{b,t}$ 为一国在第 t 年向 b 国出口产品的质量，$V_{b,t}$、$q_{b,t}$ 分别为相应的出口金额和出口数量。然而，产品价格在不同产品间不具有可比性：对异质化产品来说，产品价格和产品质量高度正相关；而对同质化产品或质量差异较小的产品（如农产品、资源品）而言，产品价格和产品质量的关联性较弱。因此，韩会朝和徐康宁（2014）构建了相对产品质量指标，计算公式如式 2.5 所示。

$$Q_{b,h,t} = \frac{p_{b,h,t}\sum_{b} q_{b,h,t}}{\sum_{b} p_{b,h,t} q_{b,h,t}} \tag{2.5}$$

其中，$Q_{b,h,t}$ 为一国在第 t 年向 b 国出口产品 h 的质量水平，$p_{b,h,t}$ 为产品 h 在 b 国市场的实际价格，$q_{b,h,t}$ 为相应的出口数量。若 h 产品价格水平高于同类产品出口到世界市场的平均价格，$Q_{b,h,t}>1$，反之则有 $Q_{b,h,t}\leqslant 1$。

单位价格法计算过程简单，数据易获得，还不存在内生性问题。Fontagné 等（2008）认为，当产品数量和产品种类足够多时，生产成本和市场偏好等其他因素对产品质量的影响相对较小，单位价格法能很好地刻画产品质量，这种方法是科学有效的。

（2）价格指数分解法

事实上，产品单位价格不仅由产品质量决定，还受到企业生产成本与市场势力、产品多样性、宏观经济波动以及出口市场需求偏好等多种影响。改革开放初期，大量廉价劳动力进入我国沿海地区的纺织制造业，推动劳动密集型产品出口贸易快速增长，这类产品往往定价较低，主要是因为劳动力廉价而非产品质量水平低。Hallak 和 Schott（2011）将一国出口产品价格分解为两部分：包含质量因素的部分和剔除质量因素的价格部分。产品价格体现在产品类别层面，贸易收支体现在行业部门层面，据此估算出口产品质量。

首先，构造双层效用函数（见式 2.6 和式 2.7）。

$$U=\sum_{j=1}^{J}U_j^{v} \tag{2.6}$$

$$u_j=\left[\sum_{k=1}^{K}\sum_{h}^{H}\left(\varepsilon_h\lambda_j^k q_h^k\right)^{\frac{\sigma-1}{\sigma}}n_h^j\right]^{\frac{\sigma}{\sigma-1}} \tag{2.7}$$

其中，下标 k、h、j 分别表示国家、产品和部门（一共 K 个国家、H 种产品、J 个部门），v 为一国某部门支出占总支出的比例，σ 为不同产品间的替代弹性，ε_h 为产品的核心变量，λ_j^k 为 k 国 j 部门的产品质量，q_h^k 为产品消费量，n_h^j 为 j 部门 h 产品的种类数。令 p 表示相应的产品价格，剔除质量因素后的价格部分可表示为 $\tilde{p}_h^k=\dfrac{p_h^k}{\varepsilon_{hj}^k}$。

其次，加权平均部门层面的产品价格求得“纯净”价格（见式 2.8 和式 2.9）。

$$P_j^k=\left[\sum_{h\in H}\overline{n}_h\varepsilon_h^{\sigma-1}\left(p_h^k\right)^{1-\sigma}\right]^{\frac{1}{1-\sigma}} \tag{2.8}$$

$$\overline{n}_h=\frac{\frac{1}{k}\sum_{k}n_h^k}{\frac{1}{H}\sum_{h}n_h^k} \tag{2.9}$$

其中，P_j^k 为 k 国 j 部门出口产品的加权平均价格，p_h^k 为 k 国 h 产品的出口价格，n_h^k 为 k 国 h 产品的种类数，权重以 h 产品在世界市场的平均种类数 $\overline{n}_h$ 及

消费者对 h 产品的需求变量 $\varepsilon_h^{\sigma-1}$ 共同组成。

再次，得到包含质量因素的“非纯净”价格（见式 2.10）。

$$P_j^{kk'} = \frac{P_j^k}{P_j^{k'}} \tag{2.10}$$

质量指数可表示为两国 j 部门的质量水平比例 $\left(\frac{\lambda_j^k}{\lambda_j^{k'}}\right)$。因而，定义“纯净”价格指数（ $\tilde{P}_j^{kk'}$ ）和“非纯净”价格指数（ $P_j^{kk'}$ ）如式 2.11 和式 2.12 所示。

$$\tilde{P}_j^{kk'} = \frac{\tilde{P}_j^k}{\tilde{P}_j^{k'}},\ \tilde{P}_j^k \equiv \left[\sum_h \overline{n}_h \left(p_h^k\right)^{1-\sigma}\right]^{\frac{1}{1-\sigma}} \tag{2.11}$$

$$P_j^{kk'} = \frac{\lambda_j^{kk'}}{\tilde{P}_j^{kk'}} \tag{2.12}$$

最后，基于拉式（Laspeyres）或帕氏（Paasche）指数的构建思路，得到可观测的“非纯净”价格指数，再回归式 2.11 和式 2.12，并作整理，即可估算出 k 国的出口产品质量指数。价格指数分解法计算过程较复杂，对所需变量和数据质量要求高，借用该方法估算出口产品质量的研究较少（王明益，2013；李小平等，2015）。

（3）回归反推法

回归反推法认为产品质量差异会带给消费者不同的效用满足，也会通过产品价格影响消费者预算约束（Khandelwal，2010）。总的估算思路是将产品质量视为价格之外影响产品需求的残差因素，并控制可能影响产品质量的其他因素，从消费者效用最大化求解出其最优行为决策，再逆推得到产品质量水平。该方法得到了 Martin 和 Mejean（2014）、Gervais（2015）等学者的完善。

首先，将出口目的国居民看作是最终消费者，设定效用函数如式 2.13 所示。

$$U = \left[\int_{h\in H} (\lambda_h q_h)^{\frac{\sigma-1}{\sigma}} \mathrm{d}h\right]^{\frac{\sigma}{\sigma-1}} \tag{2.13}$$

其中，h 表示产品种类（H 为所有产品集合），σ（$\sigma>1$）为不同产品间的替代弹性，q_h 为消费者对产品 h 的消费量，λ_h 为产品 h 的质量水平。

根据效用最大化原则，求得消费者对产品 h 的需求函数，如式 2.14 和式 2.15 所示。

$$q_h = IP^{\sigma-1}\left(\frac{p_h}{\lambda_h}\right)^{-\sigma} \tag{2.14}$$

$$P \equiv \left[\int_{h\in H} \left(\frac{p_h}{\lambda_h}\right)^{1-\sigma} \mathrm{d}h\right]^{\frac{1}{\sigma-1}} \tag{2.15}$$

其中，I 表示行业总支出，p_h 为产品 h 价格，P 为加总的价格指数。

接着，对式 2.14 两边取对数（见式 2.16）。

$$\ln q = -\sigma \ln p + (\sigma - 1)\ln P + (\sigma - 1)\ln \lambda_h \tag{2.16}$$

其中，$\ln \lambda_h$ 为待估算的产品质量。

令经济体总支出水平等于 1，加入市场—时间固定效应（μ）以控制随时间变化的总价格指数和市场偏好等因素，并将不可观测的质量信息计入残差（ε），即可推出产品质量估算方程（见式 2.17）。

$$\ln q = -\sigma \ln p + \mu + \varepsilon \tag{2.17}$$

对于式 2.17，普通最小二乘法（OLS）是直接的回归方法之一。但存在在遗漏变量和双向因果引起的内生性问题（产品质量与价格间存在双向因果关系，还可能遗漏了产品多样化等重要变量）。

对此，现有文献多选择进口国的真实汇率作为产品价格的工具变量（Piveteau 和 Smagghue，2019），认为汇率会通过影响进口中间品成本进而影出口产品定价，但不会直接影响产品质量。实际上，汇率往往受一国经济波动和财政支出水平等因素的影响，无法准确传导产品价格信号，也不能代表无进口中间品行为的企业出口活动。因此，施炳展（2013）和钟建军（2016）选择单位运输成本及平均出口价格作为工具变量，并采用两阶段最小二乘法（2SLS）回归式 2.17，得到式 2.18。

$$Quality = \ln \hat{\lambda} = \frac{\hat{\varepsilon}}{\sigma - 1} \tag{2.18}$$

其中，$Quality$ 为产品质量，$\hat{\varepsilon}$ 为残差项，$\hat{\varepsilon} = \ln q - \ln \hat{q}$。

（4）其他方法

Khandelwal（2010）进一步提出嵌套 Logit 模型估算法，即产品质量是在控制出口规模及价格后的进口市场（相对）份额。当产品价格提高且市场份额不变的情况下，产品质量才会有所提高。国内不少学者均采用该方法测度中国出口产品质量（施炳展等，2013；孙林等，2014）。此外，于津平等（2014）还采用出口技术复杂度的估算方法测度各国出口产品质量，但欠缺理论基础。

2.2.2　产品间升级路径的估算

Hausmann 和 Rodrik（2003）最早用“复杂度”（Sophistication）来描述产品技术含量，并在随后研究中正式提出“技术复杂度”的概念。Hausmann 等（2005）认为，出口产品技术复杂度是出口产品种类、技术含量和生产要素投入的综合反映。Lall 等（2006）将其内涵加以扩展，认为技术复杂度还涵盖资源禀赋和产品营销等系列因素。Xu（2010）认为，技术复杂度还应包含产品质量因素。

（1）出口相似性指数

由 Schott（2008）首次提出，以一国相较发达国家的出口结构重叠或相似程度（可称为“偏差程度”）作为衡量产品技术复杂度的指标（见式 2.19）。

$$ESI_{a,b}=\sum_{h\in H}\min\left(S_{a,h},S_{b,h}\right) \tag{2.19}$$

其中，$S_{a,h}$、$S_{b,h}$ 分别为 a、b 两国出口产品 h 在总出口中的比重。相似性指数 $ESI_{a,b}$ 越大意味着两国出口产品结构越相似，出口技术复杂度也越高。

Wang 和 Wei（2007）构造非相似性指数 $ESI_{a,b}$（见式 2.20）。

$$EDI_{a,b}=100\times\sum_{h}\left|S_{a,h}-S_{b,h}\right| \tag{2.20}$$

运用 $S_{a,h}$ 与 $S_{b,h}$ 之差来比较两国出口技术复杂度差异，证实 $EDI_{a,b}$ 与 $ESI_{a,b}$ 之间存在较强的相关关系。但出口相似性指数只能衡量两国技术复杂度差距而不能反映一国的真实出口技术水平。

（2）市场份额加权法

Lall 等（2006）采用市场份额加权法来测算技术复杂度，以考察亚洲各经济体出口技术复杂度及国际分工地位。假设出口技术复杂度与一国人均收入水平密切相关，人均收入越高的国家出口产品越复杂。

首先，计算产品层面的出口技术复杂度指数（见式 2.21）。

$$S_h=\sum_{a}\frac{V_{a,h}}{\sum_{a}V_{a,h}}y_a \tag{2.21}$$

其中，$V_{a,h}$ 为 a 国出口产品 h 的金额，y_a 为 a 国人均收入或人均 GDP。可见，S_h 表示产品 h 在 a 国出口贸易中的相对地位。

其次，计算一国的出口技术复杂度（又称为“经济复杂度”），如式 2.22 所示。

$$TSI_a=\sum_{h}\frac{V_{a,h}}{\sum_{h}V_{a,h}}S_h \tag{2.22}$$

其中，TSI_a 为 a 国全部出口产品的技术复杂度的综合体现。

市场份额加权法操作简便且所需数据容易获取，为后续研究提供了重要的方法论启示。但该方法以各国出口产品占世界总出口的份额为权重，忽视了小国具有比较优势的产品在世界市场中的影响。

（3）显性比较优势（RCA）指数法

该方法修正了市场份额加权法，以出口 RCA 指数取代出口产品市场份额作为权重，再对一国收入水平加权汇总，从而测算出产品层面及国家层面的出口技术复杂度。

第一步，以一国出口产品 RCA 指数为权重加权人均 GDP，计算产品层面的出口技术复杂度指数（$Prody_h$）。测算公式如式 2.23 所示。

$$Prody_h = \sum_a RCA_{a,h} y_a = \sum_a \left[\frac{V_{a,h}}{\sum_h V_{a,h}} \left(\frac{\sum_a V_{a,h}}{\sum_h V_{a,h}} \right)^{-1} \right] y_a \tag{2.23}$$

第二步，以一国各类产品出口占本国出口总额的比重为权重，加权平均相应的产品技术复杂度，得到国家层面的出口技术复杂度（$Prody_a$）。测算公式如式 2.24 所示。

$$Prody_a = \sum_h \frac{V_{a,h}}{\sum_h V_{a,h}} Prody_h \tag{2.24}$$

当前，有关出口技术复杂度的文献研究多基于 RCA 指数法。例如，代中强（2014）利用中国 30 个省份（不含西藏和港澳台）在 2003—2011 年分行业出口交货值数据测算省际层面的出口技术复杂度；戴魁早（2018）采用地区人均 GDP 和地区出口产品细化数据测算中国各城市出口产品的技术复杂度；李福柱等（2022）将指标中的人均 GDP 修正为行业劳动生产率，以出口产品 RCA 指数为权重加权制造业全员劳动生产率，得到 2002—2019 年中国各省分制造业出口技术复杂度的变化趋势；雷娜（2022）测算了中国不同行业的出口产品技术复杂度。

RCA 指数法能确保小国在具有比较优势的产品上获得足够权重，避免低估小国的影响力。但未考虑加工贸易，而以加工贸易出口的产品不仅包含着国内技术贡献，还包含国外上游环节的技术贡献，这就导致指标测算结果偏高，对加工贸易出口比重较高的发展中国家来说尤为严重。后续学者通过剔除进口中间品价值（姚洋和张晔，2008；陈晓华等，2011）或通过非竞争性投入产出表（Hummels 等，2001；Koopman 等，2008），仅计算出口产品的国内增值部分，少数研究还在测算过程中纳入产品质量因素（Xu，2007；王永进等，2010）。

（4）网络迭代法

Hidalgo 和 Hausmann（2009）认为，以 RCA 指数加权人均收入计算的出口技术复杂度指标存在着内生性问题（即高收入国家大概率出口高技术复杂度的产品），对后续研究造成一定干扰。他们认为，应采用基于网络思想设计的迭代法重新计算出口技术复杂度。

举一个简单的例子（见图 2.1）。假设有三个国家、三类产品和三种生产能力，其中，国家 C_1 具备三种生产能力（A_1、A_2、A_3），国家 C_2 具备两种生产能力（A_2、A_3），国家 C_3 仅具备一种生产能力（A_3）。产品是在这些生产能力的基础上生产出来的，生产产品 H_1 需具备三种生产能力（A_1、A_2、A_3），生产产品 H_2 需具备两种生产能力（A_2、A_3），生产产品 H_3 仅需具备一种生产能力（A_3）。对于不同国家而言，可生产范围是生产产品所需能力同其自身生产能力相匹配的结果。因此，国家 C_1 可能出口产品 H_1、H_2 和 H_3，国家 C_2 可能出口产品 H_2 和 H_3，国家 C_3 仅可能出口产品 H_3。

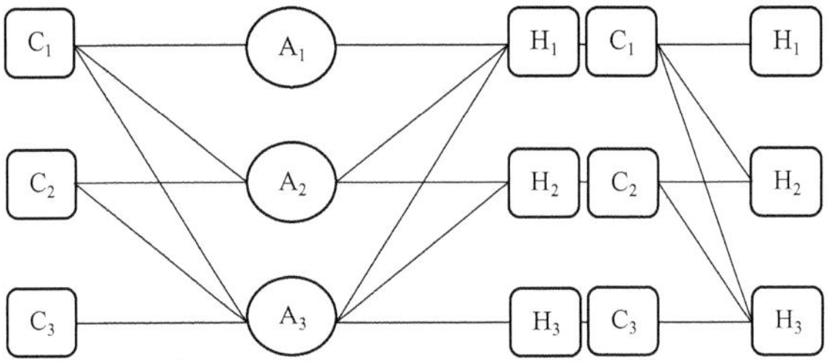

图 2.1　产品技术复杂度的网络化思想

将上述思想模型化：产品技术复杂度与产品被国家出口的概率有关，若某一类产品仅能被少数国家出口，意味着该产品生产所需的配套生产能力较为稀缺，技术复杂度也越高。沿此思路，出口技术复杂度由生产并出口产品所需的生产能力和国家具备出口产品的能力这两部分衡量。计算公式如式 2.25 和式 2.26 所示。

$$Prody_{a,N} = \frac{1}{Prody_{a,0}} \sum_{h} M_{a,h} Prody_{h,N-1} \qquad (N \geqslant 1) \qquad (2.25)$$

$$Prody_{h,N} = \frac{1}{Prody_{h,0}} \sum_{a} M_{a,h} Prody_{a,N-1} \qquad (N \geqslant 1) \qquad (2.26)$$

其中，下标 a、h 分别为国家和产品；$Prody_{a,N}$ 为国家技术复杂度（或“经济复杂度”），$Prody_{h,N}$ 为产品技术复杂度，由式 2.25 和式 2.26 迭代计算得到；

N 为迭代次数（随着 N 增大，$Prody_{a,N}$、$Prody_{h,N}$ 将收敛于各自均值）；$M_{a,h}$ 为产品 h 在 a 国是否具有 RCA 的潜变量（$RCA_{a,h}>1$ 时，$M_{a,h}=1$，其余情况为 0）。

在模型初始设置中：$Prody_{a,0}=\sum_{h}M_{a,h}$，为 a 国具有 RCA 的产品数，反映一国出口产品的多样化程度；$Prody_{h,0}=\sum_{a}M_{a,h}$，为 h 产品具有 RCA 的国家数，反映产品被出口的普遍存在度（简称遍在度）。可见，出口产品多样性越高、遍在度越低，则出口技术复杂度越高。

网络迭代法充分考虑了国家具备的生产能力同产品生产所需投入的匹配程度，有效避免了指标测算过程中的内生性干扰。但 Tacchella 等（2012）学者认为，按照原先的测算方法会导致富有国家只生产少数高技术复杂度产品，故通过非线性迭代方程构建适应性复杂度指标。Albeaik 等（2017）认为，$M_{a,h}$ 对出口篮子的描绘具有局限性，进一步提出新经济复杂度。贺灿飞等（2021）将网络迭代法从国别层面扩展到国内区域层面，测算中国不同城市的经济复杂度和产品技术复杂度。

2.2.3　出口产品升级路径的影响因素

（1）经济增长

Hausmann 和 Rodrik（2003）、Lall 等（2006）研究发现，一国经济增长对出口产品升级具有正向影响，这主要是因为经济发展水平高的国家更倾向于投资本国的高生产率产业和高技术产业，使其产品在出口结构占比得到提升，进而实现出口产品升级。Hallak（2006）实证发现，进口国经济增长会显著促进出口国产品升级路径的实现。Verhoongen（2008）认为，高收入国家的进口需求引发了出口国技术密集型产品的质量升级。Hallak 和 Schott（2011）研究发现，一国经济增长会促使企业向生产效率更高及出口获利能力更强的产品结构转变，主动减少低质量、低技术含量产品的出口份额。还有研究从需求偏好视角分析经济增长对出口产品升级路径的影响方式（Hallak 和 Sivadasan，2013；Feenstra 和 Romalis，2014）。随着一国人均收入水平提高，消费者更偏好高品质产品，出口国为适应国外市场变化以满足日益提升的消费需求，倾向于主动提高自身生产率并增强出口产品质量。可见，经济增长通过上述途径对出口产品升级路径带来正向影响，但各国地理条件和经济社会发展程度存在不同，致使上述影响效应呈现出较大差异。

（2）对外贸易

一方面，出口贸易增长主要包括出口量增长和出口种类增长这两类。出口量增长能快速提高出口企业的加成率，使其有能力投入研发创新、增强出口产品质量和技术含量。Hausmann 和 Rodrik（2003）研究发现，企业自主研发并出口新产品有助于增加出口产品多样化，实现“成本发现”，最终加速出口产品升级。Klinger 和 Lederman（2006）认为上述研究还需关注产品异质性影响。黄先海等（2010）通过将 52 个经济体分为发达经济体和发展中经济体的分组回归发现，发达经济体经济增长对其出口产品升级的推动力是显著的，但该结论并不适用于发展中经济体，发展中经济体出口产品升级动力主要来自出口量增长。理论上，仅依靠出口量增长获得的升级动力是不可持续的，容易出现“悲惨增长”。佟家栋和李旗胜（2015）研究发现，区域自由贸易协定（FTA）的签订能降低中国参与出口企业的不确定性预期，提高产品创新能力。苏理梅等（2016）认为，贸易政策不确定性的降低有利于企业出口产品质量升级。李猛等（2021）利用 186 个国家在 2003—2017 年出口贸易数据，测算各国对中国出口产品需求弹性并估算出口限制指数发现，中国出口贸易限制程度和进口国人均收入呈负相关，中高技术产品面临的贸易限制弱于中低技术产品。

另一方面，进口贸易也是一国实现出口产品升级路径的重要推动力。Amiti 和 Khandelwal（2013）研究发现，低关税对高技术含量出口产品的升级具有促进作用，对低技术含量出口产品升级影响不显著。马述忠和吴国杰（2016）研究发现，中间品进口对中国出口产品质量升级具有积极作用，更多体现在进料加工贸易中，来料加工贸易受到的影响呈“U”型，一般贸易则不显著。祝树金等（2018）从要素视角测算了中国多产品出口企业的产品加成率发现，中间品贸易自由化促进核心产品的质量升级幅度大于非核心产品。

（3）FDI 推动

现有研究普遍认为，FDI 流入有助于东道国实现出口产品升级，同时还存在异质性影响。江小涓（2002）认为，外资进入加速了国内市场技术扩散、技术竞争及应用，对出口增长和出口产品结构升级产生重要贡献。谢建国（2003）研究发现，FDI 稳健地提高了中国工业制成品的出口竞争力，尤其是高技术含量产品，但对资源密集型产业和一般技术含量制造品的影响不显著。周靖祥和曹勤（2007）研究发现，FDI 对出口升级的正向效应很可能是由外资企业出口增长而呈现出的“幻影”，中央及地方政府应宏观管控 FDI 流向。李坤望和王有鑫（2013）实证考察 FDI 对中国出口产品质量的影响发现，正向影响主要存在于资本密集型及外资进入程度较高的行业中，研发密度和劳动报酬也起到积极作用。王明益（2013）从理论层面推演发现，内外资技术差异和出口产品质量升级的影响关系呈现倒“U”型，并选取 1992—2012 年中国制造业样本实证检验发现，港澳台外资相较欧美外资对出口产品升级的提升效果更明显。张鹏杨等（2022）从全球竞争力视角分析 FDI 对中国企业出口国内增加值率（DVAR）的影响发现，二者间的正向关系会随企业外资份额的提高由正转负，来自经济合作与发展组织（OECD）国家的 FDI 是促进企业出口 DVAR 提高的主要原因，并在加工贸易及重工业企业中的表现更突出。此外，沈国兵和黄铄珺（2020）研究 FDI 对中国多产品企业出口技术含量的影响机制发现，FDI 通过优化产品组合配置和激发企业研发创新，显著提升了中高技术品的出口技术含量。

（4）技术进步

相关研究大致可分为三类：第一类是有关研发投入和出口绩效影响关系的研究。戴觅和余淼杰（2012）研究发现，出口前研发投入通过增加制造业企业对新产品和新技术的吸收能力进而提升其生产率，表现为对首次出口企业的生产率提升贡献 2%，对持续出口企业的影响逐渐减弱。诸竹君等（2018）利用中国海关数据和专利数据实证发现，企业研发行为对出口 DVAR 具有稳健的正向影响，企业加成率和出口产品相对价格是重要的中介变量。第二类是有关生产率对出口产品品质（包括出口产品的全部异质性特征）的影响研究。樊海潮和郭光远（2015）分别从理论及实证层面探究出口价格、产品质量和企业生产率间的关系发现，企业改进生产率有助于增强出口产品质量（剔除质量因素后的）和提高出口价格。第三类是有关人力资本在出口升级中的重要性。毛其淋（2019b）以“大学扩招”政策实施作为准自然实验，发现人力资本扩张促使加工贸易企业加大研发投入以实现产品升级。郑玉（2021）分析中间品创新对中国出口国内增加值的影响机理发现，中间品创新活动促进出口国内增加值提高，同时受到人力资本的中介调节。

（5）国内特殊性

国内学者就中国出口产品升级问题的研究始于 21 世纪初，出现了中国出口产品品质是“提升”还是“降低”之争。施炳展等（2013）采取 Feenstra 教授在其个人网站上传的美国进口产品（10 分位）数据实证发现，中国出口产品质量在研究期间有所下降，出口技术复杂度则明显上升。造成这种现象的原因可能有：一是加工贸易在中国及其他发展中国家外贸中所占的比重较高（余淼杰，2011），在加工贸易模式下，产品生产的关键环节并未发生在出口国，但所有生产环节的价值却被纳入出口核算当中，故未充分考虑加工贸易模式会导致中国出口产品升级的估算结果偏高；二是外资大量涌入中国市场，带来了极强的竞争效应和溢出效应，前者会降低出口产品品质而后者起到积极作用；三是受行业资本密集度、人力资本、研发技术和补贴优惠等其他因素的影响。此外，加工贸易企业的大量存在还导致中国出口存在“生产率悖论”，即出口企业比非出口企业的生产率更低，这与新新贸易理论的核心结论正好相反（李春顶，2010；戴觅等，2014）。

2.3 外资进入对出口产品升级路径的影响研究

前文分别回顾了外资进入的“阶段性”、识别方法，出口产品升级路径的估算及影响因素。本书重点研究外资进入“是否影响”以及“如何影响”出口产品升级路径，下面梳理相关文献。

2.3.1 外资进入影响出口产品升级路径的内在机理

国际贸易理论的一个重要假设是商品可以在国家间自由流动，生产要素却不能。随着全球投资活动持续升温，利用外资助力经济增长已成为世界各国的共识，这也对相关理论研究提出了新要求，即放宽要素非流动假设，从理论层面研究外资流动带来的经济影响。例如，国外学者 Mahdavi（1988）建立了一个系统的理论分析框架，分析外商投资税（Foreign Investment Taxes）对贸易条件和国际资本配置的比较静态影响。研究发现，大国利用外商投资税来限制资本自由流动，以此来改变要素价格和部门资本配置。

在资本流动假设下，后续学者纷纷探讨了对外投资和出口贸易的关系。一种是替代关系，投资母国会在对外投资及出口贸易中选其一，取决于东道国人力资本和出口冰山成本（Tamura，1996）；另一种是互补关系，东道国外资流入规模和投资经验累积会促使企业推行出口多元化战略（Gnangnon 和 Roberts，2019；Ding 等，2021）。后续学者又拓展了有关外资和企业生产效率、出口规模及出口结构等研究（Xu 和 Lu，2009；Fu 和 Gong，2011；Krishnan 等，2014）。

国内有关外资进入和出口绩效的理论研究主要是对异质性企业理论模型的扩展，归纳为：一是外资进入与价值链参与度。外资进入有助于改进东道国企业生产效率和要素报酬，降低生产边际成本，推动下游产业走向价值链高端（李向毅，2021；李宏和刘坤，2014）。二是外资进入与出口定价。外资进入能扩大外资中间品范围，降低东道国企业的中间品使用成本及生产风险，增强产品竞争优势，最终提高出口定价（孙浦阳等，2018；李琛等，2020）。三是外资进入与出口质量。外国资本品质量较高，外资进入会提升国内产品在生产及出口环节的质量优势，后向溢出为主要渠道。还有学者探究了影响企业出口定价和出口质量的因素。例如，贸易自由化会提高企业出口产品定价，同时还会增强其出口产品质量（樊海潮等，2022）。四是外资进入与出口结构。外资进入能优化中国制造业企业的出口产品结构、提升出口国内附加值，从而实现"有限赶超"（杨汝岱和姚洋，2008）。

外资是东道国企业在产品生产过程中的重要资本补充，外资进入能缓解企业融资压力，调整生产预期及出口决策，为本书的理论模型构建提供了有益启示。但还存在两处不足：一是未涉及产品升级路径的探讨。已有研究推演了外资进入与企业生产效率或出口决策间的数理关系，但尚未探讨外资进入影响出口产品升级路径的内在机理，同时还缺乏对路径偏向性的思考。然而，大多数企业尤其是中小企业受限于"有限的"资本，在产品升级过程中往往具有偏向性（即优先增强出口产品质量或优先提升产品技术复杂度）。目前，在产品升级路径潜力及利用外资成效差异性方面还缺乏相应的理论支撑。二是未关注外资进入的不同阶段。诸多文献将外资看作国内企业生产过程中的部分中间投入（即外国资本品），外资进入规模扩张能带来多样性和高质量的中间品，从而影响企业生产行为及出口绩效。实际上，外资在"进入前"面临政策层面的准入限制（或负面清单管理），"进入后"还会通过不同溢出渠道作用于出口产品升级。仅有少数研究将外资准入自由化作为政策参数加入一般均衡贸易福利模型中，分析外资准入政策放宽对行业贸易福利的影响效应，但未落脚到产品升级路径上。

2.3.2　外资进入与产品内升级路径的实证分析

产品内升级以出口产品质量增强为主要表现。中国出口产品质量的变化趋势是怎样的？为回答这一问题，张杰等（2014）采用中国出口产品的微观面板数据测算发现，中国出口产品质量在 2000—2006 年呈现微弱的下降趋势，这主要是私营企业出口质量下降造成的，国有企业及民营企业出口产品质量仍呈上升态势。施炳展（2015）测算了这一时期的中国出口产品质量后发现，企业持续出口时间越长则其出口产品质量的上升幅度越大，内资企业出口质量及出口持续表现均弱于外资企业，主要是因为市场中低质量产品生产商的大量进入。余淼杰和张睿（2017）在考虑指标内生性问题后重新测算发现，中国制造业企业在研究期间内的出口产品质量整体提高约 15%，其中，持续出口产品贡献最大，退出及新进入出口的产品平均质量水平较低。

外资进入是否有助于增强出口产品质量？诸多实证研究给出了肯定的回答。代表性文献有：李坤望和王有鑫（2013）研究发现，外资进入正向影响中国出口产品质量，推动产品内升级路径的实现；韩超和朱鹏洲（2018）也得到了类似的结论，还发现外资进入通过行业关联渠道进一步推动中国制造业产品内升级路径的实现。上述研究中，外资进入均采用行业实际利用外资规模或外资准入政策冲击虚拟变量作为衡量，侧重于行业层面外资进入与出口产品质量影响关系的分析。另外也有文献侧重于企业层面的分析，即企业内部外资份额（或外资股权）对其创新及出口行为的影响（李向毅，2021；高凌云和易先忠，2019；张鹏飞和陈凤兰，2021）。但是，施炳展（2015）认为，外资进入会加剧行业内负向竞争，降低企业出口产品质量，阻碍产品内升级路径的实现。王明益（2013）认为，外资进入与出口产品质量之间存在倒“U”型关系。

已有研究还探讨了外资进入对企业出口产品质量的影响机制，大致可分为四种：一是创新促进机制。外资开放通过增强企业创新产出从而提高出口产品质量，实用专利带来的质量升级效应强于发明专利（盛斌和王浩，2021）。二是产品转换机制。外资进入为东道国企业共享出口信息及市场偏好，推动企业调整出口产品范围（表现为低质量产品退出出口），由内而外重新配置资源，提升出口产品质量。三是外资深度与广度。外资企业出口关系占总出口选择的份额即为外资进入的深度，外资企业出口贸易规模占总出口规模的份额即为外资进入的广度。施炳展（2015）实证发现，外资深度与广度是外资进入影响本土企业出口产品质量升级的重要机制，可通过研发竞争渠道扩展外资广度，通过缓解融资及宣传广告渠道拓展外资深度。四是产业前后向关联。除直接影响外，外资进入对出口产品质量还存在间接的影响机制，即上下游外资通过行业关联渠道对出口产品质量的“垂直”溢出。李瑞琴等（2018）实证发现，上游制造业外资进入带来的负向竞争大于正向溢出，不利于下游企业出口产品质量升级，上游服务业外资进入的前向溢出影响正好相反。

2.3.3 外资进入与产品间升级路径的实证分析

产品间升级以出口产品技术复杂度提升为主要表现，还包括出口规模、出口结构和出口多样性等内容。大量实证研究表明，外资进入有助于东道国企业实现出口规模扩张和产品结构升级，并通过不同溢出渠道而呈现差异化的表现。代表性文献有：Xu 和 Lu（2009）研究发现，中国制造业出口技术复杂度同外资企业加工出口份额显著正相关，但与本土企业呈负相关；陈晓华和刘慧（2014）认为，内外资企业间的技术复杂度差距在逐步缩小，资本积累起到了关键性作用；孙浦阳等（2015）首次采用中国《外商投资产业指导目录》和投入产出表构建了外资自由化及上游外资进入指标，实证检验上游外资进入对下游企业出口二元边际的影响发现，上游外资准入自由化有助于激发下游企业的出口倾向和出口增长，这在与前沿技术距离接近的行业及企业中更突出；戴翔（2016）实证发现，中国服务业外资进入会显著地促进制成品出口技术复杂度提高，据此提出“推进服务贸易自由化改革”以借助外资实现出口产品升级的政策建议；樊娜娜（2018）认为，外资进入会影响本土企业出口决策和出口规模，集中在行业内外资“水平”进入和行业间前向溢出渠道，后向溢出渠道中的影响不显著。

随后，张鹏杨等（2022）研究发现，外资进入还是导致中国企业出口产品多样性变化的主要原因，其中，前向溢出渠道下的影响为正，后向溢出渠道则影响为负，推断是外资进入引致中国企业嵌入价值链低端并固化所导致的。房帅等（2020）研究发现，FDI 流入规模占东道国 GDP 比重的提高能改进国内资源配置效率，凝聚产品出口优势，促进出口产品持续生存。蒋殿春和王春宇（2020）研究表明，城市外资进入份额通过资源再配置效应促进出口技术复杂度升级，这在行业及企业层面均成立。杨俊和郭娟娟（2021）实证检验外资自由化对企业出口规模与比较优势的影响机制发现，外资准入自由化主要通过行业间前后向关联渠道（尤其是后向关联渠道）推动企业扩大出口规模。

少数文献认为外资进入阻碍产品间升级路径的实现。例如，刘金焕和万广华（2021）实证发现，外资进入负向影响内资企业出口产品质量，这主要是因为外资进入为东道国市场带来的负向竞争和要素约束占据主导地位，而人员流动与创新、示范模仿和产业关联等正向溢出表现较弱。可见，外资进入通过不同溢出渠道带来的影响效应存在差异。

进一步梳理发现，造成上述研究结论不一致的原因可能有：一是模型设定、变量指标及数据选取的差异性。诸多研究采用实际利用外资规模（占 GDP 比重）作为外资进入的衡量指标，采用技术复杂度、出口二元边际和出口多样性等指标作为产品间升级路径的识别，不同的变量指标及数据选取均会导致回归结果的差异。同时，部分计量模型设定中的内生性问题未得到很好的控制，有待选取更加合意的工具变量与回归模型。二是不同溢出渠道对产品间升级路径影响的复杂性。已有研究表明，外资“进入后”通过不同溢出渠道对产品间升级路径影响显著，但影响方向不确定。一部分文献认为，外资进入通过后向溢出渠道正向影响出口产品技术复杂度，这也是外资影响产品间升级路径的主要渠道；另一部分研究却认为，外资进入通过前向溢出渠道能促进产品间升级路径的实现，特别体现在上游服务业部门，后向溢出渠道的影响较不显著。可见，外资进入通过不同溢出渠道对产品间升级路径的“垂直”溢出影响具有复杂性，有待进一步厘清。

2.4　述评小结

2.4.1　现有研究的不足

“双循环”新发展格局下，如何更好地引进外资以助力出口升级成为国贸领域的热点话题。围绕着“外资进入”和“出口产品升级路径”两个关键变量，本章分别回顾了外资进入的“阶段性”及识别方法、出口产品升级路径的估算和影响因素。最后，从“是否影响”及“如何影响”两方面梳理相关文献并初步明确外资进入与出口产品升级路径间的影响关系。已有文献为本书奠定了坚实的方法论基础和宝贵的思路启发，但还存在如下的不足：

第一，缺乏对外资进入影响出口产品升级路径的理论探讨。为解决传统国贸理论研究与利用外资重要性之间的矛盾，一个自然的逻辑是放宽资本流动性约束，将外资内化为影响国际贸易的因素之一。在此基础上，国内外研究重点探讨了外资流入与东道国贸易福利、出口选择和出口绩效之间的影响关系，为本书的建模工作提供了宝贵的启示。不足的是，上述研究并未落脚到产品升级路径上，有关外资进入影响出口产品升级路径的数理模型较少。另一个思路是在异质性企业理论模型中加入产品垂直差异特征，将其扩展为异质性产品理论模型，进而分析出口产品异质性表现和产品内升级路径的实现过程。但外资进入的影响效应在该类研究中未能得以全面体现。因此，亟须建立一个系统的理论分析框架，将外资进入与出口产品升级路径有机结合，从理论角度分析二者之间的关系。

第二，缺乏对外资进入指标的系统性探讨。已有研究对外资进入内涵界定的差异衍生出了不同的识别方法，如外资份额、准自然实验法和溢出渠道识别法等。同时，少数研究还存在概念混用的情况。例如，以“外资进入”为主题的文献中，不同的外资进入指标（既有采用行业层面的外资流量规模或比重，又有微观层面的企业外资份额或股权比例）导致样本数据的选取也存在差异，削弱了影响评估的精确性。有关外资进入的识别方法还有待系统性探讨。还有文献直接以外资进入指标的滞后项作为工具变量以解决内生性问题，这一做法稍显不足。

第三，缺乏对出口产品升级路径偏向性的关注。已有研究主要关注出口产品质量或技术复杂度的影响因素，可看作是产品升级的单一路径。仅有少数研究基于出口产品质量和技术复杂度的双重视角展开研究（刘慧和陈晓华，2018；王思语和郑乐凯，2019；周沂和贺灿飞，2020；董琴，2021），分析产品内升级路径和产品间升级路径的实现过程。但在上述研究中，有关路径偏向性及外资影响差异性的内容还是空白的。现实中，企业在“有限的”资本约束下难以集中全力“同步”实现产品内升级和产品间升级，往往会对两条路径做出“排序”，优先产品内升级抑或优先产品间升级，从而表现出路径偏向性。那么，企业如何选择合意的出口产品升级路径？外资进入对不同偏向性的产品升级路径是否存在影响差异？已有研究未作答。

2.4.2　做出的改进

第一，建立外资进入与出口产品升级路径的系统的理论分析框架。具体包括：（1）探讨外资进入与产品升级路径间的理论关联；（2）构建外资进入影响出口产品升级路径的基本模型（将外资进入内化为模型中的政策参数及企业复合资本品中的外国资本品份额，将出口目的国代表性消费者的需求函数设定为包含产品异质性与产品质量的迪克西特·斯蒂格利茨模型（Dixit Stiglitz Model，简称 D-S 模型）形式；（3）推演一般均衡下的出口定价和产品质量同产品异质性、外资进入和资本品价格之间的数理关系；（4）区分不同阶段外资进入情形，全面分析外资进入与出口产品升级路径的影响关系。

第二，基于不同阶段外资进入的具体表现选取更加合意的指标。具体包括：（1）外资在“进入前”阶段集中体现在政策准入层面（例如，我国积极推进外资自由化，降低市场准入门槛，加大吸引外资政策优惠，给予内外资企业无差别的税收待遇），这一阶段的外资进入可看作是一次准自然实验，通过外资政策管制放松对出口产品升级路径产生影响（详见第 5 章 5.1.2）；（2）在“进入时”阶段，大规模外资流入国内不同行业及地区，这一阶段的外资进入主要指的是外资准入自由化影响下的行业内外资“水平”进入规模（详见第 6 章 6.1.2）；（3）外资在“进入后”阶段集中表现为“垂直”溢出，即通过前后向关联渠道对不同行业部门出口产品升级路径的差异化影响（详见第 7 章 7.1.2）。

第三，基于同一类产品内及不同类产品间的要素差异识别产品升级路径。具体地，以涵盖产品内部垂直特征差异的产品质量作为产品内升级路径的识别，以反映产品间市场份额及技术结构变动的技术复杂度作为产品间升级路径的识别（详见第 1 章 1.2.2）。本书主要考察外资进入对产品内及产品间升级路径的差异化影响。另外，还在理论推演中进一步求得二次偏导，以揭示外资进入对产品升级路径偏向性的影响机理（详见第 4 章 4.2.3、4.3.3、4.4.3）。同时，在实证设计中以“中位分组”加“交叉回归”的方式加以检验（详见第 5 章 5.2.3、第 6 章 6.2.3、第 7 章 7.2.3）。上述研究不仅为新时期企业如何选择合意的产品升级路径提供理论支撑，还为有关部门完善外资产业政策、充分释放外资溢出效应提供有益的政策启示。

第 3 章
外资进入与中国出口产品升级路径的典型事实

为明确外资进入与中国出口产品升级路径的典型事实，本章结合现实情况和相关数据加以刻画，并与世界代表性国家作简要对比。具体内容包括：一是梳理中国利用外资发展历程，分析外资进入行业及地区分布特征并进行横向国际比较；二是基于数据处理和指标测算，分析出口产品质量与产品内升级路径、产品技术复杂度与产品间升级路径的变化趋势，分解测算出口产品升级动力来源，最后进行横向国际比较；三是外资进入与中国出口产品升级路径的关联性，从行业及地区层面分析二者相关关系，认识外资进入与产品升级路径偏向性。

3.1　中国外资进入事实及国际比较

3.1.1　中国利用外资发展历程

FDI 流入通常被视为是促进发展中国家经济增长及融入全球市场的重要推动力。改革开放以来，中国外资准入的方针政策始终与同时期推动经济体制改革和产业发展的政策步调相一致。依据不同时期中国外资政策走向、实际利用外资规模体量及其占国民经济收入的比重，本书将中国实际利用外资发展历程大致划分为四个阶段（见图 3.1）。

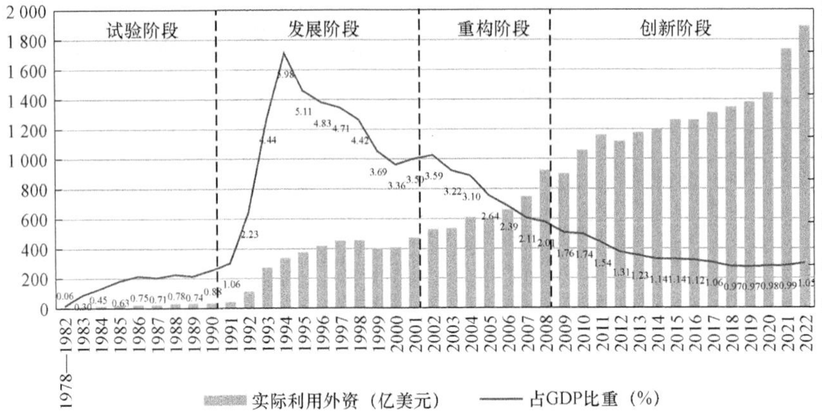

图 3.1　1978—2022 年中国实际利用外资

注：自 2001 年以来，实际利用外资不包括对外借款。

资料来源：国家统计局，部分缺失数据从联合国贸易和发展会议获取。

（1）试验阶段：1978—1990 年

以 1979 年颁布的《中外合资经营企业法》为开端，中国由排斥外资到利用外资，引进先进技术及设备成为发展经济的重要抓手。同年，还设立了外国投资管理委员会统管利用外资工作，选定深圳、厦门、珠海和汕头等沿海城市为试点城市，赋予其特殊政策之下“先行先试”的自由，为利用外资打开了崭新的局面。随后，相继颁布的《中华人民共和国外国企业所得税法》（1981 年）、《中华人民共和国外资企业法》（1986 年）和《中华人民共和国中外合作经营企业法》（1988 年）等法律对涉外企业的设立条件、利润分配和经营期限等做出明确规定，以此为主干的外资政策体系初步形成。同时，国务院办公厅于 1987 年 12 月发布了《指导吸收外商投资方向暂行规定》，将利用外资指导措施分成鼓励类、允许类、限制类和禁止类，为外资准入设定门槛。1989 年，十三届五中全会强调，积极地吸收符合我国产业政策的外国直接投资。[①]中央再度重申利用外资的重要性，持续完善相关法律法规，合理外资增速及外债规模。国内各地纷纷借助试点平台展开多层次探索，由经济特区到沿海开放城市、沿海经济开放区，再到内地，明确扩大对外开放、加快利用外资和促进经济发展的战略

① 资料来源：党的十三届五中全会通过的《中共中央关于进一步治理整顿和深化改革的决定》。

方针。这一阶段，外资优惠政策主要表现为税负减免，包括企业所得税和进口设备关税等，受惠主体为三资企业（即中外合资企业、中外合作企业和外商独资企业）。中央也在支持内陆开放方面给予较大的政策倾斜，武汉、重庆及山东等地陆续出台开放措施，加快利用外资促进经济发展的步伐。

受限于数据获取渠道，1978 年中国实际利用外资数据存在统计缺失，1982 年之前的外资进入规模体量较小。因此，本书将 1978—1982 年实际利用外资数据加总合并后再进行展示（见图 3.1）。中国实际利用外资占 GDP 的比重逐年增长，由最初的 0.06%增长到 1991 年的 1.06%，意味着外资进入对国民经济增长的贡献突破 1 个百分点。但利用外资工作也存在着明显的不足，表现为：外资准入政策过度强调外资规模，忽视外资质量，“以市场换技术”，放松对外资企业产品的内销比例限制，本土创新能力培育不足；区域利用外资倾斜政策弊端渐次暴露，地区投资环境与经济发展差距扩大，亟需从“区域倾斜”向“产业指导”为核心的外资准入管理转变。

（2）发展阶段：1991—2001 年

这一阶段的主要任务是探索经济体制改革，由“有计划的商品经济”向“社会主义市场经济体制”过渡[①]。引进外资的政策目标调整为“统一内外资企业政策”和“实行国民待遇”，完善外资优惠政策，优化利用外资产业结构。

1992 年党的十四大召开后，外资企业准入方式、注册登记、税收制度以及相应产业政策均被赋予了新内涵。1993 年 10 月，第八届全国人大常委会第四次会议通过并发布了《中华人民共和国个人所得税法》，将外资税收优惠政策具体化，集中清理规划不当及令出多门等问题。随后在第五次会议上通过了《关于外商投资企业和外国企业使用增值税、消费税、营业税等税收暂行条例的决定》，规定内外资企业适用于统一的纳税标准及范围。1995 年，《指导外商投资方向暂行规定》、《关于设立外商投资股份有限公司若干问题的暂行规定》和《关于股份有限公司境内上市外资股的规定》等政策文件相继发布，一定程度上赋予外资参与中国资本市场的自由。同年，《外商投资产业指导目录》（简称为《目录》）首次出台，明确规定了外资准入的鼓励类产业范围，并在 1997 年和 2000 年重新修订（见图 3.2），确保大多数（约 83%）产业条目可享受优惠政策。《目录》还将部分市场相对饱和技术层次较弱的产业条目列入允许竞争类，不仅有助于对外开放，还加快利用外资促进产业升级的步伐。

区域利用外资和经济发展的“倾斜政策”有所收紧，仅有一项关于“九五”期间上海浦东新区开发开放有关政策的通知，作为对 1990 年浦东新区政策的延

① 资料来源：《加快改革开放和现代化建设步伐，夺取有中国特色社会主义事业的更大胜利》。

续和补充。1997 年 9 月，国家科学技术委员会颁布《关于设立中外合资研究开发机构、中外合作研究开发机构的暂行办法》，关注技术引进效率及自主创新能力，推进重大科研成果产业化，按国际市场需求调整生产结构。《当前国家重点鼓励发展的产业、产品和技术目录（2000 年修订）》和《关于设立外商投资创业投资企业的暂行规定》先后发布，旨在促进引进外资工作和产业发展方向相匹配。2000 年 6 月，国家经济贸易委员会等多部门联合发布《中西部地区外商投资优势产业目录》，精准引导外资流入中西部地区。

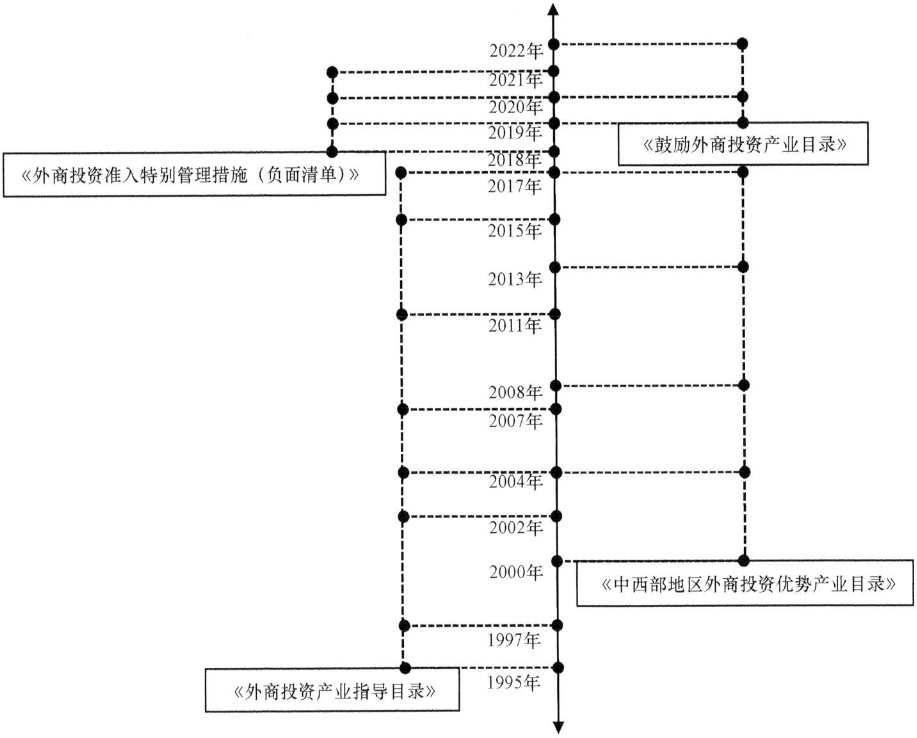

图 3.2 《外商投资产业指导目录》及《外商投资准入特别管理措施（负面清单）》的修订

注：虚线表示各版本文件内容与时间的对应关系，圆点表示文件存在修订的年份。

在此阶段，中国实际利用外资规模较前一阶段显著增加，总量突破 200 亿美元，实际利用外资占 GDP 比重也稳步提高。同时，外资进入形式以中外合资为主，其次是外商投资和中外合资，如图 3.3 所示。还需注意到的是，中国利用外资诸多政策和现行的国际惯例仍有所出入，如外资优惠政策与 WTO 非歧视原则未完全对接。在 21 世纪初，中国修改了此前三部外资法律的部分条例内容以纠正与现有规则、惯例的偏差，取消外资企业原材料购买地限制和出口义务，向外资企业开放创投市场等，为“入世”做好了充足准备。

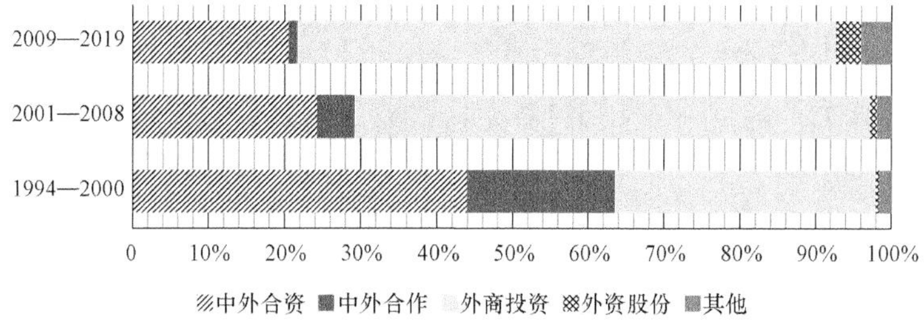

图 3.3　1994—2019 年不同投资方式下的外资进入情况

资料来源：国家统计局。

（3）重构阶段：2002—2008 年

自“入世”以来到 2008 年全球金融危机爆发，中国实际利用外资规模稳健增加，占 GDP 比重徐徐回落，这表明外资进入增速已经落后于国民经济增长的速度，利用外资拉动经济和产业发展的效果有所减弱。同时，这一阶段的外资进入方式仍以外商投资为主，中外合资形式也逐步增加。结合相关引资政策来看，国内经济发展还面临着资源流动、技术缺口和产业结构调整等多重压力。因此，这一时期外资主管部门的政策重心是协调内外资关系，平衡对外开放与转型发展问题。

从外资准入政策层面来看，《外商投资产业指导目录》（2002 年修订、2004 年修订）适度放开部分领域（尤其是服务业）外资准入限制。2003 年 6 月，科技部和商务部共同发布《鼓励外商投资高新技术产品目录》，进一步吸引和鼓励外资进入航空航天、新材料、电子信息、核应用技术和现代农业等高新技术制造领域，涵盖 11 大类共计 917 项产品。随后，《外商投资产业指导目录（2007 年修订）》在落实“入世”承诺的同时继续开放服务业外资准入门槛，增加“承接服务外包”“现代物流”等鼓励类外商投资产业条目。《中西部地区外商投资优势产业目录》（2000 年版、2004 年版）也得以发布，促使外商投资中西部地区的优势产业。这一阶段的外资进入主要是为获取市场资源和战略资产。随着中国内生性创新能力的积累，市场寻求型和战略资产寻求型的外商投资还会持续增加（桑百川，2019）。

为充分发挥外资在促进国有企业改革改制中的作用，中国逐步放宽外资参股限制，具体包括：支持国企通过转让部分资产和增资扩股等方式吸收符合条件的外资进行改组[①]；允许国外投资者和外商投资企业受让非金融类企业所持国有股份[②]；鼓励外国投资者通过股权并购和资产并购等方式促使境内企业转为外商投资企业，注册资本出资比例高于25%即可享受外商投资企业待遇[③]。同时，中央还出台了配套的企业所得税过渡优惠政策，稳定外商投资预期，承诺企业“在新税法施行后5年内享受低税率过渡照顾”[④]。至此，中国境内所有企业在税收税制方面享有完全一致的国民待遇。三大区域发展战略在这一阶段基本成型，分别是“走出去”战略、“东北振兴”战略和“西部大开发”战略[⑤]，引导外资进入西部地区及东北老工业基地，缩小区域发展差距，缓解产业转型压力，以“引进来”带动“走出去”。

（4）创新阶段：2009年至今

2008年全球金融危机爆发后，中国实际利用外资规模（于2010年首次）突破1 000亿美元，但其占GDP比重却明显降低，由2009年的1.76%下降到2022年的1.05%，利用外资速度慢于GDP增速，延续了前一阶段的变化趋势。外资进入方式逐渐由外商投资为主向中外合资、中外合作过渡，其中，中外合资形式已成为外资进入的主要方式。

金融危机余波不仅减弱发达国家对外投资的动力，还阻碍中国吸收利用外资工作。学术界更是围绕着“外资隐形退潮”“外资增速锐减”“外资撤离”等观点展开了激烈探讨。随着国内经济步入“新常态”，外资政策逐渐转向制度创新，“提高利用外资水平”，将“引资”和“引技”有机结合[⑥]。2015年5月，《中共中央 国务院关于构建开放型经济新体制的若干意见》提出，要分层次、多领域、有重点地推进利用外资工作，放宽制造业外资准入，放开服务业外资准入，多种方式创新合力以提高外资效益。《外商投资产业指导目录（2011年修订）》持续增设鼓励类项目，减少限制类和禁止类项目，取消原先的11条涉及外资股比的限制内容，鼓励外资进入高端制造业、服务业和战略性新兴产业。

① 《利用外资改组国有企业暂行规定》（国家经济贸易委员会、财政部、国家工商行政管理总局、国家外汇管理局令2002年第42号）。

② 《关于上市公司国有股向外国投资者及外商投资企业转让申报程序有关问题的通知》（商资字〔2004〕1号）。

③ 《关于外国投资者并购境内企业的规定》（商务部、国务院国有资产监督管理委员会、国家税务总局、国家工商行政管理总局、中国证券监督管理委员会、国家外汇管理局令2006年第10号）。

④ 《国务院关于实施企业所得税过渡优惠政策的通知》（国发〔2007〕39号）。

⑤ 《中华人民共和国国民经济和社会发展第十个五年计划纲要》、《国务院关于进一步推进西部大开发的若干意见》（国发〔2004〕6号）、《国务院办公厅关于印发2004年振兴东北地区等老工业基地工作要点的通知》（国办发〔2004〕39号）。

⑥ 《中华人民共和国国民经济和社会发展第十二个五年规划纲要》的重要内容之一。

《目录》（2015 年修订）再次放宽外资准入限制，鼓励外资流入金融业、房地产及电子商务等服务领域；《目录》（2017 年修订）进一步增设节能环保、现代服务业等鼓励类目，取消原先对外商投资施加的诸多限制，为下一步利用外资工作打开更大的空间。2019 年 11 月，中央从深化对外开放、加大投资促进力度、深化投资便利化改革和保护外商投资合法权益等方面提出共计 20 条措施，以优化外资营商环境为着力点，大力创新利用外资的方式及内容①。2021 年 10 月，商务部印发《"十四五"利用外资发展规划》，作为新时期引进外资的重要依据，充分发挥外资在"联接国内国际的独特优势"和"推动创新、平衡、绿色、开放、共享发展"中的重要功能，并对如何打造国际化营商环境提出更高的要求。

创新突破不仅体现在外资准入政策制定中，还体现在区域利用外资的实践中。国务院办公厅在 2015 年印发了自贸试验区外资准入管理措施②，逐批扩大自贸试验区试点城市③，创新外资准入管理方式。中国（上海）自由贸易试验区率先试行外商投资"准入前国民待遇"加"负面清单"的管理模式。《外商投资产业指导目录（2017 年修订）》随即将该项管理模式纳入其中，承诺在负面清单之外给予内外资企业平等待遇。2018 年，《外商投资准入特别管理措施（负面清单）》正式予以发布。随后，国家发展改革委和商务部发布了《鼓励外商投资产业目录（2019 年版）》，作为对原先《外商投资产业指导目录》中的鼓励类条目和《中西部地区外商投资优势产业目录》的优化合并。2019 年 3 月，第十三届全国人民代表大会第二次会议通过《中华人民共和国外商投资法》（简称《外商投资法》），将外资准入负面清单管理的基本规则写入其中。至此，《外商投资法》取代"外资三法"，成为新时期国家关于外商投资活动全面的、基本的法律规范。

3.1.2　中国外资进入的分布特征

为明确中国外资进入的行业及地区分布特征，本部分主要基于国家统计局公布的实际利用外资金额和地区 GDP 等相关数据展开分析。

---

① 《国务院关于进一步做好利用外资工作的意见》（国发〔2019〕23 号）。

② 《国务院办公厅关于印发自由贸易试验区外商投资准入特别管理措施（负面清单）的通知》（国办发〔2015〕23 号）。

③ 2015 年 4 月，国务院批复成立中国（广东）自贸试验区、中国（天津）自贸试验区、中国（福建）自贸试验区。随后在 2017 年 3 月印发了辽宁、浙江、河南、湖北、重庆、四川、陕西等地自贸试验区总体方案。

（1）行业层面

表 3.1 报告了 2001 年以来中国实际利用外资的分行业情况（限于篇幅未展示全部年份）。从中看出，制造业始终是利用外资规模最大的行业，但其实际利用外资占全国的比重正不断降低，由 2001 年的 65.93%下降到 2021 年的 19.44%。房地产业实际利用外资的比重呈现出“波动中先升后降”的变化趋势，2013 年达到了峰值 24.49%。租赁和商务服务业，信息传输、计算机服务和软件业，科学研究、技术服务和地质勘查实际利用外资的比重正逐渐上升，2021 年的比重之和达到 43.78%，远超过制造业。批发和零售业，电力、燃气及水生产和供应业，交通运输、仓储和邮政业等行业实际利用外资规模较小。可见，外资进入在中国不同行业部门间的表现各异，整体上呈现出由制造业转向服务业、由传统的低附加值部门转向新兴的高附加值部门的趋势。这在美国对华投资活动中也得到了很好的印证（史瑞祯、桑百川，2022a）。

（2）地区层面

一方面，从东中西部及东北地区来看（见图 3.4）。东部地区实际利用外资占全国的比重小幅上升，始终占据有超过四分之三的份额；中部及西部地区实际利用外资份额基本保持不变；东北地区则明显下降。可见，引进外资水平和地区经济发展程度密切相关，这也是新时期外资准入管理工作中需格外关注的内容。

表 3.1　　2001—2021 年部分年份中国实际利用外资的分行业情况

单位：亿美元，%

行业	指标	2001	2004	2007	2010	2013	2016	2019	2021
农林牧渔业	规模	8.99	10.01	9.24	19.12	18.00	18.98	5.62	8.26
	比重	1.92	1.87	1.24	1.81	1.53	1.51	0.41	0.48
采矿业	规模	8.11	3.36	4.89	6.84	3.65	0.96	21.90	25.81
	比重	1.73	0.63	0.65	0.65	0.31	0.08	1.59	1.49
制造业	规模	309.07	369.36	408.65	495.91	455.55	354.92	353.70	337.31
	比重	65.93	69.03	54.65	46.90	38.74	28.17	25.61	19.44
电力、燃气及水的生产和供应业	规模	22.73	12.95	10.73	21.25	24.29	21.47	35.24	38.00
	比重	4.85	2.42	1.43	2.01	2.07	1.70	2.55	2.19
建筑业	规模	8.07	6.12	4.34	14.61	12.20	24.77	12.16	22.74
	比重	1.72	1.14	0.58	1.38	1.04	1.97	0.88	1.31
交通运输、仓储和邮政业	规模	9.09	8.67	20.07	22.44	42.17	50.89	45.33	53.25
	比重	1.94	1.62	2.68	2.12	3.59	4.04	3.28	3.07

续表

行业	指标	2001	2004	2007	2010	2013	2016	2019	2021
信息传输、计算机服务和软件业	规模	—	—	14.85	24.87	28.81	84.42	146.82	201.00
	比重	—	—	1.99	2.35	2.45	6.70	10.63	11.59
批发和零售业	规模	—	—	26.77	65.96	115.11	158.70	90.50	167.16
	比重	—	—	3.58	6.24	9.79	12.60	6.55	9.64
住宿和餐饮	规模	—	—	10.42	9.35	7.72	3.65	9.72	12.56
	比重	—	—	1.39	0.88	0.66	0.29	0.70	0.72
金融业	规模	0.35	2.32	2.57	11.23	23.30	102.89	71.32	45.42
	比重	0.08	0.43	0.34	1.06	1.98	8.17	5.16	2.62
房地产	规模	51.37	52.36	170.89	239.86	287.98	196.55	234.72	236.08
	比重	10.96	9.79	22.86	22.69	24.49	15.60	16.99	13.61
租赁和商务服务	规模	—	—	40.19	71.30	103.62	161.32	220.73	330.86
	比重	—	—	5.37	6.74	8.81	12.80	15.98	19.07
科学研究、技术服务和地质勘查	规模	—	—	9.17	19.67	27.50	65.20	111.68	227.55
	比重	—	—	1.23	1.86	2.34	5.17	8.09	13.12

注：比重＝各行业实际利用 FDI 规模÷中国实际利用 FDI 规模×100%。
资料来源：国家统计局。

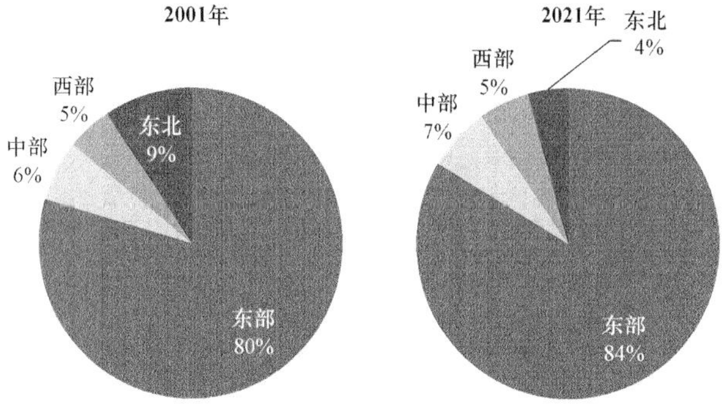

图 3.4　不同地区实际利用外资的演变情况

数据来源：国家统计局。

另一方面，从具体的省份来看（见表 3.2，限于篇幅未展示全部年份）。一是利用外资规模的变化。2001—2003 年，实际利用外资规模超过 1 000 亿美元的仅有广东、上海和江苏（于 2002 年首超），超过 500 亿美元的还有辽宁，以及山东和浙江（均于 2003 年首超）。2004—2010 年，广东、上海和江苏实际利用外资规模持续扩张，突破 3 000 亿美元。同时，浙江（于 2005 年）、福建（于 2008 年）、辽宁（于 2008 年）和北京（于 2009 年）实际利用外资规模也相继步入了 1 000 亿美元的行列。2010—2018 年，广东（最早于 2017 年）和江苏（最早于 2018 年）的外资规模超过万亿美元，安徽、河北、湖北、陕西、四川和重庆的外资规模也稳步增长，超过了 1 000 亿美元。

表 3.2　　2001—2021 年部分年份中国实际利用外资的分省份情况

单位：亿美元，%

省份	指标	2001	2004	2007	2010	2013	2016	2019	2021
北京	规模	429.25	531.62	876.21	1 192.06	1 771.05	4 273.71	5 995.61	7 171.81
	贡献	92.01	70.37	63.91	53.93	51.90	104.98	116.69	112.73
福建	规模	512.60	688.77	1 027.06	1 248.31	1 565.16	2 263.15	2 974.71	3 371.55
	贡献	104.17	99.80	83.75	56.33	43.07	50.77	48.48	43.88
广东	规模	2 218.23	2 609.57	3 507.05	4 212.60	5 126.40	7 815.71	19 532.52	23 284.71
	贡献	151.41	115.76	84.01	62.07	50.80	63.18	124.78	120.79
广西	规模	102.46	126.78	219.08	279.73	319.27	437.20	916.40	9 005.51
	贡献	37.21	31.75	30.43	22.14	15.88	18.02	29.77	230.47
海南	规模	214.96	86.33	941.02	258.86	269.94	760.39	1 045.28	45 272.33
	贡献	307.20	89.02	579.86	86.73	53.65	123.48	135.27	4 490.65
河北	规模	147.84	200.57	291.13	403.48	545.42	848.21	1 589.91	2 353.81
	贡献	24.17	21.88	18.22	15.17	13.92	19.79	31.36	37.60
江苏	规模	920.01	2 169.81	3 820.30	5 081.06	6 663.76	8 798.68	11 735.15	14 308.60
	贡献	80.52	121.16	111.78	83.12	69.54	75.56	82.06	78.64
山东	规模	425.16	694.10	963.11	1 245.23	1 764.91	2 518.74	5 754.32	16 328.05
	贡献	38.77	43.17	32.24	24.85	23.09	28.47	56.27	127.11
上海	规模	1 126.88	1 721.88	2 570.32	3 393.85	4 579.33	7 342.46	9 552.29	12 155.37
	贡献	177.40	175.91	151.76	128.24	122.22	163.18	173.47	181.47
天津	规模	341.54	470.45	828.88	1 096.24	1 274.23	2 225.94	3 105.44	10 216.73
	贡献	160.91	148.56	151.57	108.64	79.35	128.82	152.42	420.23
浙江	规模	340.64	834.32	1 456.58	1 832.33	2 404.08	3 198.70	5 006.93	6 673.22
	贡献	40.70	60.14	59.42	45.27	39.88	44.96	55.30	58.15

续表

省份	指标	2001	2004	2007	2010	2013	2016	2019	2021
安徽	规模	92.08	129.38	237.55	303.24	416.12	672.56	1 656.43	3 247.65
	贡献	21.76	20.88	22.75	15.49	12.52	16.98	31.01	49.22
河南	规模	100.73	148.61	256.56	378.66	477.87	822.49	1 163.07	1 051.54
	贡献	15.07	14.62	13.16	11.31	9.36	13.57	14.94	11.68
湖北	规模	141.43	226.94	313.45	428.64	653.57	993.16	1 864.38	2 326.99
	贡献	30.17	33.86	25.37	18.01	15.95	19.78	28.31	30.02
湖南	规模	65.67	119.08	243.24	324.06	404.86	580.00	1 841.26	2 357.15
	贡献	14.18	17.78	19.92	14.09	10.65	12.49	31.84	33.27
江西	规模	73.79	163.26	289.69	439.17	587.70	777.38	1 009.85	1 517.96
	贡献	28.07	39.77	38.13	31.68	25.45	28.08	28.24	32.83
内蒙古	规模	22.17	108.11	171.48	232.43	229.11	410.80	584.21	606.15
	贡献	10.71	30.41	25.24	19.19	12.45	19.79	23.41	18.48
山西	规模	49.35	69.13	177.87	229.29	341.82	421.63	701.36	890.39
	贡献	20.13	16.37	22.79	17.43	17.66	23.44	28.53	25.12
甘肃	规模	24.64	30.59	30.64	62.89	65.10	75.29	256.17	418.08
	贡献	18.12	15.31	8.71	10.80	6.70	7.24	20.27	26.38
贵州	规模	15.99	22.34	27.97	41.32	118.56	237.19	487.22	945.60
	贡献	11.68	11.21	7.47	6.19	9.21	13.36	20.04	31.15
宁夏	规模	10.62	40.67	21.83	39.64	35.37	87.07	264.63	279.56
	贡献	26.05	64.74	18.91	17.07	9.41	20.79	48.70	39.31
青海	规模	6.48	9.59	24.26	23.49	29.81	75.27	78.34	101.99
	贡献	17.87	17.89	25.62	13.90	10.78	22.14	18.38	19.44
陕西	规模	95.96	124.63	164.74	180.44	366.29	560.81	1 212.90	1 954.90
	贡献	39.50	32.84	22.05	12.41	14.26	19.56	32.44	42.32
四川	规模	109.39	139.82	268.68	543.83	724.90	941.93	2 890.60	2 385.67
	贡献	21.09	18.36	19.34	21.37	16.93	18.88	43.01	28.58

续表

省份	指标	2001	2004	2007	2010	2013	2016	2019	2021
新疆	规模	3.43	3.31	5.09	5.34	13.11	22.59	26.65	27.33
	贡献	20.40	12.57	11.25	7.05	9.80	12.79	10.83	8.48
云南	规模	11.20	14.48	30.90	52.29	64.53	96.66	241.23	568.06
	贡献	6.21	5.52	6.71	6.60	4.76	6.67	12.24	22.93
重庆	规模	53.77	78.92	118.33	179.49	240.97	330.05	670.99	1 641.37
	贡献	20.61	20.83	17.72	15.71	11.64	13.39	19.93	39.01
黑龙江	规模	70.24	72.45	197.74	348.85	588.41	880.65	1 110.70	1 335.29
	贡献	28.86	19.60	31.52	29.28	27.97	32.46	32.46	30.68
吉林	规模	76.50	94.66	144.89	196.17	227.94	282.80	460.46	1 734.01
	贡献	20.81	18.95	17.98	15.98	11.91	15.79	23.45	75.29
辽宁	规模	80.98	193.51	313.34	222.59	317.79	356.06	642.97	1 437.55

注：贡献＝各省份实际利用 FDI÷各省份 GDP×100%。

资料来源：国家统计局。

2019 年以来，实际利用外资规模均值排名前五位的省份依次是海南、广东、江苏、浙江和上海。尤其是海南，凭借相关政策优势形成了吸引外资的“强磁场”。二是外资对经济增长贡献度（或外资依存度）的变化。在 2010 年之前（包括 2010 年），实际利用外资占 GDP 比重较高的省份主要有天津、上海、辽宁、江苏、广东、海南和福建，引进外资速度普遍高于其经济增速。但是，山西和河南等中西部省份的实际利用外资对经济增长的贡献度较低。到 2010 年之后，对外资依赖度较高的省份有海南、北京、上海、山东和辽宁，中西部省份对外资依赖度小幅提升。

（3）分布特征

通过上述分析发现：中国外资进入在不同行业间呈现出由制造业转向服务业、由劳动密集型扩展到资本及技术密集型、由低技术部门流向高技术部门的特征；在不同区域间呈现出由发达的沿海地区扩散到内陆地区、由稳固东部逐渐延伸向中西部的特征。因此，本书在考察外资进入与中国出口产品升级路径的影响关系中，特别加入了有关内外资企业、行业要素密集度和地区发展水平的异质性分析。此外，制造业始终是中国实际利用外资规模体量最大的行业，目前已实现了全面对外资开放。2022 年 10 月，国家发展改革委等部门印发《关于以制造业为重点促进外资扩增量稳存量提质量的若干政策措施》，指明新时期中国以制造业为重点利用外资工作方向及重心。因而，本书在实证检验中主要以中国制造业企业为样本，并进一步检验服务部门外资开放对企业出口产品升级路径的影响效应。

3.1.3　横向国际比较

表 3.3 报告了代表性国家在 2001—2020 年 FDI 净流入情况（限于篇幅未展示全部年份），主要包括中国和发达国家（美国、德国、日本、韩国等）、其余金砖国家（印度、俄罗斯、巴西、南非）[①]及新兴市场国家（阿根廷、印度尼西亚、土耳其、墨西哥）。从规模看：2001 年，FDI 净流入规模大于 500 亿美元（现价）的国家仅有三个，即美国、德国和印度。中国外资净流入规模为 470 亿美元，虽远超同时期的其他样本国家，但还不足美国的三分之一。2005 年，中国 FDI 净流入规模首超 1 000 亿美元，同美国的差距缩小近 46%，更是同时期其余金砖国家外资净流入均值的 1.33 倍。2010 年，中国 FDI 净流入规模突破了 2 000 亿美元，同美国的差距仅剩不到 8%，更是远超同时期的德国、英国、日本等发达国家，以及土耳其、墨西哥等新兴市场国家。2013 年，中国 FDI 净流入规模首超美国，达到 2 909.28 亿美元。与此同时，FDI 净流入规模超过 500 亿美元的国家还有澳大利亚、德国、俄罗斯、加拿大、墨西哥和英国。从比重看：2014 年之前，中国 FDI 净流入占 GDP 的比重远高于同时期的美国，尤其在 2005 年，高出美国 3 个百分点。2014 年，中国 FDI 净流入占 GDP 的比重首次低于美国，随后该比重仍持续下降。相较其余发达国家，中国 FDI 净流入的相对比重（即中国 FDI 净流入比重减去其他组别均值的差）呈现出“波动中先升后降”的变化趋势，从 2001 年的 0.42%上升到 2011 年的 1.76%，再下降到 2020 年的 – 0.56%。可见，大规模外资流入助力了中国经济结构转型。

表 3.3　　2001—2020 年部分年份代表性国家 FDI 净流入情况

单位：亿美元，%

国家	指标	2001	2004	2007	2010	2013	2016	2019	2020
奥地利	规模	56.89	31.84	688.66	– 220.07	4.51	– 289.39	– 81.00	– 182.15
	比重	2.88	1.06	17.72	– 5.62	0.10	– 7.32	– 1.82	– 4.20
澳大利亚	规模	107.17	429.08	444.40	352.11	539.97	429.70	398.97	196.39
	比重	2.83	7.01	5.21	3.07	3.43	3.55	2.86	1.48

① 金砖国家的统计范围截止到 2022 年底。

续表

国家	指标	2001	2004	2007	2010	2013	2016	2019	2020
比利时	规模	882.03	444.98	965.52	1 254.92	−296.41	575.38	−289.66	−175.71
	比重	37.29	12.07	20.53	26.09	−5.68	12.09	−5.43	−3.37
丹麦	规模	92.86	−88.04	118.09	−117.68	6.80	78.04	−74.99	15.83
	比重	5.64	−3.50	3.70	−3.65	0.20	2.49	−2.14	0.44
德国	规模	569.49	−204.08	508.47	860.38	672.00	647.08	676.19	1 126.17
	比重	2.93	−0.73	1.49	2.53	1.80	1.87	1.75	2.93
俄罗斯	规模	28.47	154.03	558.74	431.68	692.19	325.39	319.75	94.79
	比重	0.93	2.61	4.30	2.83	3.02	2.55	1.89	0.64
法国	规模	501.42	356.09	837.78	388.89	315.89	328.04	510.39	132.43
	比重	3.64	1.68	3.15	1.47	1.12	1.33	1.88	0.50
韩国	规模	65.22	132.94	88.27	94.97	127.67	121.04	96.34	92.24
	比重	1.19	1.68	0.75	0.83	0.93	0.81	0.59	0.56
加拿大	规模	283.91	14.52	1 204.51	297.15	670.28	342.02	450.88	265.59
	比重	3.84	0.14	8.20	1.84	3.63	2.24	2.59	1.61
马尔代夫	规模	0.21	0.53	1.32	2.16	3.61	4.57	9.61	4.41
	比重	2.36	4.31	7.09	8.36	10.95	10.43	17.04	11.78
马来西亚	规模	5.54	43.76	90.71	108.86	112.96	134.70	91.01	43.13
	比重	0.60	3.51	4.69	4.27	3.49	4.47	2.50	1.28
美国	规模	1 724.96	2 136.41	3 466.13	2 640.39	2 881.31	4 743.88	3 516.31	2 112.98
	比重	1.63	1.75	2.40	1.76	1.72	2.53	1.64	1.01
日本	规模	49.26	75.28	216.31	74.41	106.48	409.54	399.33	627.23
	比重	0.11	0.16	0.48	0.13	0.21	0.83	0.79	1.24
瑞士	规模	97.65	71.02	486.88	176.71	−249.26	1 670.28	373.13	−2 573.36
	比重	3.40	1.75	9.87	2.93	−3.50	24.01	5.10	−34.21
泰国	规模	50.67	58.60	86.34	147.47	159.36	34.86	48.17	−48.45
	比重	4.21	3.39	3.28	4.32	3.79	0.84	0.88	−0.97

续表

国家	指标	2001	2004	2007	2010	2013	2016	2019	2020
土耳其	规模	33.52	27.85	220.47	90.99	135.63	138.35	92.66	76.00
	比重	1.66	0.68	3.24	1.17	1.42	1.59	1.22	1.06
西班牙	规模	289.09	252.68	682.30	366.09	473.73	442.53	148.13	337.35
	比重	4.61	2.37	4.63	2.58	3.50	3.59	1.06	2.63
新西兰	规模	2.59	23.20	43.36	2.86	−0.70	18.75	29.43	40.58
	比重	0.48	2.23	3.16	0.20	−0.04	0.99	1.41	1.93
印度	规模	51.28	54.29	252.28	273.97	281.53	444.59	506.11	643.62
	比重	1.06	0.77	2.07	1.64	1.52	1.94	1.76	2.42
印度尼西亚	规模	−29.77	18.96	69.28	152.92	232.82	45.42	249.94	191.22
	比重	−1.86	0.74	1.60	2.03	2.55	0.49	2.23	1.81
英国	规模	560.91	870.60	2 095.15	667.35	544.73	3 248.13	22.37	310.59
	比重	3.42	3.61	6.77	2.69	1.96	12.06	0.08	1.13
中国	规模	470.53	681.17	1 562.49	2 437.03	2 909.28	1 747.50	1 871.70	2 124.76
	比重	3.51	3.48	4.40	4.00	3.04	1.56	1.31	1.44

注：比重 = 各国 FDI 净流入规模 ÷ 各国 GDP × 100%。

资料来源：世界经济发展数据库。

中国市场始终是世界外资流入的重要选择，远超同期其他金砖国家、新兴市场国家及部分发达国家。但中国 FDI 净流入规模占同期 GDP 的比重有所回落，尤其在 2014 年后，这一比重下降较多，这说明庞大的外资进入为国内经济高速增长贡献着强大的动力，加快经济结构转型和新旧动力转换。

3.2　中国出口产品升级路径事实及国际比较

3.2.1　数据来源与指标测算

（1）数据来源

为得到较为准确的出口产品升级路径指标，本部分主要选择了两套微观数据进行估算，即美国人口普查局外贸数据（2000—2017 年），以及中国工业企业和海关贸易数据库的匹配数据（2003—2013 年）[①]。前者包含了世界各国同美国在细分产品层面的进出口贸易数据，由耶鲁大学 Schott 教授整理并上传至其个人网站[②]。每条记录包含有产品 HS 编码（10 位码）、进出口国别、产品数量和金额等关键字段。长期以来，美国不仅是进口贸易规模最大的国家，同时还是高品质（即出口产品质量和技术复杂度的综合体现）产品的主要进口国，故采用美国在细分产品及国别层面的进口贸易数据测算相关指标并排序，有助于明确中国出口产品品质的国际地位。后者是现阶段记录中国工业企业经营绩效及进出口产品信息最为翔实的微观数据，每条记录包括企业代码及名称、所在省份、财务信息、营收情况、贸易方式、进出口国别、产品数量和金额等详细信息，为分析中国出口产品升级方向及路径特征奠定了坚实的数据基础。

为估算得到较为准确且贴合现实情况的出口产品升级路径指标，本书对相关产品数据做了必要的清洗（见图 3.5）：第一步，剔除产品编码、数量与金额、目的国信息等关键字段存在缺失的样本，剔除重复统计及统计存在明显错误的样本。第二步，清洗海关企业信息。贸易中间商主要业务是为企业提供出口产品报关服务，并不涉及产品工艺与技术环节，可能会导致对出口升级行为高估，故借鉴 Manova 和 Zhang（2012）的识别方法，剔除企业名称中包含有“贸易”“外贸”“进出口”“经贸”“边贸”“采购”“快运”“仓库”“仓储”等字样的样本。另外，剔除企业所处省份这一地理信息指向错误的样本。第三步，清洗国家信息。剔除海关数据中以中国（包括港澳台）为出口目的地的样本；剔除美国进口贸易数据中缺失 GDP、贸易流量小于 10 亿美元的国家样本。第四步，清洗产品信息。针对海关数据中同一 HS 编码下产品单位不一致的情况，仅保留最大出口数量对应的产品单位信息；按照联合国贸易统计局提供的对照表将产品 HS 编码统一到 HS1996 分类[③]。最后，由于 HS 编码前 6 位为国际通用，为便于比较，将出口产品数量及金额汇总到 HS 6 位码层面。最终得到 127 个国家向美国出口的产品信息以及 347 362 家中国企业出口到 185 个国家的产品信息。

---

① 中国工业企业数据库的清洗及两大数据库的匹配思路详见第 5 章 5.1.3。

② 详见 https://faculty.som.yale.edu/peterschott/international－trade－data/。

③ 产品 HS 编码在样本区间共经历了三次修订，分别发生在 2002 年、2007 年和 2012 年。将 2002—2006 年、2007—2011 年、2012—2017 年的产品 HS 编码分别按照 HS2002－HS1996、HS2007－HS1996 和 HS2012－HS1996 对照表统一到 HS1996 分类。

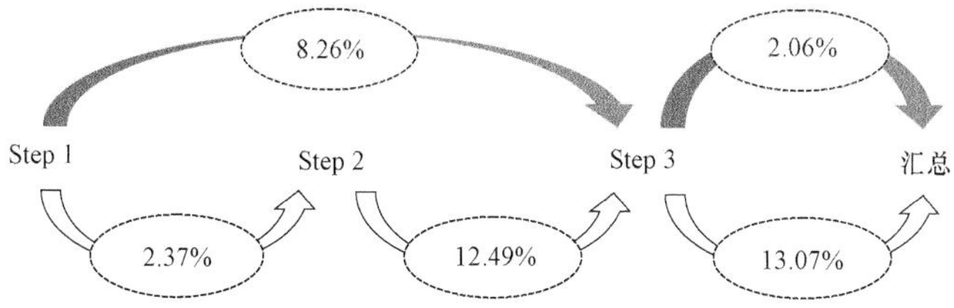

图 3.5　相关产品数据清洗过程

注：黑色箭头表示美国进口产品数据的清洗过程，白色箭头表示中国海关出口产品数据的清洗过程，椭圆框内数字为每步操作损失的样本量。

（2）指标测算

一方面，采用回归反推法测算出口产品质量作为产品内升级路径的衡量指标（详见第 2 章 2.2.1）。与已有研究的不同之处在于：第一，选择“范围内的平均价格”作为工具变量（施炳展和邵文波，2014；许家云等，2017），即跨国层面选取了产品 HS 编码下其他国家出口美国的平均价格作为本国出口产品价格的工具变量，海关层面则选取了其余企业出口特定产品到目的国市场的平均价格作为某一企业出口该种产品价格的工具变量①；第二，加入国内市场需求规模（基于对“产品种类是市场规模的函数”的认识）作为控制变量，计算公式如式 3.1 所示。

$$demand_c = \frac{GDP_c}{r_c} + \sum_{d \neq c} \frac{GDP_d}{Dist_{c,d}} \tag{3.1}$$

其中，下标 c、d 分别为中国和出口目的国，$demand$ 为国内市场需求，GDP 为国内生产总值，r_c 为自身经济半径②，$Dist_{c,d}$ 为两国或两省省会之间的铁路运输距离。将全部出口产品按照 HS2 位码划分为 89 个类别，假设同一类别中的产品质量在组内可比，从而得到 89 组价格替代弹性，再采用 2SLS 分组估算式 2.17 得到出口产品质量（$Quality$）。

其次，为便于比较，再将产品质量进行标准化处理，如式 3.2 所示。

$$r\_Quality = \frac{Quality - \min\{Quality\}}{\max\{Quality\} - \min\{Quality\}} \tag{3.2}$$

其中，$r\_Quality$ 为标准化后的产品质量，$\max\{Quality\}$、$\min\{Quality\}$ 分别表示产品质量在全部组别范围内的最小值和最大值。

---

① 企业面向不同目的地出口特定产品的价格之间存在一定相关性，但向其他目的地出口产品的平均价格并不直接影响其向特定市场的出口规模，故该工具变量的选取是有效的，施炳展和劭文波（2014）、许家云等（2017）的研究中均采取类似做法。还在回归中自然剔除了企业仅对某一目的地出口某种产品的样本，默认其可能存在异常变动。

② 将一国或地区看作一个圆形，GDP 规模代表圆形的大小，再利用圆形面积公式求得自身经济半径。

最后，以产品出口份额为权重汇总得到不同层面的产品质量（见式 3.3）。

$$Quality_{\aleph} = \sum_{\aleph}\left(\frac{V_{h,t}}{\sum_{\aleph} V_{h,t}} r\_Quality\right) \tag{3.3}$$

其中，$Quality_{\aleph}$ 表示 $\aleph$ 层面的出口产品质量，$V_{h,t}$ 为产品出口规模。

另一方面，采用网络迭代法估算出口技术复杂度作为产品间升级路径的关键指标（详见第 2 章 2.2.2）。出口技术复杂度是经济体所具备生产能力和产品生产及出口所需求的配套结果，与经济体出口产品的多样性程度正相关，与产品被生产（并成功出口）的普遍程度负相关。网络迭代法充分考虑经济体所具备的生产能力同产品生产所需投入的匹配程度，较为准确地反映出产品间要素组合差异。计算公式如式 3.4 和式 3.5 所示。

$$Prody_c = \left(Prody_{c,0},\ Prody_{c,1}, \ldots,\ Prody_{c,N}\right) \tag{3.4}$$

$$Prody_h = \left(Prody_{h,0},\ Prody_{h,1}, \ldots,\ Prody_{h,N}\right) \tag{3.5}$$

其中，$Prody_c$ 为国内地区 c 的技术复杂度，$Prody_h$ 为产品 h 的技术复杂度，N 为迭代次数。当 $N=19$ 时，产品间技术复杂度差异逐渐收敛于均值，以 $Prody_{c,19}$、$Prody_{h,20}$ 分别衡量地区与产品层面的技术复杂度。

3.2.2 出口产品质量与产品内升级路径

（1）总体特征

出口产品升级是中国经济高质量发展的重要内容。为捕获中国产品内升级路径的整体特征，本部分绘制出口产品质量在样本期间内的变动情况（见图 3.6）。

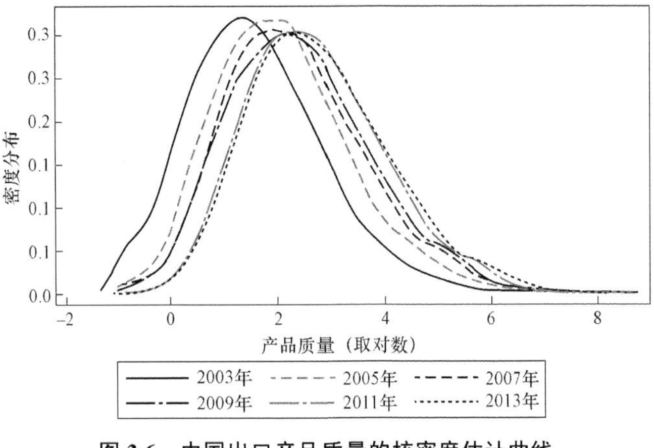

图 3.6 中国出口产品质量的核密度估计曲线

随着时间的推移，中国出口产品质量的核密度曲线表现出明显的右移，说明在此期间内，中国出口产品正在向着更高质量的方向调整，影响出口市场消费者效用的产品内全部垂直特征差异更突出，产品内升级路径客观存在。这一时期的经济发展目标逐步由追求数量转向注重质量，放宽外资准入限制，鼓励技术学习、自主创新与研发合作，从而取得了不错的成绩。2021 年，习近平总书记接连强调“高质量发展”意义重大，“稳量提质”是重塑外贸新优势的基础性举措。为此，中国出台了《中共中央　国务院关于开展质量提升行动的指导意见》和《“十四五”对外贸易高质量发展规划》等系列文件作为指导，如何迈向更高质量的产品升级之路仍将是未来发展的核心任务。

（2）行业特征

图 3.7 报告了中国出口产品质量的分行业变化趋势①。大多数行业部门出口产品质量均表现为显著的上升态势。具体地，通信设备、计算机及其他电子设备，交通运输设备，通用设备，仪器仪表及文化办公用品等资本技术密集型行业，纺织服装皮革及其制品等行业部门均呈现出较高的产品质量水平；石油及核燃料加工、金属冶炼及压延等资源型行业以及食品及烟草加工、非金属矿物制品等行业部门呈现出较低的产品质量水平。那么，为什么会存在行业差异呢？这主要是与产品自身特性及产品质量估算方法有关。农产品和资源品出口价格与质量关联性较弱，主要借助产品单价回归所得的质量指标难以反映其产品质量的真实水平。因此，部分研究在估算产品质量时剔除了这部分行业及产品，以排除其对产品质量指标测算与后续研究的干扰。

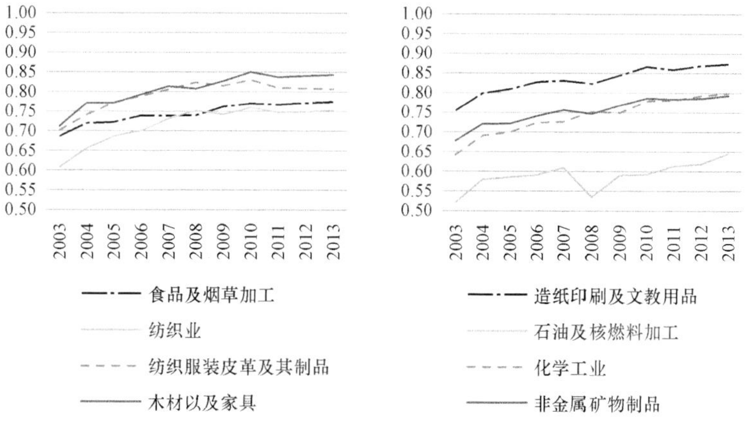

图 3.7　2003—2013 年中国出口产品质量的行业特征

① 将 HS 产品所处行业信息统一为 CIC2002 版本，并在行业 2 位码层面同 2007 年中国投入产出部门相对应，从而整理得到 16 个行业部门（见附表 1 和附表 2）的投入产出。

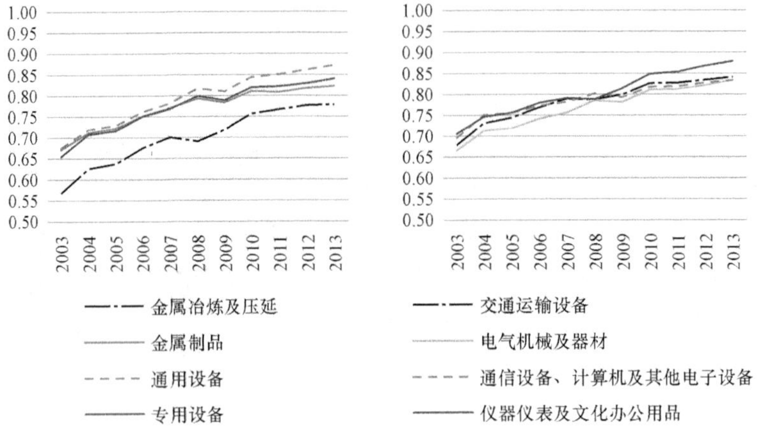

图 3.7　2003—2013 年中国出口产品质量的行业特征（续）

3.2.3　技术复杂度与产品间升级路径

（1）总体特征

为捕获中国产品间升级路径变化的总体特征，本部分绘制出口产品技术复杂度在样本期间内的变动情况（见图 3.8）。

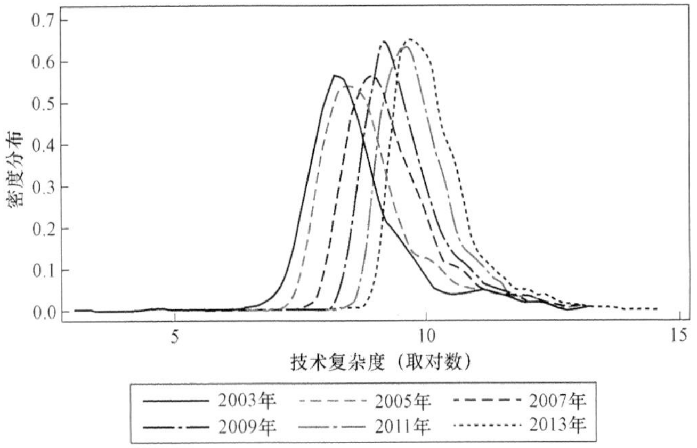

图 3.8　中国出口产品技术复杂度的核密度估计曲线

随着时间的推移，中国出口产品技术复杂度的核密度曲线表现出明显的右移，说明在此期间内，中国出口产品品质正向着更高技术复杂度的方向调整。对比图 3.6 和图 3.8 发现，产品质量核密度曲线的峰顶基本保持不变，出口技术复杂度的峰顶则逐渐向右上方移动，这表明产品间升级效应更加明显。“十四五”规划提出“要推动质量变革、效率变革、动力变革”，持续优化外贸结构，凝聚出口产品升级动力。由此可见，增强外贸竞争优势、实现技术升级和创新发展有助于实现产品间升级路径，助力外贸转型和经济高质量发展。

（2）行业特征

图 3.9 报告了中国出口产品质量的行业变化趋势。除了金属冶炼及压延，各行业出口产品技术复杂度均呈现出上升态势，说明产品间升级效应较为突出。技术复杂度均值较高的行业部门有：化学工业，交通运输设备，金属冶炼及压延，通用设备，专用设备，通信设备、计算机及其他电子设备等部门；技术复杂度均值较低的行业部门有金属制品、纺织、石油及核燃料加工、纺织服装皮

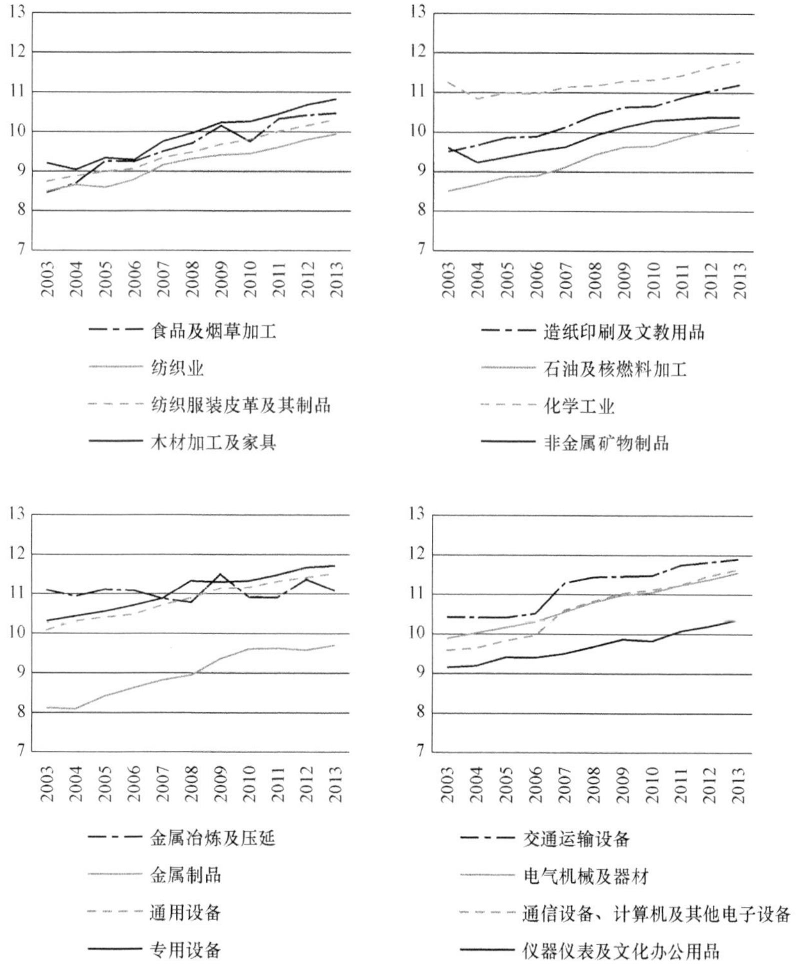

图 3.9　2003—2013 年中国出口产品技术复杂度的行业特征

革及其制品、食品及烟草加工等部门，基本是符合预期的。究其原因，通信设备、计算机及其他电子设备和通用专用设备等行业对创新技术的依赖性较高，尤其是自主创新，生产工艺复杂度及产品技术含量更高，而食品及烟草、造纸印刷及文教服务器等劳动资源密集型行业在生产过程中所需的技术投入较少，产品技术含量与出口附加值较低。

3.2.4 产品升级动力来源

为厘清中国出口产品升级动力来源，认识产品质量及技术复杂度在出口产品升级路径实现中的贡献度，首先，计算出反映出口产品升级路径的综合指数（$INDEX_{c,t}$），计算公式如式 3.6 所示。

$$INDEX_{c,t} = \sum_h Quality_{c,h,t} Prody_{h,t} \left(\frac{V_{c,h,t}}{\sum_h V_{c,h,t}} \right) \tag{3.6}$$

其中，$Quality_{c,h,t}$ 为地区 c 第 t 年产品 h 的出口质量（简写为 $Q_{c,h,t}$），$Prody_{h,t}$ 为第 t 年产品 h 的技术复杂度（简写为 $P_{h,t}$）。

其次，参考 Foster 等（2001）对企业生产率的分解思路，分解式 3.6 以得到出口产品升级动力来源，计算公式如式 3.7 所示。

$$\begin{aligned}\Delta INDEX_{c,t} = &\sum_{h\in c} R_{c,h,t-1} P_{h,t} \times \Delta Q_{c,h,t} + \sum_{h\in c} \Delta R_{c,h,t} \left(P_{h,t} Q_{c,h,t-1} - INDEX_{c,t-1} \right) + \\ &\sum_{h\in c} \Delta R_{c,h,t} \times P_{h,t} Q_{c,h,t} + \sum_{h\in c} R_{c,h,t} \left(P_{h,t} Q_{c,h,t} - INDEX_{c,t-1} \right) - \\ &\sum_{h\in c} R_{c,h,t-1} \left(P_{h,t} Q_{c,h,t-1} - INDEX_{c,t-1} \right)\end{aligned} \tag{3.7}$$

其中，$R_{c,h,t}$ 为地区 c 第 t 年产品 h 的出口份额，$R_{c,h,t} = \dfrac{V_{c,h,t}}{\sum_h V_{c,h,t}}$。

出口产品升级路径综合指数可分解为五项：第一项为产品内升级的贡献（即质量增量），第二项为产品间升级的贡献（即结构增量），第三项为混合效应（即资源配置），第四项为新产品的贡献，第五项为产品退出的贡献（第四项、第五项合称为产品转换）。

表 3.4 报告了中国不同地区出口产品升级路径综合指数的分解测算结果。2003—2008 年，中国出口产品升级动力主要来源于资源配置，即产品内质量变化与产品间技术结构调整所带来的综合效应；其次是质量增量与产品转换的贡献，结构增量贡献为负。这一时期是中国出口增长的黄金期，以出口产品带动

一系列经济活动融入国际市场大循环，也是各类要素在产品间及企业间重新配置的关键时期。据中国海关统计数据，截至 2008 年底，中国工业制成品出口规模是初级产品的近 18 倍，其中，资本密集型产品占出口总值的比重于 2003 年超过劳动密集型产品，以一般贸易方式出口的产品比重也有所增大。

表 3.4　　2003—2013 年中国出口产品升级动力来源及区域差异

时间	区域	质量增量	结构增量	资源配置	产品转换
2003—2008 年	全国	0.26	−0.39	0.65	0.15
	东部	1.21	−0.53	1.46	0.13
	中部	0.34	−0.22	0.35	0.08
	西部	0.24	−0.17	0.64	0.21
	东北	−0.49	−0.08	1.01	0.13
2009—2013 年	全国	0.18	−0.73	1.17	0.32
	东部	1.06	−0.50	1.33	0.17
	中部	0.28	−0.54	0.85	0.12
	西部	−0.13	−1.24	1.27	0.63
	东北	−0.57	−1.09	1.36	0.29

2009—2013 年，中国出口产品升级动力仍主要来源于资源配置，质量增量和结构增量的贡献有所降低，产品转换贡献明显增大。这表明产品间的资源配置效益持续增大，产品内质量升级动力有所减弱。从实际来看，这一时期正是由劳动及资本密集型生产向技术密集型生产的过渡时期，初级产品仅占出口总额的 5.23%，工业制品占比为 87.62%，高新技术及文化产品出口规模有所扩大，但还未成为支柱性产品。与此同时，伴随着 2008 年全球金融危机爆发，国际市场需求大幅缩减，出口产品进入短暂的寒冬。国内大循环充分发挥基础性和关键性的作用，引导着各类市场主体以国内市场为依托重新集聚创新资源，增强生产能力，加快产品“优胜劣汰”。

立足于区域视角，资源配置仍然是四大区域出口产品升级动力的主要来源，尤其是东部地区。但在金融危机过后，东部地区资源配置优势受到影响，其余区域则逆势增长。同时，质量增量在不同区域的表现也渐显乏力，西部和东北地区甚至为负，极大地削弱了出口产品升级动力。除中部地区外，产品转换对其余地区出口产品升级的贡献均稳健提高。

由此可见，产品内质量升级在达到一定程度后很可能陷入停滞，产品间资源配置和产品转换的重要性日益凸显，产品间升级动力增强。此外，不同区域间出口产品升级差距正逐步缩小，中、西部地区资源配置优势增强，东北及西部地区产品转换贡献增大，东部地区则转向结构调整及产品转换，出口产品升级步伐有所放缓。

3.2.5 横向国际比较

基于国内视角分析出口产品升级问题容易“一叶障目”，还应从国际视角出发，通过横向国际比较找准差距，补齐自身不足。为明确中国同其他国家相比是否实现出口产品升级以及中国出口产品质量及技术复杂度在国际市场中的位置，本部分基于前文思路测算不同国家出口产品升级路径指标，并区分发达国家和发展中国家，以每六年为一个时间段分组绘制主要变量随时间变动的密度分布（见图 3.10 和图 3.11）。

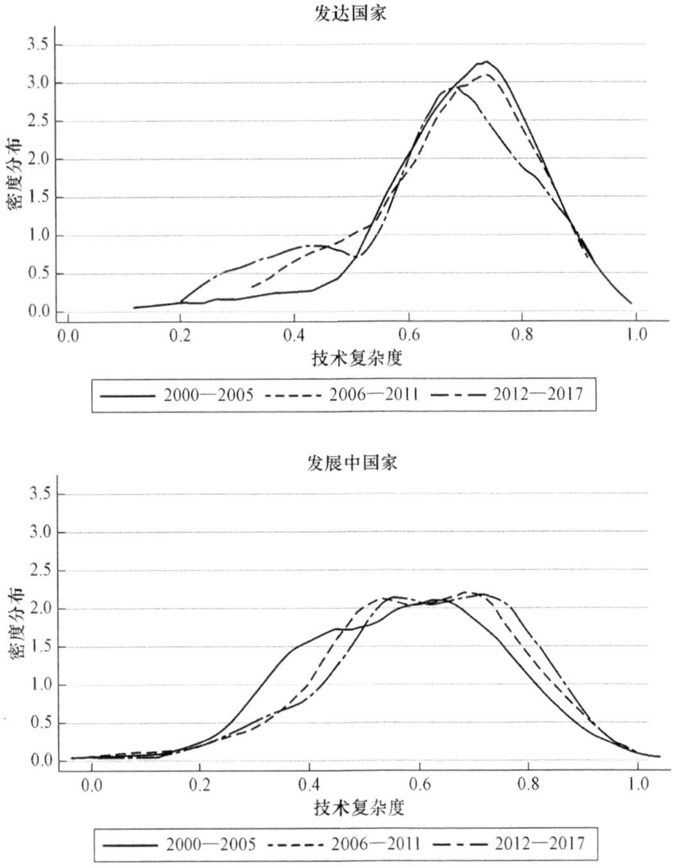

图 3.10 2000—2017 年代表性国家出口产品质量的核密度估计曲线

一方面，发达国家出口产品质量呈现“左端缺失”特征，波峰逐渐小幅向左移动并且水平宽度收窄，意味着发达国家内部质量差距正在缩小，产品内升级动力不显著。发展中国家核密度曲线呈现出明显的右移，这表明发展中国家出口美国产品的整体质量水平稳步提升，产品内升级动力显著，波峰呈现出由“单峰”向“多峰”过渡的特征，内部质量差距在不断拉大。

另一方面，不同国家技术复杂度的核密度曲线均存在右移，这表明产品间升级路径正在逐步实现，但发达国家逐渐向右上方移动，发展中国家则是移向右下方，意味着发展中国家出口产品技术复杂度差距明显拉大。对比发现，发达国家产品质量及技术复杂度的核密度曲线整体分布位于发展中国家右侧，波峰垂直高度也明显更高，水平宽度更窄，这意味着发展中国家出口产品质量及技术复杂度同发达国家之间仍存在较大的差距，内部产品分化程度更高，产品升级空间更大。

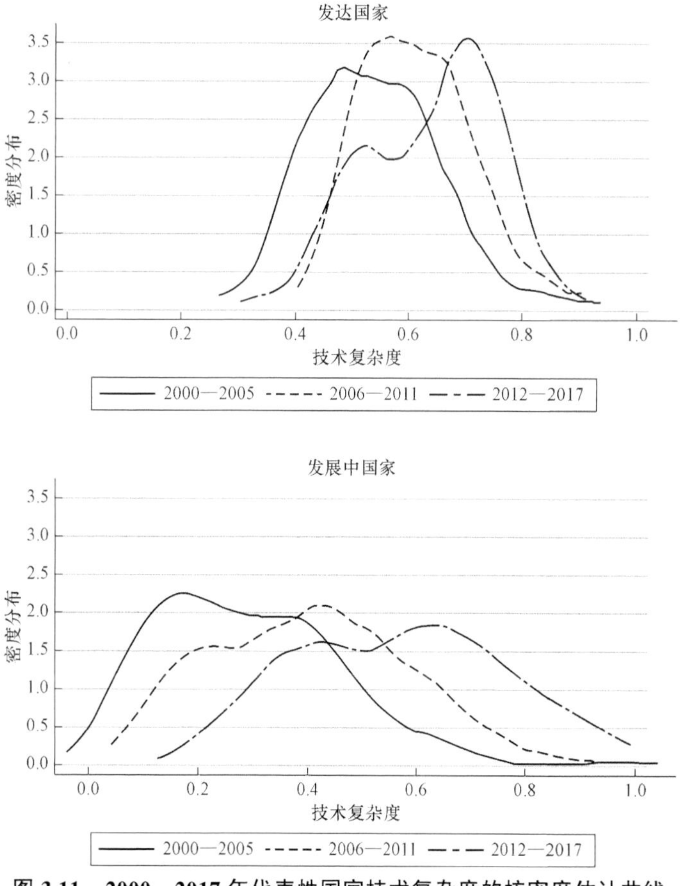

图 3.11　2000—2017 年代表性国家技术复杂度的核密度估计曲线

表 3.5 报告了研究期间内各国出口产品质量和技术复杂度均值排名情况(限于篇幅仅展示前 30 位)。排名前 10 位的多为发达国家，发展中国家只有墨西哥和哥伦比亚等国，这也正印证了 Henn 等（2013）等学者的观点，即发达国家或高收入国家往往倾向于出口更高品质的产品。三个时期，中国出口产品质量均值分别为 0.64、0.68 和 0.71，排名相应上升了 13 位(2000—2006 年为第 33 位)，产品内升级动力增强；同时，中国出口产品技术复杂度均值分别为 0.58、0.61 和 0.69，排名下降了 2 位，产品间升级效应减弱。

表 3.5　2000—2017 年代表性国家出口产品质量及技术复杂度均值排名

排名	2000—2006 年				2007—2011 年				2012—2017 年			
	国家	Q	国家	P	国家	Q	国家	P	国家	Q	国家	P
1	加拿大	0.81	西班牙	0.75	墨西哥	0.80	芬兰	0.76	法国	0.80	法国	0.84
2	墨西哥	0.80	法国	0.73	斯洛伐克	0.79	希腊	0.73	墨西哥	0.79	芬兰	0.80
3	日本	0.79	德国	0.71	希腊	0.78	加拿大	0.69	韩国	0.78	意大利	0.80
4	法国	0.78	玻利维亚	0.70	乌克兰	0.76	阿根廷	0.68	斯洛伐克	0.78	加纳	0.80
5	比利时	0.78	斯洛伐克	0.70	日本	0.76	斯洛伐克	0.68	加拿大	0.77	希腊	0.78
6	安哥拉	0.78	意大利	0.69	荷兰	0.75	玻利维亚	0.66	瑞典	0.76	西班牙	0.77
7	爱尔兰	0.77	英国	0.68	加拿大	0.75	爱沙尼亚	0.66	卢森堡	0.76	德国	0.76
8	瑞典	0.77	日本	0.68	葡萄牙	0.76	西班牙	0.65	拉脱维亚	0.76	乌拉圭	0.76
9	葡萄牙	0.76	瑞士	0.67	哥伦比亚	0.74	德国	0.64	新西兰	0.76	瑞士	0.74
10	澳大利亚	0.76	阿根廷	0.66	法国	0.74	法国	0.64	玻利维亚	0.76	英国	0.73
11	斯洛伐克	0.75	以色列	0.65	匈牙利	0.74	墨西哥	0.64	希腊	0.75	俄罗斯	0.73
12	德国	0.75	澳大利亚	0.64	芬兰	0.74	新西兰	0.63	爱尔兰	0.75	日本	0.73
13	哥伦比亚	0.74	新加坡	0.63	澳大利亚	0.74	荷兰	0.63	日本	0.75	新西兰	0.73

续表

排名	2000—2006 年				2007—2011 年				2012—2017 年			
	国家	Q	国家	P	国家	Q	国家	P	国家	Q	国家	P
14	尼日利亚	0.74	荷兰	0.63	俄罗斯	0.73	捷克	0.62	安哥拉	0.74	马耳他	0.73
15	英国	0.74	拉脱维亚	0.63	瑞典	0.72	新加坡	0.62	尼泊尔	0.73	爱尔兰	0.72
16	南非	0.73	爱沙尼亚	0.62	南非	0.72	澳大利亚	0.62	捷克	0.72	格鲁吉亚	0.72
17	捷克	0.73	俄罗斯	0.61	安哥拉	0.72	爱尔兰	0.62	南非	0.72	阿鲁巴	0.72
18	阿根廷	0.73	卡塔尔	0.59	新加坡	0.72	瑞士	0.62	哥伦比亚	0.72	玻利维亚	0.72
19	新西兰	0.72	智利	0.59	捷克	0.72	比利时	0.62	俄罗斯	0.71	拉脱维亚	0.71
20	俄罗斯	0.72	黎巴嫩	0.59	阿根廷	0.71	匈牙利	0.61	**中国**	**0.71**	斯洛伐克	0.71
21	海地	0.71	马来西亚	0.59	德国	0.71	俄罗斯	0.61	英国	0.71	加拿大	0.71
22	奥地利	0.71	奥地利	0.58	智利	0.71	**中国**	**0.61**	乌克兰	0.70	阿根廷	0.69
23	萨尔瓦多	0.71	**中国**	**0.58**	奥地利	0.70	阿鲁巴	0.60	比利时	0.70	以色列	0.69
24	芬兰	0.71	爱尔兰	0.57	尼日利亚	0.70	黎巴嫩	0.60	波兰	0.70	智利	0.69
25	科特迪瓦	0.71	加纳	0.57	韩国	0.70	南非	0.59	西班牙	0.70	**中国**	**0.69**
26	荷兰	0.71	阿曼	0.56	比利时	0.69	乌克兰	0.59	爱沙尼亚	0.69	比利时	0.69
27	克罗地亚	0.70	马耳他	0.56	英国	0.68	奥地利	0.59	澳大利亚	0.69	澳大利亚	0.68
28	加蓬	0.70	阿塞拜疆	0.55	格鲁吉亚	0.68	马来西亚	0.58	奥地利	0.69	阿曼	0.68
29	希腊	0.70	匈牙利	0.55	**中国**	**0.68**	克罗地亚	0.58	白俄罗斯	0.68	爱沙尼亚	0.68
30	委内瑞拉	0.70	捷克	0.55	巴西	0.67	卡塔尔	0.58	德国	0.67	波兰	0.67

注：Q 表示出口产品质量均值，P 表示技术复杂度均值。

综上，中国出口产品质量在国际市场的排名有所上升，产品技术复杂度的排名有所下降，说明同其他向美国市场出口产品的国家相比，中国产品内升级效应显著但产品间升级效应并不突出。同排名前 10 位国家（尤其是英国、德国和爱尔兰等发达国家）相比，中国出口产品质量及技术复杂度并不乐观，实现出口产品升级和经济高质量发展的任务仍十分艰巨。

3.3 外资进入与中国出口产品升级路径的关联性

由前文分析可知，中国出口产品质量及技术复杂度在研究期间内具有不同程度上的增长，产品内升级路径和产品间升级路径客观存在。与此同时，大规模外资流入带来了显著的竞争效应及溢出效应，激励国内企业活用资金，改进生产效率并提高出口绩效。中央及地方政府纷纷出台各项外资优惠政策，放宽外资准入门槛，引导外资有序进入国内不同行业及地区。那么，外资进入与出口产品升级路径是否存在相关关系？中国出口产品升级方向及路径偏向性是怎样的？

3.3.1 地区层面的相关关系

为初步明确外资进入与出口产品升级路径之间的相关性，本部分绘制了散点图加以刻画（见图 3.12）。一方面，本部分绘制了不同省份制造业实际利用 FDI 与出口产品质量散点图及其与出口产品技术复杂度散点图。可见，在实际利用 FDI 增多时，地区出口产品质量及技术复杂度也有所提升，二者具有显著的正相关关系。另一方面，本部分还绘制不同省份实际利用 FDI 占 GDP 比重与其出口产品质量散点图及其与出口产品技术复杂度散点图，正相关关系依旧显著。由此可初步判断，外资进入与出口产品升级之间存在正相关关系。当然，此处的外资进入（即实际利用外资及其占 GDP 的比重）主要指外资进入规模，未考虑其他影响出口产品升级路径的重要因素。因此，这一简单结论只是通过散点图得出的初步判断，“相关”不等于“因果”，有待下文的理论分析和实证验证。

3.3.2 行业层面的相关关系

从外资进入行业分布特征得到这样一个基本事实，即中国制造业是吸收外资规模及比重最大的行业，但这一地位正在逐渐丧失，外资进入显现出由制造业转向服务业的趋势。那么，不同行业外资进入是否会影响出口产品升级路径？制造业外资进入与服务业外资进入又有怎样的影响差异？本部分基于不同行业实际利用外资规模及产品升级路径指标展开分析，分别绘制了服务业和制造业实际利用 FDI 与出口产品质量散点图及其与出口产品技术复杂度散点图（见图 3.13）。不同行业实际利用 FDI 与出口产品升级路径之间均存在正相关关系，尤其是制造业。这一经验判断有待下文的理论分析和实证验证。

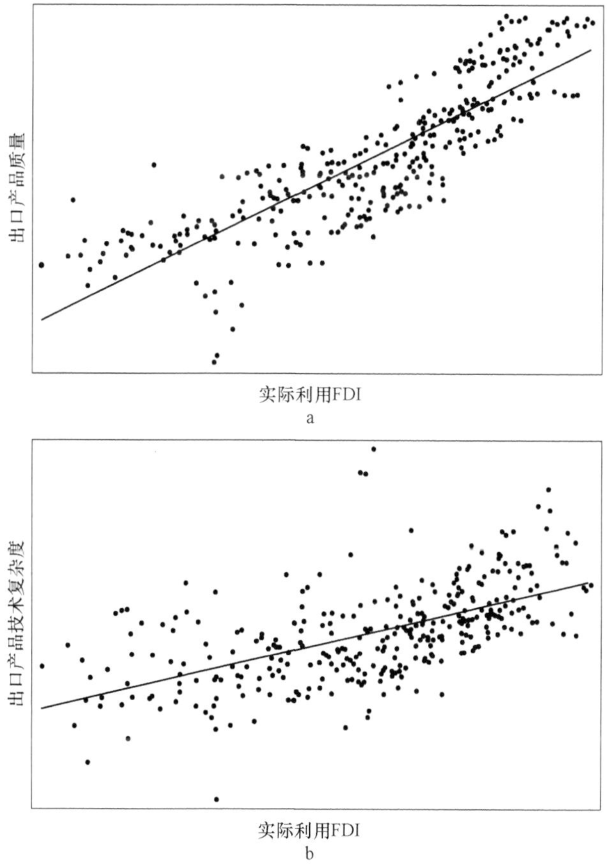

图 3.12　地区外资进入与出口产品升级路径的相关关系

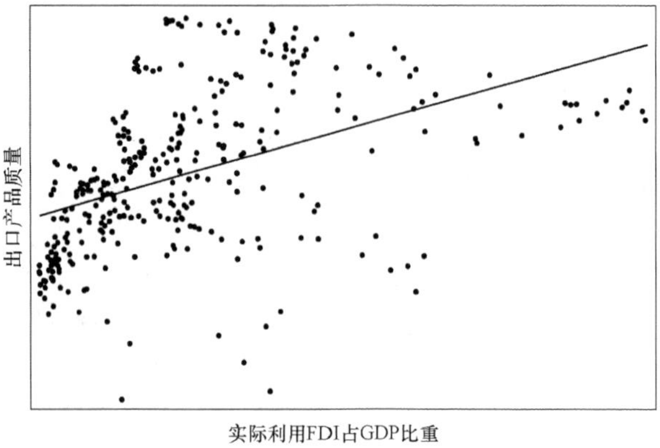

c

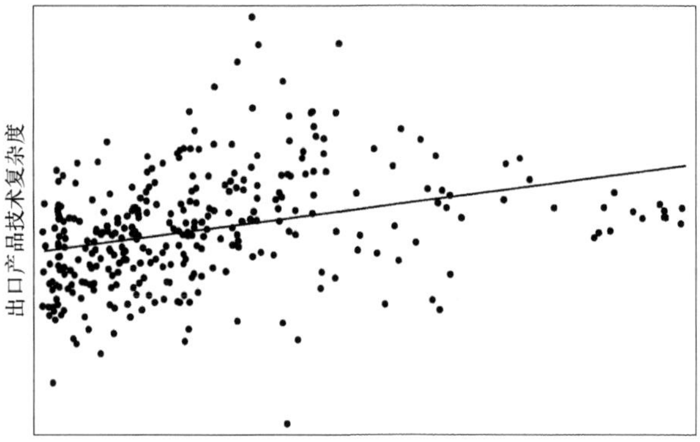

d

图 3.12　地区外资进入与出口产品升级路径的相关关系（续）

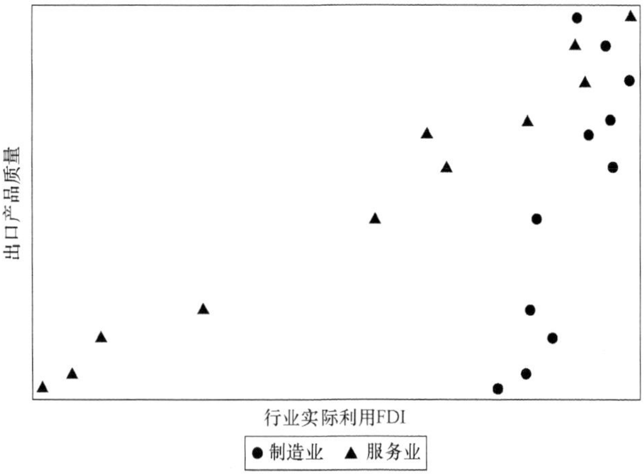

a

图 3.13　行业外资进入与出口产品升级路径的相关关系

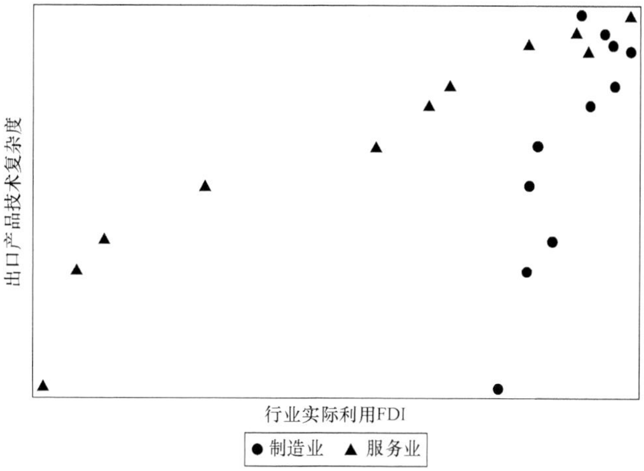

b

图 3.13　行业外资进入与出口产品升级路径的相关关系（续）

3.3.3　外资进入与产品升级路径偏向性

为分析外资进入与出口产品升级路径偏向性，围绕以下两个问题展开论述。

（1）中国出口产品升级路径是否存在偏向性

产品升级路径包括产品内（质量）升级与产品间（技术）升级两条，现实中较少存在两条路径同步实现，往往表现出交叉升级特征，即具有一定的路径偏向性。为揭示中国出口产品升级路径是否存在偏向性，本部分借鉴周沂和贺灿飞（2020）的方法，测算中国不同省份出口产品质量增长率和产品技术复杂度增长率并绘制二者散点图（见图 3.14）[①]。若某一省份同时实现产品内升级与产品间升级，则二者变动趋势相同，散点正好落在过原点且倾斜角为 45° 的直线上；若优先实现产品内升级则散点落在对角线上方区域；若优先实现产品间升级则散点落在对角线下方区域。可见，出口产品质量增长率和产品技术复杂度增长率二者的拟合线斜率小于 1，表明中国众多参与出口的省份主要表现为优先产品间升级而后产品内升级的路径偏向，通过提升出口产品技术复杂度，集聚优势生产要素扩大规模而后增强产品质量，最终实现产品升级（即图 2.1 中的 A→F→E、A→E→D 路径）。

① 各指标增长率为其相比自身过去状态表现出的平均增长幅度，增长率正负代表产品升级方向，增幅大小反映路径偏向性。

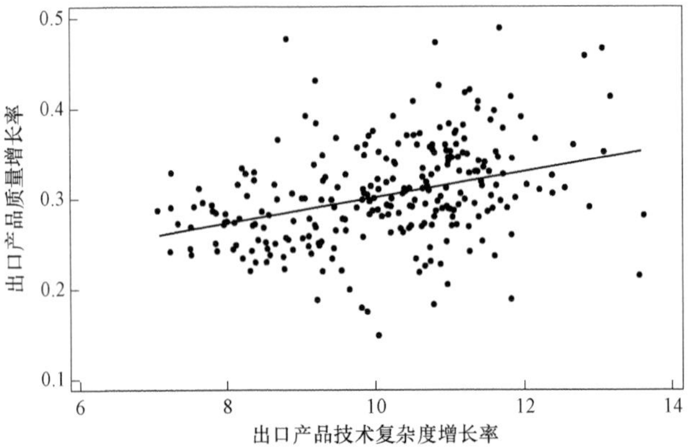

图 3.14　出口产品质量及技术复杂度增长率的散点图

（2）外资进入对路径偏向性是否存在影响

利用外资和吸收外资是中国实现出口产品升级路径的重要选择而非唯一选择。在享受不同阶段外资进入带来溢出效应的同时，还应对“有限的”外资保持清醒认识。在此背景下，如何最大化外资正向溢出、充分释放出口产品升级路径潜力？以往研究均未回答这一关键性问题。为弥补不足，在开展后续研究前首先应明确并达成两个共识：第一，外资进入背景下的产品升级过程存在路径偏向性。虽然同步实现出口产品质量及技术复杂度升级是最理想化的结果，但在“有限的”资本约束下，企业很难集中全力“同步”实现两条路径，往往会做出“排序”选择，即优先产品内升级还是优先产品间升级。第二，外资进入在不同路径偏向性中的影响效应存在差异。例如，企业选择将资金物力集中投放在生产研发、质量监管和市场宣传等环节，优先提升出口产品质量，而当产品质量“垂直”特性得到强化后，外部资金及自有资本不足以支撑其继续提升产品技术复杂度，或原先提升效应受到削弱，故不同路径偏向性导致外资溢出效果呈现差异。

基于上述共识，为探究外资进入对出口产品升级路径偏向性的影响，在后续研究中不仅要厘清外资进入是否有助于出口产品升级路径的实现，还要分析外资进入对不同偏向性产品升级路径的影响差异，以便选择合意的产品升级之路，最大限度发挥外资进入的积极效应。

3.4　本章小结

为明确外资进入与中国出口产品升级路径的典型事实，本章首先回顾改革开放以来中国利用外资发展历程，揭示外资进入的地区及行业分布特征，再通过国别层面外资净流入数据对比分析中国市场对外商投资者的吸引力；其次，清洗相关数据并改进现有指标测算方法得到出口产品质量及技术复杂度作为出口产品升级路径指标，分别测算中国出口产品升级动力来源，再进行横向国际比较；最后，从地区及行业层面刻画外资进入与中国出口产品升级路径的相关关系，并分析外资进入与产品升级路径偏向性。得到如下的重要结论：

第一，改革开放以来，中国外资准入方针政策始终与同时期推动经济体制改革和产业发展的政策步调相一致，依据外资规模体量及其对经济增长贡献度可将中国利用外资发展历程大致划分为试验阶段、发展阶段、重构阶段和创新阶段。对比各阶段可知，中国实际利用外资总量规模持续突破，外资进入方式由中外合资为主过渡到中外合资和中外合作为主，相关政策制定更偏向于放宽准入限制、缩小区域差距、促进产业转型和增强外资质量等内容。透过相关数据，外资进入在中国不同行业间呈现出由制造业转向服务业的特征，呈现出由发达省份及沿海省份扩散到内陆地区、由稳固东部向中西部延伸的特征。横向国际比较发现，中国市场一直是世界外资流入的重要选择，庞大的外部资金注入不仅为国内经济高速增长贡献强大的动力，更是加快经济结构转型和新旧动力转换。

第二，中国对外贸易“奇迹式”增长，出口产品质量及技术复杂度均在不同程度上有所提高，这表明产品内升级路径和产品间升级路径是客观存在的。从分布特征看，中国出口产品品质正在向着更高质量及技术含量的方向调整，通信设备、计算机及其他电子设备等资本技术密集型行业及纺织服装皮革及其制品业的表现较好，石油及核燃料加工等资源型行业及食品及烟草加工业的表现较弱。从升级动力看，中国出口产品升级动力主要来源于“资源配置”贡献，“产品转换”贡献稳步增大，同时还在不同区域间表现差异。横向国际比较发现，中国出口产品质量在样本期间内国际排名上升 13 位，产品技术复杂度排名下降 2 位，总体上同排名前 10 位国家差距还很大，这表明新时期中国实现出口产品升级和高质量发展的任务仍十分艰巨。

第三，国内不同省份外资进入（即实际利用外资规模占 GDP 的比重）与其出口产品升级路径呈现显著的正相关关系，行业层面也得到了类似结论。此外，出口产品升级路径具有偏向性。理想的结果是“同步”实现产品内升级和产品间升级，以获得更高质量及技术含量的出口品。但现实中，企业往往受限于“有限的”资本，只能对两条路径作“排序”选择，从而表现出路径偏向性。从数据来看，中国众多出口省份主要表现为优先产品间升级而后产品内升级的路径偏向。同时，外资进入在不同偏向性路径中的影响效应也存在差异。在接下来的研究中不仅要厘清外资进入是否有助于出口产品升级路径实现，还要分析外资进入对不同偏向性产品升级路径的影响差异，以便选择更加适合的产品升级之路，最大限度地发挥外资进入所带来的积极效应。

第 4 章

外资进入与出口产品升级路径的理论分析框架

"双循环"新发展格局下，如何利用外资促进自身发展和实现出口升级已成为学界关注的热点之一。在明确外资进入和产品升级路径的理论关联的基础上，本章尝试将二者纳入统一的理论分析框架，先建立外资进入与出口产品升级路径的基本模型，再从三方面展开，探讨"进入前"阶段、"进入时"阶段和"进入后"阶段外资进入对出口产品升级路径的影响机理，各部分内容均包括外资进入与产品内升级路径、产品间升级路径及路径偏向性的理论分析。

之所以从三方面展开外资进入影响出口产品升级路径的理论分析，是因为：第一，在"进入前"阶段，外资准入政策管制逐步放宽，从政策层面引导外商形成投资预期并有序进入国内不同行业及地区，从而对本土出口活动产生影响，可称为"事前影响"；第二，在"进入时"阶段，外资"水平"进入表现为企业产品生产过程中所需投入的外国资本品份额，对企业边际成本及出口定价产生影响，可称为"事中影响"；第三，在"进入后"阶段，上、下游外资通过行业间前、后向关联而带来"垂直"溢出，可称为"事后影响"。

4.1 外资进入与出口产品升级路径的基本模型

4.1.1 二者的理论关联

（1）外资进入的动机及区位选择

外资进入的动机是什么？外国投资者如何在东道国选择区位？经典的国际投资理论（如垄断优势理论、产品生命周期理论、内部化理论和国际生产折中理论等）纷纷从不同视角给出了解答。

Hymer（1960）从垄断优势视角给出解释。在不完全竞争市场中，企业凭特有资源、产品品牌、销售技能和集聚经济等因素形成垄断优势。因此，企业对外投资主要是为了获取并维持垄断优势。从区位选择看，企业会首选要素禀赋和资源相对丰裕或政策优惠（如关税、汇率和税收）力度较大的区位（史瑞祯和桑百川，2022b）。有学者扩展垄断优势来源，提出产品差异论、寡占反应论和占有能力论（Knickerbocker，1973；Caves，1974；Johanson 和 Vahline，1977），对现实的解释力更进一步。

Vernon（1966）从产品生命周期视角解释企业对外投资动机，认为产品生命周期可分为创新阶段、成熟阶段和标准化阶段，各国或地区根据自身资源禀赋及所处阶段参与国际分工。一般来说，企业会优先在劳动力素质良好、人均收入较高和创新技术较强的东道国建立分支机构，从而维护现有的市场份额和垄断利润。具体地，在产品成熟阶段，企业会优先在人均收入较高及市场需求相近的发达国家或地区建立分公司就地产销；在产品标准化阶段，产品市场相对趋于饱和，企业会优先在要素成本低廉及需求潜力较大的新兴市场国家转移生产。

Rugman（1981）、Buckley 和 Casson（2003）以不完全市场和交易费用为基础提出内部化理论，认为不完全市场存在较高的交易费用，企业能通过“内部化”生产降低成本进而实现利润最大化。因此，企业会优先在开设新厂的方式对外投资，将专利技术、产品商标、知识技能和市场信息等中间要素投入子公司。这种溢出方式也被称为“向下转移效应”。同时，企业还会选择并购的方式对外投资，部分转移其技术和信息优势，加强企业间范围经济收益，降低国际风险成本，被称为“向外转移效应”。

Dunning（1977）在已有理论基础上提出国际生产折中理论，认为企业对外投资需同时具备所有权优势、内部化优势和区位优势（OIL）。仅具备所有权优势和区位优势的情况下，企业会选择技术转让而非对外投资。OIL 理论模型能解释外资进入动机及流向问题，为研究外资进入动机提供一般性的理论分析框架，引起国际投资理论界很大反响。从区位选择看，企业会优先在综合比较优势更强的区位投资。因此，一国或地区要想利用外资来实现出口产品升级，应持续优化自身营商环境，放宽外资准入限制，注重知识产权保护和创新投入。

可见，外资进入动机及区位选择通常是多种因素的综合表现，如获取垄断竞争优势、降低交易费用和不确定性风险以及将自身优势内部化等。正如国际生产折中理论所言，企业往往会考虑多方面优势并在完备情况下选择对外投资。这一理论思路基本符合中国引进外资的现实情况，也为本章的理论模型设定提供了有益的启示。

（2）出口产品升级路径的实现

为建立外资进入与出口产品升级路径的基本模型，明确外资进入动机及区位选择外，还应明确出口产品升级路径的实现过程。由前文分析得知，根据要素差异可将产品升级过程细分为产品内升级和产品间升级两种情况，前者指的是同一类别下的产品由低质量迈向高质量的过程，后者指的是不同类别下的产品由低技术复杂度迈向高技术复杂度的过程。据此，现有研究大多从如下的两方面分析产品升级路径实现问题。

第一，基于异质性企业理论模型融入产品异质性（可称为“异质性产品理论模型”）。Baldwin 和 Harrigan（2007）首次将产品质量纳入异质性企业理论模型，推演市场规模和地理距离影响出口产品质量的内在机理。Helble 和 Okubo（2008）又建立并完善产品质量和出口贸易的静态一般均衡模型。随后，学者们以产品质量影响消费者效用函数的形式加入模型中，进一步推演产品质量、出口定价和企业生产率之间的关系（Manova 和 Zhang，2012；Fan 等，2014）。研究发现，当产品同质时，高生产率企业会选择较低的出口定价和产品质量水平；当产品异质时，企业倾向于生产高质量的产品。此外，也有研究从生产角度分析中间品质量和企业生产率的影响关系，提出了“生产并出口高质量产品是一国或地区实现经济增长和出口升级的必经之路”的基本观点（Hallak，2006；殷德生等，2011；Amiti 和 Khandelwal，2013；Haruyama 和 Zhao，2017）。现有的理论研究还对企业生产效率和出口选择的因果关系做出解释：一是“自我选择”，即企业出口面临着临界生产率，只有达到并高于临界生产率的企业才会成功出口产品。理论基础在于异质性企业参与国际贸易面临的沉没成本（或称为“冰山成本”），只有高生产率企业才能克服并出口获利。二是“干中学”，即企业在出口过程中的激烈竞争迫使自身改进生产效率，从而呈现出生产率差异，而非在出口前就已呈现。

第二，现有文献大多借用产品内升级的理论分析框架继续分析产品间升级问题。合理性在于，产品质量和技术复杂度在一定程度上具有伴随性，即高质量产品往往表现出高技术复杂度（曹亮，2022）。同时，技术复杂度差异也是异质性产品理论的主要内容，故可扩展为异质性企业产品间升级模型。例如，鲁晓东（2014）推演企业生产率和产品技术含量的双重异质性企业模型发现，当产品替代弹性增加时，高生产率企业越倾向于生产并出口高技术含量产品。齐俊妍等（2011）建立了金融发展和产品间升级的一般均衡分析框架，假定产品技术复杂度会增加企业生产及研发过程中的不确定性，逆向选择问题也更为突出，这时企业选择“优质”产品但其自有资金无法满足生产（即资金缺口），从而企业对外部资金流动性的需求增大。此外，部分文献扩展比较优势理论并提出“产品空间”的概念，最早由 Hausmann 和 Klinger（2006）提出，并与 Hidalgo（2009）等学者合作建立了产品空间理论。核心观点：产品具有异质性，产品升级是一个非连续过程（即由潜在产品跳跃到优势产品），产品升级概率取决于产品间的技术距离（由产品间生产能力相似性决定）。这在他们后续研究中被定义为技术复杂度（Hausmann 和 Klinger，2007）。

可见，产品要素差异衍生出不同的产品升级路径。在现有的理论模型中，有关产品升级理论探讨大多属于异质性企业理论模型中的产品异质性内容，可称为异质性产品理论模型。按照同一类产品内及不同类产品间的要素差异，可将产品升级过程识别为以质量增强为表现的产品内升级路径和以技术提升为表现的产品间升级路径。相应地，可分别称为异质性产品内升级模型和异质性产品间升级模型。

（3）二者的理论关联

外资进入动机及区位选择回答了企业为获取更多优势和垄断利润会优选哪些区位投资进入，产品升级路径实现过程回答了什么是“好”的产品以及企业和消费者对异质性产品的偏好。二者的理论关联体现在如下三个方面：

第一，产品升级要求企业在生产过程中获取更多的成本优势、资金优势和技术优势，外资进入出于维持自身垄断优势的动机会优选营商环境更好的区位。因此，一国奉行积极的外资政策，持续优化营商环境，推进外资准入自由化，则会享受到外资进入带来的资本形成效应，弥补国内资金缺口，降低企业生产成本。同时，也会部分享受到外资进入带来的技术溢出效应，进而改进生产效率，为企业转换生产和实现产品升级提供技术保障。

第二，外资准入自由化背景下，外资“水平”进入体现在东道国实收资本中外商股权比例的提高，如此一来，外国投资者能够在东道国企业获取更多的话语权和利润分红。与此同时，企业生产投入的资本品可分为国内资本品和国外资本品，由外资“水平”进入带来的外国资本品增多，能够满足企业升级产品所需的资本投入，从而增大产品升级概率。

第三，外资“垂直”溢出也会和出口产品升级路径产生关联。上游外资进入为下游企业提高多样化、高质量中间品，下游外资进入为上游企业提供更大的中间品定价权与出口获利能力，可视为外资“垂直”溢出。另外，上、下游行业外资进入还能为东道国企业分享更多的市场信息与产品升级经验，但上游资本过度集中则会造成技术垄断及制约，增大本土企业出口产品升级难度。

综上，外资进入与产品升级路径之间具有极强的关联性，为本章接下来尝试构建的外资进入与出口产品升级路径的基本模型提供了很好的思路。

4.1.2　消费部门：异质性产品偏好

假设出口目的国市场是具有垄断竞争性质的市场结构，其代表性消费者能从异质性产品中获得不同的效用水平。借鉴 Jung 等（2019）的研究，本部分将目的国市场代表性消费者效用函数设定为偏离原点的 D－S 模型形式（见式 4.1）。

$$U^c = \int_{h\in H_b} \ln\left[q_{a,b}(h)x_{a,b}^c(h)+\bar{x}\right]\mathrm{d}h \tag{4.1}$$

其中，下标 a、b 分别表示产品生产国和出口目的国，h 为产品种类（HS 6 位码），H_b 为 b 国产品集；$x_{a,b}^c(h)$ 为 b 国对产品 h 消费量；$q_{a,b}(h)$ 为产品质量水平；$\bar{x}$ 为除去从 a 国进口外的消费量，可看作是一个大于零的常数。

假定 Y_b 为出口目的国 b 代表性消费者的收入水平，$p_{a,b}(h)$ 为生产国 a 出口到目的国 b 产品 h 的价格。在预算约束下构造如下的拉格朗日函数（见式 4.2）。

$$L = \int_{h\in H_b} \ln\left[q_{a,b}(h)x_{a,b}^c(h)+\bar{x}\right]\mathrm{d}h - \lambda\left[\int_{h\in H_b} p_{a,b}(h)x_{a,b}^c(h)\mathrm{d}h - Y_b\right] \tag{4.2}$$

将式 4.2 对 $x_{a,b}^c(h)$ 一阶求导并令其等于零（见式 4.3）。

$$\frac{\partial L}{\partial x_{a,b}^c(h)} = \frac{q_{a,b}(h)}{q_{a,b}(h)x_{a,b}^c(h)+\bar{x}} - \lambda p_{a,b}(h) = 0 \tag{4.3}$$

重新排列各项（见式 4.4）。

$$q_{a,b}(h)x_{a,b}^c(h)+\bar{x} = \frac{q_{a,b}(h)}{\lambda p_{a,b}(h)} \tag{4.4}$$

通过求两类产品 h_1 和 h_2 相对比值，消去式 4.4 中的拉格朗日乘数 λ（见式 4.5）。

$$\frac{q_{a,b}(h_1)x_{a,b}^c(h_1)+\bar{x}}{q_{a,b}(h_2)x_{a,b}^c(h_2)+\bar{x}}=\frac{q_{a,b}(h_1)}{p_{a,b}(h_1)}\times\frac{p_{a,b}(h_2)}{q_{a.b}(h_2)} \tag{4.5}$$

从而得到产品 h_1 的需求表达式（见式 4.6）。

$$x_{a,b}^c(h_1)=\frac{1}{p_{a,b}(h_1)}\times\frac{p_{a,b}(h_2)}{q_{a,b}(h_2)}\left[q_{a,b}(h_2)x_{a,b}^c(h_2)+\bar{x}\right]-\frac{\bar{x}}{q_{a,b}(h_1)} \tag{4.6}$$

将式 4.6 两边乘以 $p_{a,b}(h_1)$ 再对产品 h_1 求积分（见式 4.7）。

$$\int_{h_1\in H_b} p_{a,b}(h_1)x_{a,b}^c(h_1)\mathrm{d}h=p_{a,b}(h_2)x_{a,b}^c(h_2)+\frac{p_{a,b}(h_2)}{q_{a,b}(h_2)}\bar{x}-\bar{x}\int_{h_1\in H_b}\frac{p_{a,b}(h_1)}{q_{a,b}(h_1)}\mathrm{d}h \tag{4.7}$$

式 4.7 左侧表示代表性消费者在全部产品上的总支出，由预算约束条件可知等于 Y_b，再将 h_1 重写为 h_2，令 $\int_{h\in H_b}\frac{p(h)}{q(h)}\mathrm{d}h\equiv P_b$，则有式 4.8。

$$Y_b=p_{a,b}(h)x_{a,b}^c(h)+\frac{p_{a,b}(h)}{p_{a,b}(h)}\bar{x}-\bar{x}P_b \tag{4.8}$$

最终，得到出口目的国 b 对产品 h 的需求函数（见式 4.9）。

$$x_{a,b}(h)=l_b\left[\frac{Y_b+\bar{x}P_b}{p_{a,b}(h)}-\frac{\bar{x}}{q_{a,b}(h)}\right] \tag{4.9}$$

其中，l_b 为目的国 b 总消费人口，P_b 为目的国 b（经质量调整后的）总价格指数。为简化分析且不失一般性，假设 l_b、Y_b 和 P_b 为外生给定的。因此，出口目的国市场需求与产品价格 $p_{a,b}(h)$ 和产品质量 $q_{a,b}(h)$ 有关。

4.1.3 生产部门：企业成本与技术投入

生产国 a 企业向目的国 b 出口产品 h 的利润函数如式 4.10 所示。

$$\Pi_{a,b}(h)=\left[p_{a,b}(h)-c_{a,b}(h)\right]l_b\left[\frac{Y_b+\bar{x}P_b}{p_{a,b}(h)}-\frac{\bar{x}}{q_{a,b}(h)}\right] \tag{4.10}$$

其中，$c_{a,b}(h)$ 为企业生产产品 h 的边际成本。假定利润最大化是企业生产并出口产品的唯一目标（Bernard 和 Jensen，2004），将式 4.10 对 $p_{a,b}(h)$ 一阶求导并令其等于零，得到如式 4.11 所示的产品定价。

$$p_{a,b}(h)=\sqrt{c_{a,b}(h)q_{a,b}(h)\frac{Y_b+\bar{x}P_b}{\bar{x}}} \tag{4.11}$$

为简化分析，设定常数 $\bar{x}=1$，再将式 4.11 带入式 4.10，可得式 4.12 和式 4.13。

$$\begin{aligned}\Pi(h)&=l\left[\sqrt{q(h)c(h)(Y+P)}-c(h)\right]\left[\frac{Y+P}{\sqrt{q(h)c(h)(Y+P)}}-\frac{1}{q(h)}\right]\\&=l\left[(Y+P)-2\sqrt{\frac{c(h)}{q(h)}}\sqrt{Y+P}+\frac{c(h)}{q(h)}\right]\\&=l\left[\sqrt{Y+P}-\sqrt{\frac{c(h)}{q(h)}}\right]^2\end{aligned} \tag{4.12}$$

$$\Pi_{a,b}(h)=l_b\left(\sqrt{Y_b+P_b}-\sqrt{\frac{c_{a,b}(h)}{q_{a,b}(h)}}\right)^2 \tag{4.13}$$

其中，l_b、$\sqrt{Y_b+P_b}$ 均为外生给定的，$\frac{c_{a,b}(h)}{q_{a,b}(h)}$ 通常被看作是经质量调整后的边际成本（Feenstra 和 Romalis，2014）。由式 4.12 可知，利润函数仅与 $\sqrt{\frac{c_{a,b}(h)}{q_{a,b}(h)}}$ 一项有关。因此，企业利润最大化问题等价于经质量调整后的边际成本最小化问题。

然后，假定企业生产 q 质量水平的单位产品时，生产技术为如下的形式（见式 4.14）（为精简起见，下文略去公式中下标 a、b）。

$$q(\varphi)=\left(\omega\varphi L^{1-\mu}K^{\mu}+s\right)^{\frac{1}{\delta}} \tag{4.14}$$

其中，φ 为企业生产率，L、K 分别表示劳动和资本投入量；$\mu\in(0,1)$，$\omega=\mu^{\mu}(1-\mu)^{1-\mu}$；$\delta(\delta>1)$ 为产品异质化系数，δ 越大则产品差异越小；s 为无额外劳动及资本投入时的最低质量，可看作是一个大于零的常数。

参考 Mayer 等（2014）的研究，本部分依据技术距离 r 对企业产品排序：$r=0$

的产品为核心产品（或技术优势产品），距离企业核心技术越近，生产效率越高；r 越大的产品距离核心技术越远，生产效率越低。因此，$\varphi_r = \gamma^{-r}\varphi(\gamma > 0$，$r \geqslant 0)$，$\gamma^{-r}$ 为产品技术结构的分散程度。

将企业生产所需的劳动投入价格（工资水平）标准化为 1，假定 K 为复合资本品，由一系列资本品 z 复合而成（樊海潮等，2022），如式 4.15 所示。

$$K = \exp\left[\int_0^{+\infty} k(z)\ln f(z)\mathrm{d}z\right] \tag{4.15}$$

其中，$k(z)$ 为资本品 z 的投入份额，满足 $\int_0^{+\infty} k(z)\mathrm{d}z = 1$，$f(z)$ 为资本品 z 的数量。进一步地，将企业生产所需投入的复合资本品划分为由本国（下标 h）提供和由外国（下标 f）提供的两部分，如式 4.16 所示。

$$K = \exp\left[\int_0^{+\infty} k_h(z)\ln f_h(z)\mathrm{d}z + \right]\exp\left[\int_0^{+\infty} k_f(z)\ln f_f(z)\mathrm{d}z\right] \tag{4.16}$$

假定本国资本品与外国资本品的价格分别为 $m_h(z)$ 和 $\theta m_f(z)$，θ 为影响外国资本品价格的政策管制参数。受限于隐性壁垒，外国厂商在较小规模资本品供应中具有优势，国内厂商在较大规模资本品供应中具有优势（Dornbusch，1977）。因而，复合资本品的价格如式 4.17 所示。

$$p_K = \exp\left(\int_0^{z^*} k(z)\ln\theta m_f(z)\mathrm{d}z + \int_{z^*}^{+\infty} k(z)\ln m_h(z)\mathrm{d}z\right) \tag{4.17}$$

其中，z^* 为划分国内外资本品是否具有比较优势的临界点。在其他条件给定的情况下，复合资本品价格 p_K 会因外国资本品价格 $m_f(z)$ 的上升而提高，随政策管制参数 θ 的变小而降低。

现在考虑边际成本函数，假定企业出口单位产品需支付冰山成本 $\tau(\tau > 0)$。因而，企业生产 q 质量水平的单位产品的边际成本如式 4.18 所示。

$$c(\varphi_r, p_k) = \tau + \frac{\left(q^{\delta} - s\right){p_K}^{\mu}}{\gamma^{-r}\varphi} \tag{4.18}$$

质量调整后的边际成本如式 4.19 所示。

$$\frac{c(\varphi_r, p_k)}{q} = \frac{\tau + \dfrac{\left(q^{\delta} - s\right){p_K}^{\mu}}{\gamma^{-r}\varphi}}{q} \tag{4.19}$$

4.1.4 均衡与出口定价

由前文分析可知，求解边际成本最小化等价于企业利润最大化问题。因而，将式 4.19 对 q 一阶求导并令其等于零，整理可得式 4.20。

$$q\left(\varphi_r, p_k\right)=\left(\frac{\frac{\tau\gamma^{-r}\varphi}{p_K{}^{\mu}}-s}{\delta-1}\right)^{\frac{1}{\delta}} \tag{4.20}$$

将式 4.20 带入式 4.18，整理可得式 4.21。

$$c\left(\varphi_r, p_k\right)=\frac{\delta}{\delta-1}\left(\tau-\frac{s p_K{}^{\mu}}{\gamma^{-r}\varphi}\right) \tag{4.21}$$

再将式 4.20 和式 4.21 带入式 4.11，整理可得式 4.22。

$$p\left(\varphi_r, p_k\right)=\sqrt{\left(Y_b+P_b\right)\delta\left(\frac{\tau-\frac{s p_K{}^{\mu}}{\gamma^{-r}\varphi}}{\delta-1}\right)^{1+\frac{1}{\delta}}\left(\frac{p_K{}^{\mu}}{\gamma^{-r}\varphi}\right)^{-\frac{1}{\delta}}} \tag{4.22}$$

在均衡状态下，企业最优出口定价取决于生产技术 $\gamma^{-r}\varphi$，复合资本品价格，以及产品异质化程度。结合式 4.17 进一步可知，复合资本品价格取决于外国资本品价格（或使用成本）、政策管制参数。因而，最优出口定价最终取决于产品技术复杂度、外国资本品价格、政策管制参数以及产品异质化程度。

综上，在外部环境发生变化的背景下，企业生产过程中所需的要素投入组合也在发生变化，进而影响企业的边际成本与出口定价，企业根据外部环境变化调整预期并改变出口产品结构。

接下来考虑外资进入的各种情形：在“进入前”阶段，将外资准入自由化设定为模型中的政策管制参数，分析其对企业边际成本以及产品出口定价的影响，进而探究外资准入自由化与企业产品技术优势和出口质量的影响关系（详见本章 4.2）；在“进入时”阶段，结合企业资本性质（内资与外资），分析外资“水平”进入所带来外国资本品增多，对企业技术投入改进以及出口产品质量的影响（详见本章 4.3）；在“进入后”阶段，分析基于行业关联效应的“垂直”溢出渠道（或称“前后向关联渠道”）下，外资进入影响企业出口产品升级路径的内在机理（详见本章 4.4）。

4.2 外资准入自由化影响出口产品升级路径的理论分析

4.2.1 产品内升级路径分析

借鉴 Kasahara 和 Lapham（2013）的理论研究，本部分将其内化为模型中的政策管制参数θ。根据式 4.17，当外资准入自由化程度加深（即政策管制参数θ变小）时，企业外国资本品和复合资本品的使用成本降低，进而影响其边际成本和出口定价。

为分析外资准入自由化对企业出口定价的影响方向，将式 4.17 取对数形式再求全微分，整理得到式 4.23。

$$\frac{\partial \ln p_K}{\partial \ln \theta} = \underbrace{\int_0^{z^*} k(z)\mathrm{d}z}_{\text{集约边际}} + \underbrace{k\left(z^*\right)\left[\ln \theta m_f\left(z^*\right) - \ln m_h\left(z^*\right)\right]\theta\frac{\mathrm{d}z}{\mathrm{d}\theta}}_{\text{广延边际}} \tag{4.23}$$

其中，$\frac{\mathrm{d}z}{\mathrm{d}\theta}<0$，$\frac{\partial \ln p_K}{\partial \ln \theta}>0$，复合资本品价格与外资准入政策管制存在正相关关系，即外资准入自由化倾向于降低复合资本品价格。其中，第一项为集约边际，第二项为广延边际。

再将式 4.20 和式 4.22 分别取对数形式并求导，整理可得式 4.24 和式 4.25。

$$\frac{\partial \ln q\left(\varphi_r, p_k\right)}{\partial \ln \theta} = -\frac{\mu}{\delta}\left(\frac{1}{1-\frac{s{p_K}^{\mu}}{\tau\gamma^{-r}\varphi}}\right)\frac{\partial \ln p_K}{\partial \ln \theta} \tag{4.24}$$

$$\frac{\partial \ln p\left(\varphi_r, p_k\right)}{\partial \ln \theta} = -\frac{1}{2}\mu\left[\left(1+\frac{1}{\delta}\right)\frac{1}{\frac{\tau\gamma^{-r}\varphi}{s{p_K}^{\mu}}-1}+\frac{1}{\delta}\right]\frac{\partial \ln p_K}{\partial \ln \theta} \tag{4.25}$$

由式 4.24 可知，$\frac{\partial \ln q\left(\varphi_r, p_k\right)}{\partial \ln \theta}<0$，产品质量与外资准入政策管制存在负相关关系，结合式 4.23 和式 4.18 可知，外资准入政策管制放松有助于减低复合资本品价格与企业边际成本，从而促使企业提高出口产品质量以实现产品内升级。由式 4.25 可知，$\frac{\partial \ln p\left(\varphi_r, p_k\right)}{\partial \ln \theta}<0$，出口定价与外资准入政策管制也呈现负相关。

另外，产品差异性越大（δ越小）时，外资准入自由化对企业出口定价和产品质量的影响就越大。

进而，根据式 4.20 和式 4.22 求得经质量调整后的出口定价，如式 4.26 所示。

$$\frac{p(\varphi_r,p_k)}{q(\varphi_r,p_k)}=\sqrt{(Y_b+P_b)\frac{\delta}{\gamma^{-r}\varphi}\left(\frac{\tau\gamma^{-r}\varphi-s{p_K}^{\mu}}{\delta-1}\right)^{1-\frac{1}{\delta}}{p_K}^{\frac{\mu}{\delta}}} \tag{4.26}$$

将式 4.26 取对数形式并求导可得到式 4.27。

$$\frac{\partial\ln\left[\frac{p(\varphi_r,p_k)}{q(\varphi_r,p_k)}\right]}{\partial\ln\theta}=\frac{1}{2}\mu\left[\frac{1}{\delta}-\left(1-\frac{1}{\delta}\right)\frac{1}{\frac{\tau\gamma^{-r}\varphi}{s{p_K}^{\mu}}-1}\right]\frac{\partial\ln p_K}{\partial\ln\theta} \tag{4.27}$$

由式 4.27 可知，当产品差异较大（δ较小）时，$\frac{\partial\ln\left(\frac{p}{q}\right)}{\partial\ln\theta}>0$，质量调整后的出口定价与外资准入政策管制存在正相关关系，与已有研究得出的“高质量产品往往具有较高的出口定价”这一结论保持一致，外资准入自由化促使企业增强出口产品质量进而提高均衡定价。

据此得到命题 1：外资准入自由化降低外国资本品价格和企业边际成本，赋予企业增强出口产品质量的能动性并获得更多出口定价权，从而实品内升级路径。

4.2.2　产品间升级路径分析

根据式 4.21 和式 4.22 求得均衡状态下的企业出口价格溢价（或成本加成），如式 4.28 所示。

$$\frac{p(\varphi_r,p_k)}{c(\varphi_r,p_k)}=\sqrt{Y+P}\sqrt{\delta^{-1}\left(\frac{\tau-\frac{s{p_K}^{\mu}}{\gamma^{-r}\varphi}}{\delta-1}\right)^{\frac{1}{\delta}-1}\left(\frac{{p_K}^{\mu}}{\gamma^{-r}\varphi}\right)^{-\frac{1}{\delta}}} \tag{4.28}$$

将式 4.28 取对数形式并对技术距离 r 一阶求导，可得到式 4.29。

$$\frac{\partial\ln\left[\frac{p(\varphi_r,p_k)}{c(\varphi_r,p_k)}\right]}{\partial r}=-\frac{1}{2}\ln\gamma\left[\frac{1}{\delta}-\left(1-\frac{1}{\delta}\right)\frac{1}{\frac{\tau\gamma^{-r}\varphi}{s{p_K}^{\mu}}-1}\right] \tag{4.29}$$

该式表明，当产品差异增大（δ变小）时，$\frac{\partial \ln\left[\frac{p(\varphi_r, p_k)}{c(\varphi_r, p_k)}\right]}{\partial r} < 0$，这表明企业价格溢价程度与其出口产品技术距离存在负相关关系，距离企业核心技术越远的出口产品会带给企业较低的成本加成，拥有企业核心技术优势的出口产品才能获取更大的成本加成。因此，在外资准入自由化背景下，企业要想提高成本加成获得更多利润，会持续改进产品技术距离并优先出口。

据此得到命题 2：在外资准入自由化背景下，企业为追求成本加成会主动缩短产品技术距离，改进生产技术和产品结构，从而实现产品间升级路径。

4.2.3 路径偏向性分析

出口产品升级包括产品内升级路径和产品间升级路径，现实中往往表现为两条路径交叉进行，即具有路径偏向性（详见第 3 章 3.3.3）。为准入自由化对不同偏向性出口产品升级路径的影响，进一步在式 4.24 和式 4.25 的基础上对技术距离 r 求导，可得式 4.30 和式 4.31。

$$\frac{\partial^2 \ln q(\varphi_r, p_k)}{\partial \ln\theta \partial r} = -\frac{\mu}{\delta}\left[\frac{\frac{s p_K{}^{\mu} \ln\gamma}{\tau\gamma^{-r}\varphi}}{\left(1-\frac{s p_K{}^{\mu}}{\tau\gamma^{-r}\varphi}\right)^2}\right]\frac{\partial \ln p_K}{\partial \ln\theta} \tag{4.30}$$

$$\frac{\partial^2 \ln p(\varphi_r, p_k)}{\partial \ln\theta \partial r} = -\frac{1}{2}\mu\left(1+\frac{1}{\delta}\right)\left[\frac{\frac{\tau\gamma^{-r}\varphi\ln\gamma}{s p_K{}^{\mu}}}{\left(\frac{\tau\gamma^{-r}\varphi}{s p_K{}^{\mu}}-1\right)^2}\right]\frac{\partial \ln p_K}{\partial \ln\theta} \tag{4.31}$$

由式 4.30、式 4.31 可知，$\frac{\partial^2 \ln q(\varphi_r, p_k)}{\partial \ln\theta \partial r} < 0$，$\frac{\partial^2 \ln p(\varphi_r, p_k)}{\partial \ln\theta \partial r} < 0$，距离企业核心技术较近的产品会从准入政策管制放松中获得更高的出口定价和产品质量提升效益。可见，当企业优先选择产品间升级以增强出口产品技术优势时，外资准入自由化对其实现产品内升级路径的助力增强。

据此得到命题 3：当企业优先产品间升级后，外资准入自由化对企业出口定价和产品质量的积极影响得到增强，故优先产品间升级而后产品内升级的路径偏向更能从外资准入自由化中受益。

4.3 外资“水平”进入影响出口产品升级路径的理论分析

本部分探讨外资“水平”进入对出口产品升级路径的影制。基础模型假定外国厂商在小于 z^* 的区间内具有资本品供应优势，而国内厂商在大于 z^* 的区间内具有资本品供应优势，因此，外资进入首先体现在外国资本品供应规模上。在供应过程中，外资进入通过竞争效应、示范效应和人员流动效应带来显著的技术溢出，对出口产品升级路径的影响取决于上述三方面的综合作用（Kokko，1994；Khandelwal，2010；刘斌等，2021）。

4.3.1 产品内升级路径分析

外资“水平”进入最为直接的后果是加剧了同行竞争，通过竞争效应产生技术溢出。这一情形设定的理论基础在于，部分投入外国资本品较多的企业能够增强产品生产及出口竞争优势（来源于外国资本品的质量优势或品牌效应等），从而减轻出口固定成本对企业出口行为及产品升级的制约作用。等价而言，其余企业则会面临更高的出口固定成本与竞争冲击。但同时，获取更多的外国资本品也意味着增加了企业要素使用成本，两方面综合之下对出口产品质量产生影响。在此情形下，调整企业生产单位产品的边际成本为如式 4.32 所示。

$$c\left(\varphi_r, f_f, \theta\right)=\tau\left(f_f\right)+\frac{\left(q^{\delta}-s\right) p\left(f_f, \theta\right)^{\mu}}{\varphi_r} \tag{4.32}$$

其中，f_f 为企业使用的外国资本品份额。$\tau'\left(f_f\right)<0$，即外资份额扩大能够降低企业出口固定成本（即前文的冰山成本）；$\frac{\partial p\left(f_f, \theta\right)^{\mu}}{\partial f_f}>0$（记为 $p'\left(f_f\right)$，有 $p'\left(f_f\right)>0$），即外资份额扩大会增加企业中间品成本负担。

同理，求解企业经质量调整后的边际成本最小化，整理可得式 4.33。

$$q\left(\varphi_r, f_f, \theta\right)=\left(\frac{\frac{\tau\left(f_f\right)\varphi_r}{p\left(f_f, \theta\right)^{\mu}}-s}{\delta-1}\right)^{\frac{1}{\delta}} \tag{4.33}$$

将式 4.28 取对数形式并对 f_f 求导，整理可得式 4.34。

$$\frac{\partial \ln q\left(\varphi_r, f_f, \theta\right)}{\partial f_f}=\frac{\varphi_r}{\tau\left(f_f\right)\varphi_r-sp\left(f_f, \theta\right)^{\mu}} \times\left[\tau'\left(f_f\right)-\tau\left(f_f\right) p\left(f_f, \theta\right) \mu^{-1} p'(f_f)\right] \frac{1}{\delta} \tag{4.34}$$

其中，外资“水平”进入虽然降低了企业面临的出口固定成本，但会增加生产要素使用成本。当企业出口固定成本较低时，$\frac{\partial \ln q\left(\varphi_r, f_f, \theta\right)}{\partial f_f}<0$ 意味着利用外资增加企业成本负担，反而不利于出口产品质量升级；当企业出口固定成本较高时，$\frac{\ln q\left(\varphi_r, f_f, \theta\right)}{\partial f_f}>0$，意味着利用外资能降低企口门槛、提高出口产品质量。

进一步结合政策管制参数 θ 来看，由式 4.23 可知，外资自由化降低复合资本品价格与企业边际成本，有 $\frac{\partial p\left(f_f, \theta\right)^{\mu}}{\partial \theta}>0$（记为 $p'(\theta)$，有 $p'(\theta)>0$）。因此，在外资准入自由化背景下，企业能够以较低成本获得外国资本品，生产并降低出口固定成本，进而提高出口产品质量。

据此得到命题 4：外资准入自由化背景下，企业以更加低廉的价格获取外国资本品并投入生产，增强产品生产和出口竞争优势，降低出口面临固定成本约束，从而实现产品内升级路径。

4.3.2 产品间升级路径分析

外资“水平”进入规模扩大，相对于扩大了企业生产过程中可供选择的资本品的范围 $\left(\frac{\partial \ln K}{\partial \ln f_f(z)}>0\right)$，从而改进生产效率。这一情形设定的理论基础在于，外资进入目标企业往往会提高该企业资本存量，通过示范效应产生技术溢出，即外资进入所伴随的知识、技术与管理经验能够被本土企业模仿与吸收，提高技术要素流动性。也有研究认为示范效应还应涵盖消费者偏好、出口经验及市场信息共享等内容（Aitken 等，1997；Greenaway 等，2004）。另外，外资进入还带来了人员流动效应，通过员工培训等渠道增强劳动力素质与产出效率（Sinani 和 Meyer，2004），进而推动东道国企业形成更具竞争力的生产系统与产品技术结构。

将式 4.14 取对数形式并进行差分求导，整理可得式 4.35。

$$\frac{\ln q(\varphi)}{\partial \ln K}=\frac{\mu}{\delta} \times \frac{1}{1+\frac{s}{\omega \varphi L^{1-\mu} K^{\mu}}} \tag{4.35}$$

由式 4.35 可知，$\frac{\ln q(\varphi)}{\partial \ln K}>0$，企业生产技术与资本品数量正相关，在产品异

质性较大（δ 较小）时，资本品规模扩大对企业生产技术的改进幅度随之增大。同时，企业生产所需资本劳动要素的替代弹性 μ 也会强化资本品规模扩大带来的技术溢出。进一步结合 $\frac{\partial \ln K}{\partial \ln f_f(z)} > 0$，外资“水平”进入会增加企业生产过程中的资本品投入，提高要素边际报酬进而改进生产效率。

据此得到命题 5：外资“水平”进入为企业生产提供更大规模的资本品，带来正向示范效应和人员流动效应，增强企业生产效率并改进产品技术结构，从而实现产品间升级路径。

4.3.3　路径偏向性分析

出口产品升级路径具有偏向性（详见第 3 章 3.3.3），为分析外资“水平”进入对不同偏向性出口产品升级路径的影响，进一步将式 4.20、式 4.22 以对数形式对 φ_r 一阶求导，整理可得式 4.36 和式 4.37。

$$\frac{\partial \ln q(\varphi_r, p_k)}{\partial \ln \varphi_r} = \frac{1}{\delta\left(1 - \frac{s p_K{}^{\mu}}{\tau \varphi_r}\right)} \tag{4.36}$$

$$\frac{\partial \ln p(\varphi_r, p_k)}{\partial \ln \varphi_r} = \frac{1}{2}\left[\left(1 + \frac{1}{\delta}\right)\frac{1}{\frac{\tau \varphi_r}{s p_K{}^{\mu}} - 1} + \frac{1}{\delta}\right] \tag{4.37}$$

其中，$\frac{\partial \ln q(\varphi_r, p_k)}{\partial \ln \varphi_r} > 0$，$\frac{\partial \ln q(\varphi_r, p_k)}{\partial \ln \varphi_r} > 0$，生产技术改进能提高均衡出口定价与产品质量。由此看来，企业改进生产技术能强化外资“水平”进入后均衡状态下的出口产品质量。

据此得到命题 6：企业通过改进自身生产技术和增强产品技术复杂度，显著提高均衡出口定价和产品质量，故优先产品间升级而后产品内升级的路径能最大限度地释放外资“水平”进入带来的正向溢出。

4.4　外资“垂直”溢出影响出口产品升级路径的理论分析

在外资“水平”进入后，进一步探讨外资通过“垂直”溢出渠道影响出口产品升级路径的内在机理，包括某一行业外资进入通过向其上游行业采买中间品对该上游行业内企业产生的后向溢出，以及向其下游行业提供中间品对该下游行业内企业产生的前向溢出，进而对出口产品升级路径影响呈现出差异（见图 4.1）

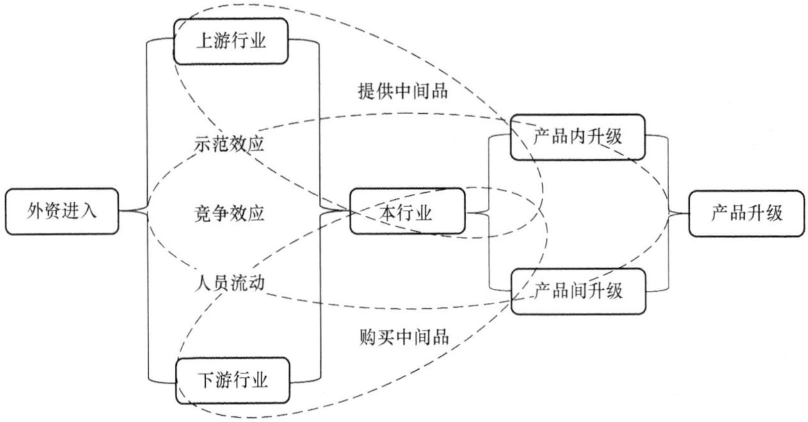

图 4.1 外资进入溢出渠道与出口产品升级关系示意

注：水平方向的虚线椭圆内为外资“水平”进入渠道，向右下方倾斜的虚线椭圆内为外资进入前向溢出渠道，向右上方倾斜的虚线椭圆内为外资进入后向溢出渠道。

4.4.1 产品内升级路径分析

从外资进入前向溢出渠道来看，企业需要从上游购买原材料与中间品，上游外资进入能够为企业提供多样化与高质量的中间品。不仅如此，上游外资进入还能与下游企业共享市场信息与资源渠道，从而改进其生产效率（Kugler 和 Verhoogen，2012）。以上均会正向影响企业出口产品质量。但是，高质量中间品通常表现出较高的产品定价，内资企业只有具备一定的生产规模和技术优势，才能承接上游外资企业较高价格的中间品供应，吸收外资前向溢出并内化为产品升级动力。同时，若部分关键中间品与技术被上游行业外资垄断所有，则本行业企业将被抢占市场份额，甚至面临退出市场的风险。此外，从外资进入动机看，外商投资主要是为了维持并获取更多的垄断利润和综合竞争优势，故向其下游产生的正向溢出较少，对出口产品质量的影响反而不显著甚至为负向，其中，企业自身吸收能力为关键的传导机制。

从外资进入后向溢出渠道来看，本行业中间品会继续投入下游行业生产中，下游外资进入能够增大对本行业中间品的需求，从而增加行业内企业的中间品定价权。具体来看，外资进入后向溢出对企业出口产品质量的影响体现在两方面：一是规模溢出，下游外资进入增多所产生的庞大中间品需求推动上游本土企业增加供应，从而增加产品规模回报，增强出口获利能力；二是创新溢出，下游外资企业为获取更高质量与稳定的原材料及中间品供应，通常会与行业内本土供应商签订采购协议，并提供部分技术支持、员工培训与创新项目方面的帮助，而且下游外资企业对中间品质量的高要求还会促使本土企业注重技术创新，实现技术升级，进而增强产品质量。大量研究表明，中国企业目前从外资进入中获益的主要渠道为后向溢出，得益于中间品供应端优势，并且仍将在未来较长一段时间内持续产生影响（樊娜娜，2018；唐宜红等，2019；牛志伟等，2020）。

据此得到命题 7：外资进入通过前向溢出渠道为下游企业带来多样化和高质量的中间品供应，同时也会增加技术垄断风险，最终对出口产品质量的影响取决于企业自身吸收能力；外资进入通过后向溢出渠道为上游企业带来规模溢出和创新溢出，有助于企业提升出口产品质量，从而实现产品内升级路径。

4.4.2　产品间升级路径分析

从外资进入前向溢出渠道来看，本行业需要从上游行业购买原材料及中间品，这会对下游企业出口产品技术复杂度产生两方面的影响：一方面，上游外资进入为下游企业提供充足的资金支持与经验分享，加深行业间生产关联，有助于企业改进生产技术；另一方面，上游外资大规模进入造成了资本过度集中的局面，部分外资企业掌握核心技术与原材料等，使得下游企业生产技术受到极大限制。同时，结合外资进入动机及区位选择来看，上游外资进入的首要目标是获取并维持垄断优势，主动向下游企业提供的技术溢出较少，反而倾向于牢牢掌握自身核心技术不对外共享。已有文献证实了外资技术溢出更多的是母公司与子公司之间的内部共享，而非跨国公司向东道国内资企业的转移。因此，部分关键中间品与技术被上游外资垄断所有，阻碍了本土企业出口产品技术复杂度升级。从外资进入后向溢出渠道来看，企业生产中间品并继续投入下游企业生产中，下游外资进入增大了企业中间品需求与产品定价权，该影响效应与本章 4.4.1 的内容类似。

据此得到命题 8：外资进入通过前向溢出渠道为下游企业提供充足的资金支持和经验贡献，但也会造成资本过度集中与技术垄断，限制产品技术复杂度提升；相反地，外资进入通过后向溢出渠道对上游企业产生规模溢出和创新溢出，有助于实现产品间升级路径。此外，后向溢出是外资促进出口产品升级的主要渠道。

4.4.3　路径偏向性分析

由 4.4.1 和 4.4.2 分析可知，外资“垂直”溢出包括前向溢出与后向溢出两种渠道，外资前向溢出渠道制约了企业出口产品升级路径的实现，但后向溢出渠道能够带来规模溢出和创新溢出，提高企业出口产品质量及技术复杂度，从而有助于出口产品升级路径的实现。同时得益于供应端优势，外资后向溢出渠道是促进中国出口产品升级的主要渠道。那么，外资“垂直”溢出对不同偏向性出口产品升级路径会有怎样的影响？分析以下两种情形：

第一，企业生产处于行业上游环节，其出口产品升级路径更多受到下游外资进入带来的后向溢出。若自身产品质量较差，下游行业向其采购中间品的份额减少，后向溢出效应不显著，这时企业应优先提升产品质量，通过投入下游生产获取外资后向溢出，形成规模优势与创新优势，进而实现产品间技术复杂度升级。第二，企业生产处于行业下游环节，其出口产品升级路径更多地受到上游外资进入带来的前向溢出，这时企业应关注自身产品技术复杂度，增强产品技术优势，破解上游资本集中造成的技术垄断与技术断层，在提升产品技术复杂度后，进一步增强产品质量优势，最大程度减轻外资前向溢出的负向影响。

据此得到命题 9：外资“垂直”溢出渠道对不同偏向性出口产品升级路径的影响取决于企业生产所处行业位置。上游环节企业优先产品内升级，下游环节企业优先产品间升级，能最大限度地减轻外资前向溢出的制约作用，增强外资后向溢出的积极效应。

4.5 本章小结

首先，本章回顾梳理相关理论，揭示外资进入与产品升级路径之间的理论关联。其次，基于异质性企业理论模型，将外资进入与出口产品升级路径纳入统一的理论分析框架，包括消费部门的异质性产品偏好，生产部门的成本函数与技术投入，以及均衡与出口定价。最后，分析不同阶段外资进入对出口产品升级路径的影响机理，包括外资准入自由化、外资“水平”进入与“垂直”溢出影响出口产品升级路径的理论分析。得到了如下几个重要结论：

第一，外资进入展现出了降低外部交易成本、获取垄断优势并转移产品标准化生产等动机，故外商会优选在综合优势较强的区位进行投资。同时，产品升级理论回答了什么是“好”产品及消费者对异质性产品的偏好，产品内升级和产品间升级同属于异质性企业理论模型中的产品异质性内容。二者之间存在较强的理论关联。外资进入与出口产品升级路径的基本模型表明，产品质量内生地影响出口目的国代表性消费者效用，通过效用最大化可求解最优产品消费量，接着设定企业技术投入形式并求解利润最大化问题（等同于经质量调整后的边际成本最小化问题），得到均衡状态下的企业出口定价与产品质量，发现其与产品差异化程度、复合资本品价格和产品技术结构有关。

第二，外资准入自由化表现为基本模型中影响外国资本品价格的内生政策管制参数变小。首先，通过分析政策管制参数与企业出口定价、产品质量的关系，得到命题 1，即外资准入自由化有助于降低外国资本品价格和企业边际成本，赋予企业增强出口产品质量的能动性，有利于实现产品内升级路径。其次，分析企业价格溢价、产品质量和技术结构的关系，得到命题 2，即在外资准入自由化背景下，企业为追求更多成本加成会主动缩短产品技术距离，改进生产技术和产品结构，提高出口产品技术复杂度，从而实现产品间升级路径。最后，结合两方面分析外资准入自由化对路径偏向性的影响，得到命题 3，即当企业优先产品间升级后，外资准入自由化对企业出口定价和产品质量的积极影响得到增强，故优先产品间升级而后产品内升级的路径更能从外资准入自由化中受益。

第三，外资“水平”进入表现在外国资本品规模扩大带来的技术溢出。首先，通过分析外资进入对企业出口固定成本与要素使用成本的影响，得到命题 4，即在外资准入自由化背景下，外资“水平”进入带来竞争效应，降低企业出口固定成本，使其获得更多技术溢出并增强出口产品质量，从而实现产品内升级路径。其次，分析企业生产技术与外国资本品的关系，得到命题 5，即外资“水平”进入能为企业生产提供更大规模的外国资本品，带来正向的示范效应和人员流动效应，增强企业生产技术并改进多产品技术结构。最后，结合两方面分析企业技术改进对均衡状态的影响，得到命题 6，即企业改进生产技术进一步提高均衡出口定价和产品质量，故优先产品间升级而后产品内升级的路径能最大限度地释放外资“水平”进入带来的正向溢出。

第四，外资“垂直”溢出通过行业间前后向关联渠道发挥作用。首先，通过文献梳理与相关分析，得到命题 7，即外资前向溢出渠道制约产品内升级，后向溢出渠道则通过向上游企业采购中间品而产生规模溢出和创新溢出，有助于产品内升级路径的实现；同时还得到命题 8，即外资前向溢出渠道为下游企业提供充足的资金支持和经验共享，但还会造成资本过度集中从而限制企业技术提升，外资后向溢出渠道则通过规模溢出和创新溢出有助于产品间升级路径的实现；另外，外资后向溢出是促进出口产品升级路径实现的主要渠道。其次，结合两方面分析外资“垂直”溢出对不同偏向性出口产品升级路径的影响，得到命题 9，即上游企业优先产品内升级及下游企业优先产品间升级的路径偏向，能最大限度减轻外资前向溢出的制约作用，增强后向溢出的积极效应。

第 5 章

外资准入自由化与中国出口产品升级路径的实证检验

外资在“进入前”阶段集中表现为政策层面的准入自由化。改革开放以来，中国持续放宽外资准入门槛，最早由《目录》引导外资有序进入国内不同行业及地区，随后多次修订《目录》并创新外资准入政策指导方案。2018 年以来，商务部会同多部门先后发布了《外商投资准入特别管理措施（负面清单）》（2018 年版、2019 年版、2020 年版、2021 年版）、《鼓励外商投资产业目录》（2019 年版、2020 年版、2022 年版），持续放宽高技术产业外资准入限制，提振投资者信心。为探究外资准入自由化与中国出口产品升级路径之间的影响关系，展开接下来的实证设计。

5.1 计量模型、变量及数据

5.1.1 计量模型的设定

采用双重差分法（DID）实证检验外资准入自由化对中国出口产品升级路径的影响效应，设定基准检验方程如式 5.1 和式 5.2 所示。

$$Quality_{i,j,t} = \alpha_1 + \beta_1 Treat_{j,t} \times Post07_t + X + \delta_i + \delta_j + \delta_t + \varepsilon \quad (5.1)$$

$$Prody_{i,j,t} = \alpha_2 + \beta_2 Treat_{j,t} \times Post07_t + X + \delta_i + \delta_j + \delta_t + \varepsilon \quad (5.2)$$

其中，下标 i、j、t 分别为企业、行业和年份；被解释变量为出口产品升级路径，以出口产品质量（$Quality_{i,j,t}$）和产品技术复杂度（$Prody_{i,j,t}$）作为衡量指标；本章的核心解释变量为外资准入自由化（$Treat_{j,t} \times Post07_t$），$Treat_{j,t}$ 为政策虚拟变量，$Post07_t$ 为年份虚拟变量；系数 β_1、β_2 分别为外资准入自由化对产品内升级路径和产品间升级路径的贡献；δ_i、δ_j、δ_t 分别为个体、行业（2 位码）和年份固定效应，ε 为随机扰动项。

为降低核心解释变量与扰动项的相关程度，借鉴刘慧和陈晓华（2018）、Liu 和 Xie（2018）的研究，选取了企业层面的控制变量（企业年龄、雇用员工数 $Employ_{i,t}$、资产周转率 $Turns_{i,t}$）、行业层面的控制变量（行业规模 $Scale_{j,t}$、行业集中度 $HHI_{j,t}$）和地区层面的控制变量（地区进口贸易 $Imp_{c,t}$、地区基础设施 $Infra_{c,t}$）①，一并加入控制变量集合（X）。逻辑在于：第一，持续经营企业相较新成立企业的出口表现往往具有更强的延续性，产品升级动力稳定，故选取了企业年龄；第二，企业吸纳就业规模是其劳动要素与人力资本积累以及成本负荷的重要体现，能够影响其出口升级决策，故选取了企业雇用员工数；第三，资产周转率反映经营期间内企业资产从投入到产出的流转速度，是其资产管理质量与利用效率的重要衡量，更是影响产品升级快慢的因素之一，故选取了企业资产周转率；第四，市场良性竞争有助于盘活经济并改善出口效率，过度竞争将造成不善经营企业退出出口以及出口壁垒等负面冲击，故选取了行业规模与行业集中度；第五，不同地区能够从进口过程中获取市场信息与消费偏好，并为其区域内企业披露相关信息，故选取了地区进口贸易；第六，地区配套基础设施水平能够打破要素资源配置的空间界限，加速要素流动与市场竞争，从而影响企业生产及出口活动，故选取了地区基础设施。

此外，本章聚焦在外资准入自由化对出口产品升级路径的影响效应，除上述核心解释变量和控制变量外，还应对其他可能影响出口产品升级路径的变量或趋势加以控制（史瑞祯和桑百川，2023）。为尽可能全面获取并控制其他因素以提高量化评估的准确性，特从以下三方面展开分析：第一，企业作为出口产品升级的微观主体，其生产效率、创新技术和出口渠道等因素及其他变化趋势均会影响其出口产品质量和技术复杂度，故在基准检验方程右侧加入个体固定效应（δ_i）进行控制。第二，考虑到行业劳动生产率、要素密集度、效率工资等

① 以企业所处省地县码（2 位码）作为行业信息的识别标准。

变量及变化趋势均会对出口产品升级路径起到影响，故在基准检验方程右侧加入行业固定效应（δ_j）进行控制，这一做法有周沂等（2022）、熊瑞祥和万倩（2022）等文献作为支撑。第三，一些随时间变化的季节性、趋势性与周期性因素也会影响出口产品升级路径的实现，例如，春节假期前后的出口贸易增速往往较快，经济萧条等周期性变化将导致出口规模锐减，等等，故在基准检验方程右侧加入年份固定效应（δ_t）进行控制。另外，为避免行业层面回归对企业出口产品信息的破坏，在后续回归中将稳健标准误聚类到企业层面。

5.1.2　外资准入自由化的识别策略

自 1995 年《目录》发布以来，截至 2017 年底，共计历经了 7 次修订（见图 5.1）。从中不难看出，两次重大的《目录》修订分别发生在 2002 年和 2007 年，鼓励类条目相较前一版本分别增加了 25.22%和 13.10%。鉴于本章所选的研究期间为 2003—2013 年，2004 年版《目录》只是在 2002 年版本上的微调（总体调整幅度约为 2.74%）。因此，以 2007 年版《目录》作为外资准入自由化的识别，进而构造本章的核心解释变量。

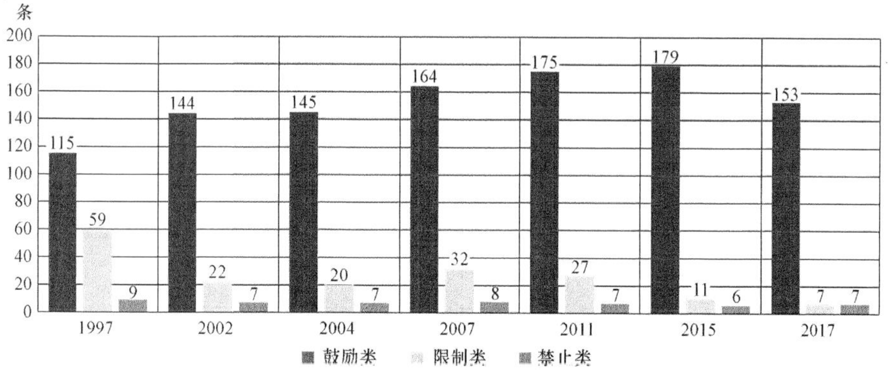

图 5.1　《外商投资产业指导目录》各修订版本的类目统计

参照第 2 章 2.1.2，本章对 2007 年版《目录》与旧版内容进行文本分析。首先，对鼓励类目涉及的产业开放程度赋值为 3 分，限制类为 2 分，禁止类为 1 分。其次，对比新旧版本《目录》在产业调整方向上的区别，任一产业外资准入政策管制可能面临三种情形：第一，表现为分值变大（由 1 变为 2 或 3，或由 2 变为 3）的管制放松情形；第二，表现为分值不变的管制不变情形；第三，表现为分值变小（由 3 变为 2 或 1，或由 2 变为 1）的管制收紧情形。接着，按照国家统计局提供的国民经济行业分类标准（CIC2002 版本）将《目录》中产业名称调整并归为行业（4 位码）代码目录[①]。

此处的困难在于二者无法准确对应，面临着目录中的多个细分产业隶属于同一行业的情况，这些细分产业同时还面临着不同的外资准入政策调整方向。为此，借鉴 Lu 等（2017）、蒋玲多等（2018）的处理方法：将所有细分产业（至少有一个）单独面临情形二的同一行业识别为外资准入政策管制不变行业；单独面临情形一或情形二的同一行业识别为外资准入政策管制放松行业；单独面临情形二或情形三的同一行业识别为外资准入政策管制收紧行业；其余为混合变动行业。另外，旧版《目录》未涉及的细分产业进入新版鼓励类目视为情形一，进入禁止类和限制类目均视为情形三。为便于理解，表 5.1 列举了一些典型的外资准入自由化情形示例。

表 5.1　　外资准入自由化的几种情形

旧版目录	新版目录	依　据	外资开放度
无	森林食品的开发、生产和加工	新增鼓励类	变大
限制炼油厂建设、经营	限制年产 800 万吨及以下炼油厂建设、经营	缩小限制范围	变大
鼓励民用航空机载设备设计与制造（中方控股）	鼓励民用航空机载设备设计与制造（可合资、合作）	扩大鼓励范围	变大
鼓励新型抗癌药物及新型心脑血管药生产	鼓励新型抗癌药物、新型心脑血管药及新型神经系统用药生产	扩大鼓励范围	变大
限制日产 400 吨以下纤维及非纤维用聚酯生产	鼓励纤维及非纤维用新型聚酯生产	限制变为鼓励	变大

至此可得，在中国制造业 441 个 4 位码细分行业中，外资准入政策管制放松、不变、收紧和混合变动的行业分别有 77 个、327 个、26 个和 11 个（外资准入政策管制不变的行业详见附表 3）。依据上述准自然实验，本章仅以外资准入政策管制不变行业为控制组，政策虚拟变量 $Treat_{j,t}$ 赋值为 0；外资准入政策管制放松行业为处理组，$Treat_{j,t}$ 赋值为 1。同时，2007 年之前，年份虚拟变量 $Post07_t$ 赋值为 0；2007 年之后（包括 2007 年），$Post07_t$ 赋值为 1。最终，得到本章的核心解释变量外资准入自由化（$Treat_{j,t} \times Post07_t$）。

① 为便于区分概念并保持行文一致，本章在阐述《目录》内容时采用“产业”概念，在经 CIC2002 标准调整后则采用“行业”概念来表示 4 位码的细分行业。

5.1.3　其他变量选取与数据说明

（1）数据来源及处理

自 2001 年中国正式加入 WTO 以来，贸易投资环境发生了显著改变，而 2002 年“入世”的经济效益尚未充分体现，故以 2003 年为研究起点。同时，2013 年之后的微观产品数据搜集存在困难，为确保数据连续性，仅选择 2003—2013 年为研究区间。样本数据主要来源于两个微观数据库：一个是中国工业企业数据库，详细记录了“规模以上”中国工业企业的基本信息和财务信息，包括企业名称、登记注册码、省地县码、行业代码、工业总产值、主营业务销售收入和资产总计等关键字段；另一个是中国海关贸易数据库，这是目前为止记录中国出口产品信息最为翔实的微观数据库，包括企业名称、贸易方式、通关口岸、目的国名称以及产品编码、单位、数量和金额等关键字段。

数据处理思路为：第一，有关中国海关贸易数据库的清洗过程详见第 3 章 3.2.1，此处不再赘述。第二，参考聂辉华等（2012）的处理思路，剔除中国工业企业数据库中重复记录或错误记录、就业人数小于 8 和不符合会计准则的企业样本；参考 Brandt 等（2017）的处理思路，将行业代码统一到 CIC2002 版本，仅保留行业 2 位码为 13～43 的制造业样本；剔除与本章密切相关的关键指标存在缺失或错误的样本数据，仅保留中国 30 个省份（不含西藏和港澳台）的样本数据[①]。第三，参照 Yu 和 Tian（2012）的思路，将上述两方面数据加以匹配，即按照企业名称或按照企业邮编和联系电话等信息这两种方式在 SQL 软件中完成匹配，任意一种方式匹配成功，即纳入最终样本，从而得到了年份—行业—地区—企业—目的国—产品维度的多维面板数据。

（2）产品升级路径的识别指标

本章的被解释变量为出口产品升级路径。一方面，以出口产品质量是否增强作为产品内升级路径的识别指标，这主要是因为出口产品质量反映了全部影响出口市场消费者效用的产品内垂直特征差异。本部分采用回归残差法来测算这一指标。为解决产品质量估算过程中的内生性问题，选择“范围内的平均价格”作为工具变量，并在产品质量估算方程中加入国内市场需求规模作为控制变量（详见第 3 章 3.2.1）。另一方面，以出口产品技术复杂度是否提升作为产品间升级路径的识别指标，这主要是因为产品技术复杂度是经济体所具备生产能力和产品生产及出口所需求的配套结果，反映了不同类产品要素需求差异的产品间垂直特性。本部分采用网络迭代法来测算这一指标，假定其与经济体出

---

① 包括与外资进入指标测算相关的企业登记注册码、主营业务销售收入、资产总计，以及与控制变量测算相关的企业开业年份、年末平均从业人数等关键指标。

口产品多样化程度正相关，与产品被生产（并成功出口）的普遍程度负相关（详见第 3 章 3.2.1）。基于此，以企业出口产品占其出口总额的比重为权重将两个指标加权汇总到年份—行业—企业层面，最终得到了本章的被解释变量（$Quality_{i,j,t}$、$Prody_{i,j,t}$）。

（3）控制变量的具体设定①

$Age_{i,t}$，采用当前年份减去企业开业年的对数形式来衡量；$Employ_{i,t}$，采用企业年末平均从业人数的对数形式来衡量；$Turns_{i,t}$，采用企业主营业务销售收入占其资产总额的比重来衡量；$Scale_{j,t}$，采用行业内全部企业数目的对数形式来衡量；$HHI_{j,t}$，采用赫芬达尔指数来衡量（见式 5.3）。

$$HHI_{j,t} = \sum_{i\in j}\left(\frac{income_{i,t}}{\sum_{i\in j} income_{i,t}}\right)^2 , \tag{5.3}$$

其中，行业内企业主营业务销售收入（$income_{i,t}$）占行业比重的平方和；$Infra_{c,t}$，采用各省份公路和铁路运营里程之和（单位为公里）与行政区划面积（单位为平方公里）之比来衡量，数据来源于国家统计局和高德地图应用程序接口（API）；$Imp_{c,t}$，采用各省份进口贸易占 GDP 的比重来衡量，数据来源于国家统计局。主要变量的描述统计如表 5.2 所示。

表 5.2　　　　主要变量的描述统计（N= 400 155）

变量名称	符号	最小值	最大值	均值	标准差
出口产品质量	$Quality_{i,j,t}$	0	1.000 0	0.361 7	0.154 9
产品技术复杂度	$Prody_{i,j,t}$	0.933 1	10.866 4	4.767 8	0.953 0
外资准入自由化	$Treat_{j,t}\times Post07_t$	0	1.000 0	0.175 9	0.380 8
企业年龄	$Age_{i,t}$	0	5.135 8	2.155 3	0.627 4
雇用员工数	$Employ_{i,t}$	3.401 2	12.315 9	5.567 6	1.007 9
资产周转率	$Turns_{i,t}$	0.000 1	12.409 0	0.986 2	0.864 9
行业规模	$Scale_{j,t}$	1.945 9	9.480 7	8.104 2	0.680 2
行业集中度	$HHI_{j,t}$	0.001 0	0.293 6	0.001 0	0.006 5
地区基础设施	$Infra_{c,t}$	0.034 4	2.065 9	1.082 0	0.369 4
地区进口贸易	$Imp_{c,t}$	0.004 1	0.889 7	0.365 2	0.217 4

① 数据来源为中国工业企业和海关贸易数据库的匹配数据。另外，为确保部分控制变量在取对数形式后不影响后续回归结论，采取了“ln（变量+1）”的处理方式。

其中，出口产品质量与技术复杂度的标准差分别为 0.154 9 和 0.953 0，这表示被解释变量在研究期间内存在较大幅度的变动；外资准入自由化指标的均值和标准差分别为 0.175 9 和 0.380 8，说明核心解释变量也具有显著的变化趋势；其余变量的描述统计基本符合预期。此外，用出口产品升级路径指标对核心解释变量和控制变量作 OLS 回归，得出的方差膨胀因子（VIF）均值为 1.12，远小于 10，不存在多重共线性问题。

5.2　基准检验结果与分析

在回归之前，有必要对出口产品质量和技术复杂度的变化趋势作直观展示，不仅能初步判断外资准入自由化和产品升级路径的相关关系，还能为后续回归方法的有效性提供证据。本部分分别采用两个产品升级路径指标的年均值绘制其随年份变化的趋势图（见图 5.2）。从中可以看出，在 2007 年外资准入政策冲击之前，处理组和控制组的指标变化趋势基本一致，即存在“平行趋势”；而在 2007 年之后，处理组呈现出显著的上升趋势，这表明外资准入政策冲击在一定程度上有助于实现出口产品升级。

5.2.1　产品内升级路径检验

表 5.3 的（1）—（3）列以出口产品质量为被解释变量，报告了外资准入自由化对产品内升级路径的影响效应。其中，（1）列仅加入核心解释变量外资准入自由化，（2）列在前一列的基础上又加入企业层面及行业层面的控制变量，（3）列在前一列的基础上又加入地区层面的控制变量。同时，各列回归中均加入固定效应。外资准入自由化在各列中的回归系数显著为正，这表明外资准入政策设计有助于企业提升出口产品质量，进而实现产品内升级路径，命题 1 为真。对此的理论解释是：外资准入自由化极大地降低了外国资本品价格和企业边际成本，赋予企业增强出口产品质量的能动性并获取更多出口定价权，从而实现产品内升级路径。从现实来看，中国外资开放大门越开越大，政策层面密集释放利好，新版外资准入负面清单基本实现了制造业对外资全面开放，重塑外商在华投资信心，对促进中国外贸转型和竞争优势重塑具有重要的带动作用。

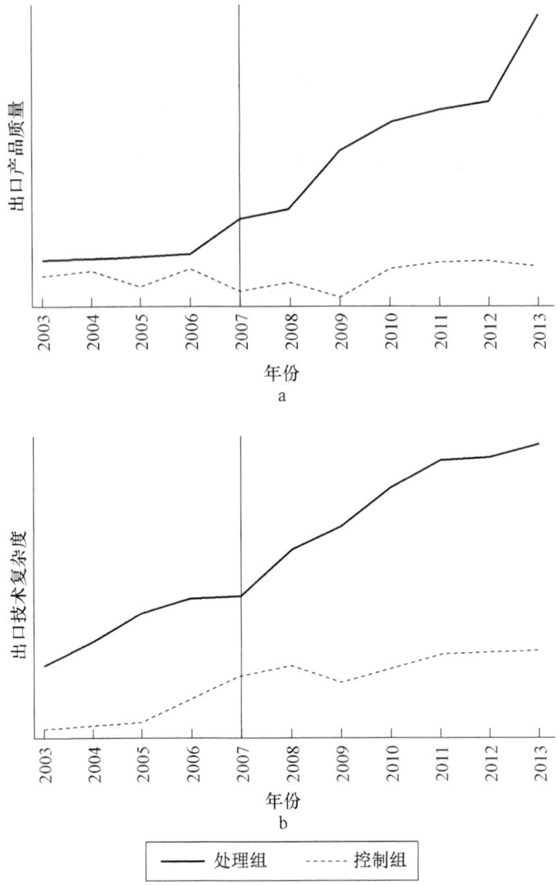

图 5.2　2003—2013 年处理组和控制组出口产品升级路径指标的变化趋势

控制变量方面，企业年龄正向影响出口产品质量，这表明老牌制造业企业实现产品内升级路径的概率更大；雇用员工数负向影响出口产品质量，这表明企业就业规模越大越不利于产品内升级路径的实现；资产周转率正向影响产品内升级，这表明资产周转率越高则企业出口产品质量升级动力越强；行业集中度负向影响出口产品质量，说明行业垄断性越高越不利于产品内升级路径的实现；地区基础设施和进口贸易均正向影响出口产品质量，这表明基础设施越完备及进口贸易越活跃的地区越容易实现产品内升级。

表 5.3　　外资准入自由化与出口产品升级路径的基准检验结果

变量	$Quality_{i,j,t}$			$Prody_{i,j,t}$		
	（1）	（2）	（3）	（4）	（5）	（6）
$Treat_{j,t} \times Post07_t$	0.007 6*** （0.001 2）	0.007 8*** （0.001 2）	0.007 0*** （0.001 2）	0.108 5*** （0.006 8）	0.101 6*** （0.006 9）	0.100 2*** （0.006 8）
$Age_{i,t}$		0.001 3* （0.007 ）	0.002 1*** （0.000 7）		0.056 9*** （0.004 2）	0.058 2*** （0.004 4）
$Employ_{i,t}$		−0.023 1*** （0.000 5）	−0.024 4*** （0.000 5）		−0.029 8*** （0.002 8）	−0.024 3*** （0.002 8）
$Turns_{i,t}$		0.001 6*** （0.000 3）	0.001 1*** （0.000 3）		−0.004 5** （0.001 9）	−0.006 1*** （0.001 9）
$Scale_{j,t}$		−0.000 5 （0.001 4）	0.000 8 （0.001 4）		0.028 7*** （0.007 2）	0.026 8*** （0.007 2）
$HHI_{j,t}$		−0.133 7*** （0.048 0）	−0.124 1*** （0.047 8）		−5.578 4*** （0.334 7）	−5.610 3*** （0.335 0）
$Infra_{c,t}$			0.007 5*** （0.003 5）			0.212 4*** （0.010 6）
$Imp_{c,t}$			0.041 1*** （0.007 1）			0.286 9*** （0.015 7）
常数项	0.360 4*** （0.000 5）	0.489 7*** （0.011 8）	0.461 9*** （0.012 4）	4.748 7*** （0.003 2）	4.599 3*** （0.061 2）	4.458 2*** （0.061 7）
N	400 155	400 155	400 155	400 155	400 155	400 155
R^2	0.514 1	0.534 3	0.540 2	0.597 8	0.600 4	0.604 3
F	139.071 1	404.327 9	330.911 1	251.197 6	144.684 8	167.741 3
固定效应	δ_i、δ_j、δ_t	δ_i、δ_j、δ_t	δ_i、δ_j、δ_t	δ_i、δ_j、δ_t	δ_i、δ_j、δ_t	δ_i、δ_j、δ_t

注：*、**、***分别为 10%、5%和 1%的显著性水平，δ_i、δ_j、δ_t 分别为个体、行业和年份固定效应，括号内为企业层面聚类回归的稳健标准误。本章余同。

为考察外资准入自由化对不同性质企业、不同地区及行业出口产品升级路径的差异化影响，现从以下三方面做分组检验。

第一，区分企业性质。外资进入带来的产品升级效应是因外资企业大量存在而引起的“假象”？外资准入自由化背景下的内资企业能否实现产品内升级路径？按照企业登记注册类型将总样本分为内资企业和外资企业两组进行回归

（见表 5.4 的（1）—（2）列）[①]。从中可以看出，外资准入自由化显著促进了不同性质企业实现产品内升级路径，且对外资企业的正向影响略强于内资企业，这也印证了既有文献得出的外资进入对本土企业生产效率存在溢出门槛的结论（王华等，2012）。透过现象看本质，外资准入自由化对不同性质企业出口产品升级路径的影响差异，主要是因为外商出于技术专利保护而对关键性技术转让施加诸多限制，以及国内外厂商双方共同关切的知识产权等问题未能达成共识。因此，坚持“两条腿”走路，释放外资积极效应，更应避免对外资过度依赖，提高自主创新能力，将“引进—转化—创新”这一关键性渠道融入本土企业出口产品升级之路。

第二，区分地区经济发展水平。地区经济发展及地方政府政策制定差异化的背景下，外资进入和出口产品质量也显现出了较强的地区特征。直观上，中国东部地区对外开放的时间最久、程度最深及利用外资规模在全国的份额最大（详见第 3 章 3.1.2），故其从外资进入中收益较多；中西部地区经济发展进程较缓，既有历史性政策因素的原因，还受限于自身资源条件和发展基础，故其对外资吸引力较弱，出口表现也稍逊于东部地区。那么，外资准入自由化是否对中国东部地区出口产品质量存在预期的积极影响？对中西部地区影响是否显著？按照企业所处省地县代码将总样本划分为东部、中部和西部地区三组作回归（见表 5.4 的（3）—（5）列）[②]。东部地区从外资准入自由化中得到的产品质量提升效应最大，中部地区次之，西部地区则不显著。这主要是因为东部省市一直是吸引外资进入的主要区位，同时也是参与出口最活跃的地区，出口企业占据总样本近 90%；中西部地区参与出口的企业较少，尤其是西部地区，对外资吸引力仍待提高。

表 5.4　外资准入自由化与产品内升级路径的分组检验结果

变量	内资企业	外资企业	东部地区	中部地区
	（1）	（2）	（3）	（4）
$Treat_{j,t} \times Post07_t$	0.006 6*** （0.001 7）	0.008 6*** （0.001 7）	0.006 8*** （0.001 3）	0.003 7* （0.005 4）

① 企业注册登记类型以 1 开头的为国有企业、集体企业、股份合作企业和私营企业等内资企业。其余为外资企业，具体包括以 2 开头的港澳台商独资经营、合资经营和合作经营等港澳台商投资企业，以及以 3 开头的中外合资经营、合作经营、外资及外商投资股份企业等外商投资企业。

② 东部地区包括北京、天津、河北、辽宁、上海、江苏、浙江、福建、山东、广东和海南，中部地区包括山西、吉林、黑龙江、安徽、江西、河南、湖北和湖南，西部地区包括内蒙古、广西、重庆、四川、贵州、云南、西藏、陕西、甘肃、青海、宁夏和新疆。

续表

变量	内资企业	外资企业	东部地区	中部地区
	（1）	（2）	（3）	（4）
常数项	0.378 5*** （0.000 7）	0.346 4*** （0.000 7）	0.359 8*** （0.000 5）	0.382 0*** （0.002 2）
N	173 846	226 309	369 243	21 040
R^2	0.544 3	0.603 0	0.516 6	0.543 8
F	15.548 3	26.304 7	29.548 1	0.488 2
变量	西部地区	劳动密集行业	资本密集行业	技术密集行业
	（5）	（6）	（7）	（8）
$Treat_{j,t} \times Post07_t$	0.009 6 （0.007 1）	0.001 1 （0.002 0）	0.006 8 （0.004 7）	0.013 4*** （0.001 6）
常数项	0.377 9*** （0.002 9）	0.330 4*** （0.000 8）	0.376 6*** （0.000 8）	0.367 7** （0.000 8）
N	9 871	109 545	118 277	172 333
R^2	0.534 4	0.135 1	0.209 4	0.445 6
F	1.812 7	0.325 1	2.082 6	69.131 4
固定效应	δ_i、δ_j、δ_t	δ_i、δ_j、δ_t	δ_i、δ_j、δ_t	δ_i、δ_j、δ_t
控制变量	是	是	是	是

第三，区分行业要素密集度。一方面，2007 年版《目录》的修订更多偏向于高技术产业外资开放，而技术密集型行业出口产品本身质量较高，外资进入能否作为有益的资本补充加速其实现产品升级？另一方面，传统产业对外资开放由来已久，出口产品也多为劳动及资本密集型，这类产品质量提升空间较大，能否从外资准入政策冲击中受益？回答这些问题有助于深化对外资进入和产品内升级路径影响关系的认识。按照戴翔（2015）的分类方法，将总样本分为劳动密集型、资本密集型和技术密集型三组进行回归（见表 5.4 的（6）—（8）列）[①]。技术密集型行业在外资准入政策冲击下显著提升了出口产品质量，其他行业的表现并不显著。进一步发现，劳动密集型行业多为食品、纺织品、木材加工及家具制品等，出口产品本身对价格变化较不敏感，故其质量水平受外资准入政策变动的影响在统计上不显著；资本密集型行业较容易受到外资过度集

① 将行业代码（2 位码）为 17、18、19、20、21 的样本归为劳动密集型行业，13、14、15、16、22、23、24、25、29、30、31、32、33、34 的样本归为资本密集型行业，26、27、28、35、36、37、39、40、41 的样本归为技术密集型行业。

中带来的负向冲击，从中受益较少。

5.2.2 产品间升级路径检验

表 5.3 的（4）—（6）列以产品技术复杂度为被解释变量，报告了外资准入自由化影响产品间升级路径的检验结果，各列结构与表 5.3 的（1）—（3）列类似。外资准入自由化在各列中的回归系数均显著为正，这表明外资准入门槛放宽有助于企业提升出口产品技术复杂度，从而实现产品间升级路径，命题 2 为真。在外资准入自由化背景下，企业为获取更多利润会主动缩短出口产品与其核心技术的距离，优化产品技术结构以增强出口竞争优势。从现实来看，改革开放初期，中国面临着资本要素供给不足和出口产品竞争力低下的困境，只能选择出口低技术复杂度的产品，以“弱势竞争”的方式走出一条“血拼”之路。随着外资准入自由化持续演进，外部资本在一定程度上补足了自有资本不足的短板，补充到生产研发等高附加值环节，促使企业增强产品技术优势。控制变量方面，企业年龄、行业规模、地区基础设施和进口贸易均正向影响出口产品技术复杂度，雇用员工数、资产周转率和行业集中度均负向影响出口产品技术复杂度，与预期基本相符。

接下来按照本章 5.2.1 的分组思路做分组检验。

第一，外资准入自由化能显著推动不同性质企业实现产品间升级路径，且对内资企业的正向效应更大，说明内资企业在外资准入政策设计中能获得较大的技术复杂度提升效益，打破资本不足困境，加快技术结构调整，培育出口竞争优势（见表 5.5 的（1）—（2）列）。但现实中，我国对外开放和内资开放不同步，外资在审批程序、土地使用及信贷支持等方面享有的超国民待遇并未完全普及给内资企业，反而在一定程度上助长了“唯外资是用”的不良风气。因此，要始终坚持“以我为主，为我所用”的原则，以利用外资作为实现产品升级路径的辅助手段，切实保障内资企业利益。

表 5.5 外资准入自由化与产品间升级路径的分组检验结果

变量	内资企业	外资企业	东部地区	中部地区
	（1）	（2）	（3）	（4）
$Treat_{j,t} \times Post07_t$	0.107 6*** （0.009 9）	0.091 4*** （0.009 3）	0.110 8*** （0.007 1）	−0.025 3 （0.029 0）
常数项	4.401 7*** （0.004 2）	4.701 7*** （0.004 2）	4.732 0*** （0.003 3）	4.936 2*** （0.013 4）
N	173 846	226 309	369 243	21 040

续表

变量	内资企业	外资企业	东部地区	中部地区
	(1)	(2)	(3)	(4)
R^2	0.588 7	0.631 8	0.614 0	0.560 5
F	119.210 8	97.559 9	244.853 6	0.759 4
变量	西部地区	劳动密集行业	资本密集行业	技术密集行业
	(5)	(6)	(7)	(8)
$Treat_{j,t} \times Post07_t$	−0.032 0 (0.039 4)	0.101 7*** (0.016 0)	−0.177 9*** (0.021 8)	0.152 5*** (0.008 2)
常数项	5.050 9*** (0.018 4)	4.648 1*** (0.006 6)	4.782 7*** (0.005 6)	4.788 4*** (0.004 6)
N	9 871	109 545	118 277	172 333
R^2	0.341 1	0.574 6	0.680 8	0.591 4
F	0.659 9	40.453 4	66.896 2	346.415 1
固定效应	δ_i、δ_j、δ_t	δ_i、δ_j、δ_t	δ_i、δ_j、δ_t	δ_i、δ_j、δ_t
控制变量	是	是	是	是

第二，外资准入自由化更有助于东部地区实现产品间升级路径，中西部地区的影响不显著（见表 5.5 的（3）—（5）列）。这表明外资进入具有“锚定效应”，即外国投资者存在着“优先选择能增强并维持其垄断优势的区位进入”的认识。市场机制单一作用无法打破目前地区发展差距拉大、中西部外资效益较弱的局面，这就需要地方政府充分发挥“看得见的手”，调控地区要素资源，在外资政策制定中更多考虑缩小区域差距实现均衡发展目标的实现，持续增设中西部鼓励类外商投资条目，适当以税收减免、股权转让限制等形式予以政策倾斜。

第三，外资准入自由化更有助于劳动及技术密集型行业实现产品间升级路径，但却阻碍了资本密集型行业这一路径的实现，这主要是不同行业面临的外资准入差异所导致的（见表 5.5 的（6）—（8）列）。进一步发现，在 77 个外资准入政策管制放松行业中，劳动密集型行业为 7 个，资本密集型行业为 16 个，技术密集型行业为 54 个，再次印证了前文猜想，即在 2007 年版《目录》修订引起的外资准入政策冲击中，技术密集型行业面临的外资开放幅度最大，而资本密集型和劳动密集型行业面临的变动较小。此外，资本密集型行业受到的竞争效应较大，在利用外资过程中需尽可能化解资本集聚带来的负向冲击。

5.2.3 路径偏向性检验

前文的基准检验结果表明，外资准入自由化整体上有助于中国制造业企业出口产品升级路径的实现，包括以产品质量增强为表现的产品内升级路径和以产品技术复杂度提升为表现的产品间升级路径。分组检验结果表明，外资准入自由化不仅有助于外资企业，还促进内资企业出口产品升级路径的实现，同时更有助于东部地区和技术密集型行业实现出口升级，西部地区影响并不显著，资本密集型行业则容易受到负向冲击。在此背景下，中国企业应根据自身资本构成、所处地理位置及行业要素特征选择最合意的产品升级路径。

然而，受限于“有限的”资本，企业难以集中全力“同步”实现产品内升级和产品间升级，往往会对两条路径作“排序”选择，从而表现出路径偏向性。那么，如何最大化外资效益、充分释放出口产品升级路径潜力？本部分在基准检验的基础上进一步完善实证设计。一个自然的逻辑是：首先，将产品升级路径分为“前半路径”和“后半路径”两段；其次，先识别“前半路径”偏向性，即优先产品内升级的情形一，或是优先产品间升级的情形二；其次，再分析外资准入自由化对“后半路径”的影响，即对情形一中产品间升级路径实现的影响，或对情形二中产品内升级路径实现的影响；最后，对比上述两方面的影响效应。

如图 5.3 所示，产品初始状态为 A，升级后的最终状态为 D。由 A 到 D 的产品升级“间接”路径即为情形一中的 A→B→C→D、A→C→D 和情形二中的 A→F→E→D、A→E→D。因此，情形一中的 A→B、A→C 或情形二中的 A→F、A→E 为“前半路径”的偏向性。进一步地，考察外资进入对“后半路径”实现的影响效应，即情形一中的 B→C→D 和情形二中的 C→D。若 $\hat{\beta}_{BC}>0$ 或 $\hat{\beta}_{CD}>0$，外资进入对优先产品内升级而后产品间升级的路径具有正向影响；若 $\hat{\beta}_{BC}<0$ 或 $\hat{\beta}_{CD}<0$，外资进入对上述路径偏向性具有负向影响。同理，$\hat{\beta}_{DE}$、$\hat{\beta}_{EF}$ 反映了外资进入对优先产品间升级而后产品内升级的影响效应。

在实证中具体分两步来设计：第一步，采用“中位分组”识别产品升级“前半路径”偏向。按照企业出口产品质量的中位数将总样本分为质量较高和较低两组，由较低到较高质量可粗略看作是优先产品内升级路径，据此生成虚拟变量 $group_2$（取值 1 则表示产品质量较高）；同理，按照企业出口产品技术复杂度的中位数进行分组，并生成虚拟变量 $group_1$（取值 1 则表示技术复杂度较高）。第二步，采用“交叉回归”考察外资进入对产品升级“后半路径”的影响效应。先在基准检验方程中引入外资准入自由化与产品质量分组虚拟变量的交互项，

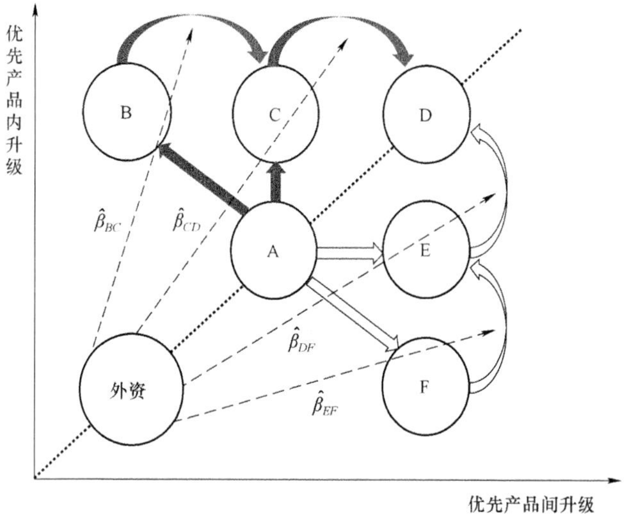

图 5.3　外资进入与产品升级路径偏向性示意

注：A 为产品初始状态，D 为最终状态；左上方区域为情形一（实心箭头），右下方区域为情形二（空心箭头）；从外资引出的虚线箭头为待检验的影响效应。

再对出口产品技术复杂度作回归（见表 5.6 的（1）列），以考察企业优先选择产品内升级路径后，外资准入自由化对其产品间升级路径实现的影响；同理，可考察外资准入自由化对优先产品间升级而后产品内升级路径的影响(见表 5.6 的(2)列)。此外，为增强不同组别中回归系数的可比性，将全部变量标准化处理（即减去均值再除以标准差）后重新回归（见表 5.6 的（3）—（4）列）。

表 5.6　　外资准入自由化与出口产品升级路径偏向性的检验结果

变量	$Prody_{i,j,t}$	$Quality_{i,j,t}$	$Prody_{i,j,t}$	$Quality_{i,j,t}$
	（1）	（2）	（3）	（4）
$Treat_{j,t} \times Post07_t$	0.096 0*** （0.006 8）	0.006 3*** （0.001 2）	0.036 5*** （0.002 3）	0.002 7** （0.001 5）
$Treat_{j,t} \times Post07_t \times group_1$	−0.070 2*** （0.008 9）		−0.013 4*** （0.001 7）	
$Treat_{j,t} \times Post07_t \times group_2$		0.009 1*** （0.001 8）		0.004 5*** （0.000 9）
常数项	4.695 0*** （0.004 1）	0.366 8*** （0.000 7）	4.767 9*** （0.002 7）	0.361 8*** （0.000 5）
N	400 155	400 155	400 015	400 155
R^2	0.416 2	0.320 2	0.412 8	0.318 6

续表

变量	$Prody_{i,j,t}$	$Quality_{i,j,t}$	$Prody_{i,j,t}$	$Quality_{i,j,t}$
	（1）	（2）	（3）	（4）
F	257.281 5	92.578 5	128.519 0	28.836 5
固定效应	δ_i、δ_j、δ_t	δ_i、δ_j、δ_t	δ_i、δ_j、δ_t	δ_i、δ_j、δ_t
控制变量	是	是	是	是

结果表明，企业优先选择产品内升级路径后，外资准入自由化对其产品间升级路径的影响为负向，即出口高质量产品的企业，外资进入对其产品技术复杂度的提升空间较为狭窄；当企业优先选择产品间升级路径后，外资准入自由化对其产品内升级路径的影响仍显著为正。由此看来，在外资准入自由化背景下，中国企业优先产品间升级而后产品内升级的路径潜力较大，能最大限度从外资准入自由化中受益。

产品内升级的难度在于国内要素环境成本上升、企业同质化竞争及相同质量层级国家的产品竞争，故产品质量改进是一个缓慢且耗时的过程；产品间升级的难度在于如何改进企业生产效率并增强产品技术优势，较为容易通过吸引外资和模仿创新等因素合力推动实现；企业能在实现产品间升级的过程中，积累更多技术优势，增强产品结构抵御外界风险的能力，从而助力产品内升级路径的实现。至此可知，命题 3 为真，即当企业优先选择产品间升级路径后，外资准入自由化对企业出口定价和产品质量的积极影响得以强化，优先产品间升级而后产品内升级的路径偏向更能从外资准入自由化中受益。

5.3 模型有效性与其他稳健性检验

5.3.1 模型有效性检验

（1）平行趋势和动态效应

平行趋势假设是适用 DID 回归的前提，要求处理组和控制组在政策冲击发生前不存在明显差异。本章主要以 2007 年版《目录》为准自然实验划分处理组和控制组。若 2007 年之前两个组别的出口产品质量和技术复杂度已存在非平行变化趋势，则采用 DID 回归会得到错误的估计结果。目前，学术界主要采用两种方法来进行平行趋势检验：一是利用处理组和控制组在政策冲击发生前后的变化趋势对比图来刻画，适用于所有样本仅受到一次政策冲击的情形；二是构造处理组与年份虚拟变量的交互项进而检验两个组别的变动情况，适用于受到多个时点政策冲击的情形。

由于本章的外资准入政策冲击发生时点为 2007 年，故将基准检验方程中的 $Post07_t$ 替换为其余各年份虚拟变量（以 2003 年为基准），从而得到扩展的检验方程重新回归，以处理组和控制组两个组别的回归系数与置信区间绘制对比图（见图 5.4）。其中，图 5.4a 为出口产品质量的动态效应，图 5.4b 为产品技术复

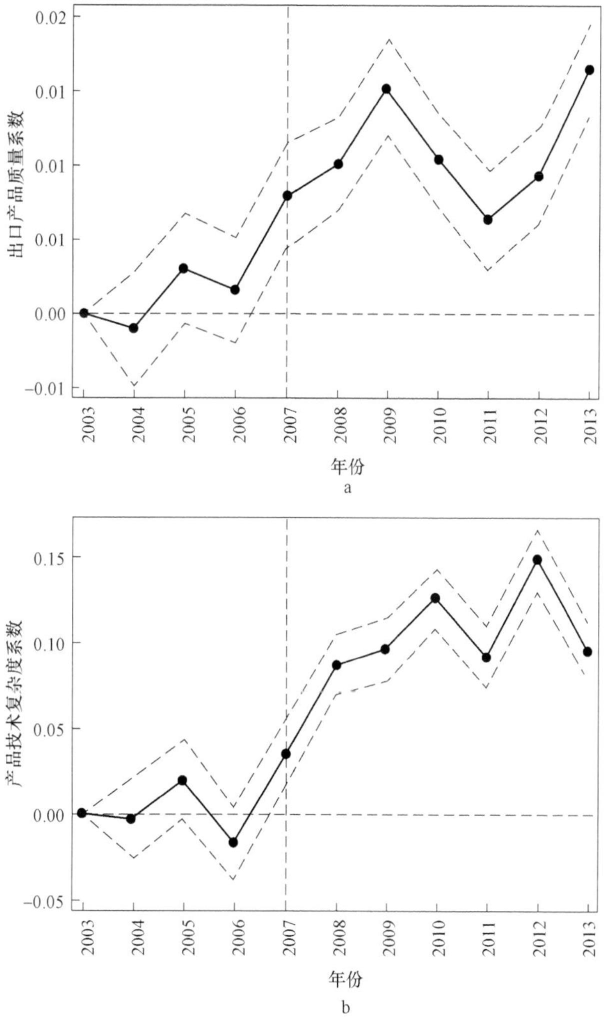

图 5.4　2003—2013 年外资准入自由化影响出口产品升级路径的动态效应

注：图中虚线代表置信区间。

杂度的动态效应。结果表明，2007 年政策冲击发生之前，处理组主要变量相比对照组的差异并不显著，而在政策冲击发生之后的这些年份中逐渐显著。这意味着处理组的出口产品质量及技术复杂度相比对照组的增加是在 2007 年外资准入政策冲击发生之后才开始的，满足平行趋势假设。

（2）预期效应检验

除平行趋势外，DID 方法还要求政策具有外生性，即政策冲击是不可预见的，经济主体只有在政策冲击发生后才会形成预期并调整其行为活动。2006 年，中国大力推行人民币汇率制度改革，本币升值幅度明显，相应地，外贸与投资活动均受到了不同程度的影响，2006 年还是外资准入政策冲击的前一年。因此，加入 $Treat_{j,t}$ 与 2006 年虚拟变量 $Post06_t$ 的交互项到基准检验方程中重新回归（见表 5.7 的（1）—（2）列）。新加入交互项的回归系数均不显著，而原先交互项的回归系数仍显著为正，这表明前文以 2007 年版《目录》为准自然实验识别的外资准入政策冲击具有较强的外生性，基本结论也是稳健可靠的。

表 5.7　　考虑预期效应和其他趋势的检验结果

变量	预期效应检验		行业年份固定		地区年份固定	
	（1）	（2）	（3）	（4）	（5）	（6）
$Treat_{j,t} \times Post07_t$	0.008 4*** （0.001 2）	0.058 0*** （0.006 2）	0.013 2*** （0.001 5）	0.189 9*** （0.008 3）	0.006 6*** （0.001 2）	0.097 9*** （0.006 8）
$Treat_{j,t} \times Post06_t$	0.001 0 （0.001 2）	0.062 1 （0.006 5）				
常数项	0.368 6*** （0.000 5）	4.751 4*** （0.003 0）	0.359 4*** （0.000 5）	4.734 4*** （0.003 2）	0.360 6*** （0.000 5）	4.750 5*** （0.003 1）
N	400 155	400 155	400 151	400 151	400 149	400 149
R^2	0.515 2	0.608 9	0.523 1	0.627 3	0.519 4	0.613 5
F	34.924 2	139.394 4	76.679 7	520.547 9	29.479 6	207.145 7
固定效应	δ_i、δ_j、δ_t	δ_i、δ_j、δ_t	δ_i、δ_j、δ_t	δ_i、δ_j、δ_t	δ_i、δ_j、δ_t	δ_i、δ_j、δ_t
控制变量	是	是	是	是	是	是
其他趋势	–	–	$\delta_{j,t}$	$\delta_{j,t}$	$\delta_{c,t}$	$\delta_{c,t}$

注：单数列以 $Quality_{i,j,t}$ 为被解释变量，双数列以 $Prody_{i,j,t}$ 为被解释变量。

（3）安慰剂检验

为了验证外资准入自由化对出口产品升级路径的影响效应是否源于其他不可观测因素，对外资准入自由化政策实施年份和管制放松行业样本进行安慰剂检验，即在 2004—2013 年期间随机抽取某一年作为外资准入政策管制放松年份[①]，同时在全部行业中随机抽取 77 个行业作为外资准入政策管制放松（伪）处理组，重复抽取 500 次，分别得到核心解释变量的估计系数并绘制核密度分布图（见图 5.5）。回顾表 5.3 可知，外资准入自由化对出口产品质量及技术复杂度的回归系数分别为 0.007 0 和 0.100 2（由图 5.5 中竖虚线标出），区别于安慰剂检验所得的系数，故排除了外资准入自由化对出口产品升级路径的影响效应源于其他不可观测因素的可能性。

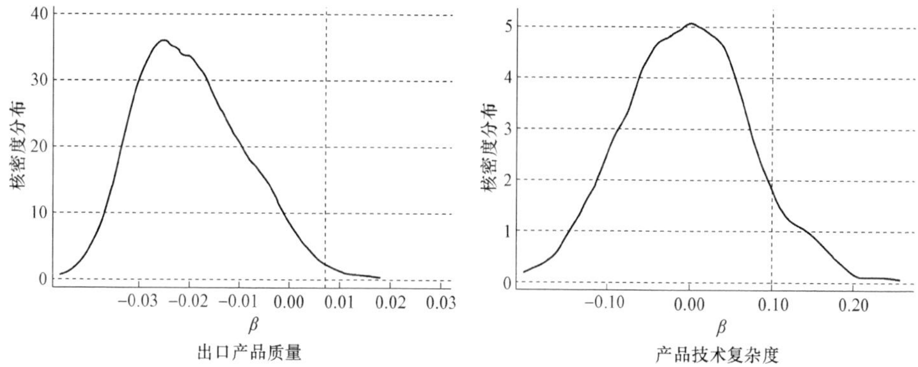

图 5.5　安慰剂检验估计系数的核密度分布

（4）控制其他趋势

前文回归中特别加入了年份及行业固定效应，从而控制了劳动生产率等行业因素以及人均生产总值等随时间变动的因素对企业出口产品升级路径的影响。除此之外，不同行业及地区在特定时期的出口活动还可能受到历史性因素（如贸易投资协定、对外援建等）的影响，为尽可能控制行业及地区层面随时间变动的其他因素对回归结果造成影响，又分别在基准检验方程中加入行业 × 年份固定效应（$\delta_{j,t}$）、地区 × 年份固定效应（$\delta_{c,t}$）重新回归（见表 5.7 的（3）—（6）列）。结果表明，在考虑其他变化趋势后，外资准入自由化对出口产品升级路径的回归系数始终为正，且通过了 1%显著性检验，这表明前文的基本结论是稳健可靠的。

① 由于 DID 模型估计要求政策实施之前至少有一年数据，故随机抽取的政策年份为 2004—2013 年。

5.3.2 其他稳健性检验

（1）剔除加工贸易

在加工贸易模式下，产品生产的关键环节并未发生在出口国，但所有生产环节价值被纳入出口核算中，从而导致出口产品质量及技术复杂度的估算结果偏高，不能真实反映出中国出口产品现状及未来成长。同时，加工贸易企业通常与国外厂商存在长期稳定的合作关系，对外部资金依赖性较弱。因而，外资准入自由化对出口产品升级路径的影响效应会更多地体现在一般贸易中。基于上述分析，本部分在剔除企业以加工贸易方式出口的产品样本后，重新计算出口产品质量及技术复杂度指标并再度回归（见表 5.8 的（1）—（2）列）。结果发现，外资准入自由化的回归系数分别为 0.007 4 和 0.089 4，且通过了 1%的显著性检验，这表明剔除加工贸易样本后的回归结果是稳健可靠的，外资准入自由化仍然有助于企业实现出口产品升级路径。

（2）两期倍差法检验

为解决可能存在的时间序列相关问题，前文已采用聚类标准误来处理，还有一种处理思路是采用两期倍差法，即将样本时期划分为政策冲击发生前后两段，继而采用传统的两期 DID 回归。因此，本部分以 2007 年政策冲击发生年为时间节点，将全部样本分为 2003—2007 年、2008—2013 年两个时间段，分别对每个时间段的相关变量求算术平均并再作回归（见表 5.8 的（3）—（4）列）。结果发现，外资准入自由化对出口产品升级路径的影响效应显著，与基准结果保持一致。

（3）更换主要变量指标

前文的出口产品质量指标是采用“范围内平均价格”作为工具变量并选择 2SLS 回归整理得到的，技术复杂度指标是采用网络迭代法迭代 19 次后整理得到的。为避免因单一指标测算方法造成的回归结果偶然性问题，本部分采用 OLS 法计算出口产品质量指标，采用 RCA 加权法计算产品技术复杂度指标（详见第 2 章 2.2）。替换上述的主要变量指标后再重新作回归（见表 5.8 的（5）—（6）列）。结果发现，外资准入自由化显著促进中国出口产品升级路径的实现。

（4）更改政策发生年赋值

前文将 2007 年之前，年份虚拟变量赋值为 0，将 2007 年之后（包括 2007 年），年份虚拟变量赋值为 1。由于 2007 年版《目录》自 2007 年 12 月 1 日起施行，企业在该年的出口活动并不会受到太多影响，其出口产品质量及技术复杂度也很难在短时间内发生很大的变化。为尽可能准确识别外资准入政策冲击所带来的影响效应，本部分主要借鉴蒋玲多等（2018）的思路，将 2007 年政策发生年的 $Post07_t$ 赋值为 1/12，其余年份赋值不变，加入基准检验方程中重新回归（见表 5.8 的（7）—（8）列）。结果发现，外资进入有助于企业出口产品升级路径的实现，前文的基本结论是稳健可靠的。

表 5.8　其他稳健性检验结果

变量	剔除加工贸易		两期倍差法检验		更换主要变量指标	
	（1）	（2）	（3）	（4）	（5）	（6）
$Treat_{j,t} \times Post07_t$	0.007 4*** (0.001 5)	0.089 4*** (0.006 9)	0.006 5*** (0.001 2)	0.088 5*** (0.006 7)	0.006 8*** (0.001 2)	0.088 8*** (0.004 3)
常数项	0.308 9*** (0.000 7)	4.798 0*** (0.003 2)	0.375 6*** (0.000 5)	4.752 6*** (0.002 8)	0.360 5*** (0.000 5)	2.189 5*** (0.001 7)
N	356 259	400 155	140 654	140 654	400 155	400 155
R^2	0.520 6	0.588 1	0.516 2	0.612 7	0.518 5	9.525 6
F	24.810 6	167.649 0	27.942 0	172.467 8	32.016 6	423.688 9
变量	更改政策年份赋值		考虑企业存活时间		考虑样本数据质量	
	（7）	（8）	（9）	（10）	（11）	（12）
$Treat_{j,t} \times Post07_t$	0.006 9*** (0.001 2)	0.099 3*** (0.006 9)	0.001 6*** (0.001 7)	0.121 5*** (0.009 2)	0.005 2*** (0.001 7)	0.047 6*** (0.009 6)
常数项	0.360 5*** (0.000 5)	4.750 1*** (0.003 2)	0.350 2*** (0.000 7)	4.742 0*** (0.004 0)	0.366 3*** (0.000 5)	4.694 2*** (0.003 2)
N	400 155	400 155	228 810	228 810	249 922	249 922
R^2	0.518 5	0.612 6	0.535 3	0.621 5	0.518 0	0.615 8
F	32.183 7	208.551 1	0.967 4	175.066 3	30.614 1	24.697 9
固定效应	δ_i、δ_j、δ_t	δ_i、δ_j、δ_t	δ_i、δ_j、δ_t	δ_i、δ_j、δ_t	δ_i、δ_j、δ_t	δ_i、δ_j、δ_t
控制变量	是	是	是	是	是	是

注：单数列以 $Quality_{i,j,t}$ 为被解释变量，双数列以 $Prody_{i,j,t}$ 为被解释变量。

（5）考虑企业存活时间

外资准入自由化背景下，外国资本会更多地参与国内市场从而导致竞争加剧，部分不善经营的企业面临着退出风险，其出口产品质量及技术复杂度也面临着异常变动。为降低外资过度集聚的负向冲击引致回归结果偏误，本部分剔除了存活时间少于 3 年的企业样本重新回归（见表 5.8 的（9）—（10）列）[①]。结果发现，外资准入自由化的回归系数仍显著为正，在考虑负向竞争冲击后仍显著促进企业出口产品升级。只是回归系数有所减小，这可能是因为存活时间

① 2012 年企业仅考虑是否存活到 2013 年，2013 年企业样本则予以剔除。

较短的企业样本在一定程度上导致回归结果“虚高”，但并不影响基本结论的正确性。

（6）考虑样本数据质量

中国工业企业数据库中的“规模以上”统计口径在研究期间内发生了改变，由2011年之前国有工业企业年主营业务收入超过500万元，到2011年之后（包括2011年）的超过2 000万元，数据统计口径的改变可能会使得回归结果产生偏误。同时，《外商投资产业指导目录》在2011年再次修订，这就导致2011年及之后样本同时遭受了来自2007年版与2011年版《目录》修订的影响，与之前样本产生差异。为纠正上述问题，本部分剔除了2011年及之后年份的样本重新回归（见表5.8的（11）—（12）列）。结果发现，主要变量均显著达到预期。

5.4 机制检验：成本节约

外资准入自由化能降低外国资本品价格和企业边际成本，增强出口产品质量及技术优势，有助于出口产品升级路径的实现。其中，成本节约为主要的传导机制，可细分为企业内部的生产成本节约机制和企业外部的融资成本节约机制。

一方面，外资准入自由化使得企业能以较为低廉的价格获取外国资本品，缓解自身成本压力并转换为产品升级动力。在第4章4.1的基本模型中，外资准入政策管制参数直接影响外国资本品价格，同时还随着企业采购外国资本品进而对其内部生产成本产生影响，促使企业能动地选择出口产品升级路径，以实现利润最大化（或边际成本最小化）的目标。为考察这一传导机制是否成立，本部分选取企业主营业务产品销售成本占销售收入的比重作为企业内部生产成本的衡量指标（$Maincost_{i,t}$），生成其与主要解释变量（即外资准入自由化）的交互项，一并加入基准检验方程中重新回归（见表5.9的（1）—（2）列）[①]。

另一方面，外资准入门槛放宽能有效降低企业获取外部资本的难度，确保企业有剩余资金及人力资源投入产品生产和研发环节，通过升级产品以实现快速领先竞争对手的目标。在基本模型中，外资准入自由化丰富了企业获取外部资金的渠道，降低融资风险与成本压力，释放出更多的要素资源投入产品生产

① 企业主营业务产品销售成本在2010年存在缺失，自然损失了这一年份的样本数据。

和研发环节，改进产品技术结构，以获得出口溢价或是成本加成。为考察这一传导机制是否成立，本部分选取了企业利息支出占其资产总值的比重作为企业外部融资成本的衡量指标（$Interest_{i,t}$），再生成其与外资准入自由化的交互项，一并加入基准检验方程中重新回归（见表 5.9 的（3）—（4）列）[①]。

表 5.9　　机制检验结果：成本节约

变量	$Quality_{i,j,t}$	$Prody_{i,j,t}$	$Quality_{i,j,t}$	$Prody_{i,j,t}$
	（1）	（2）	（3）	（4）
$Treat_{j,t} \times Post07_t$	−0.001 9 （0.004 4）	−0.010 0 （0.031 3）	−0.001 1 （0.001 5）	0.061 6*** （0.008 3）
$Maincost_{i,t}$	−0.003 3** （0.001 7）	−0.040 4*** （0.011 9）		
$Treat_{j,t} \times Post07_t \times Maincost_{i,t}$	0.019 0** （0.009 4）	0.229 9*** （0.067 4）		
$Interest_{i,t}$			−0.061 8*** （0.018 5）	−0.242 3** （0.099 9）
$Treat_{j,t} \times Post07_t \times Interest_{i,t}$			0.080 2** （0.033 1）	0.411 6** （0.199 8）
常数项	0.364 2*** （0.002 2）	4.804 0*** （0.015 7）	0.365 4*** （0.000 6）	4.707 5*** （0.003 4）
N	379 383	379 383	241 737	241 737
R^2	0.320 6	0.413 1	0.419 7	0.414 9
F	11.019 4	64.889 2	4.314 9	23.479 4
固定效应	δ_i、δ_j、δ_t	δ_i、δ_j、δ_t	δ_i、δ_j、δ_t	δ_i、δ_j、δ_t
控制变量	是	是	是	是

注：对交互项中的连续变量作中心化处理（Center），本章余同。

从中可以看出，三重交互项的回归系数均显著为正，意味着外资准入自由化显著缓解了企业内外部成本对其出口产品质量和技术复杂度的制约作用。正如 Huang（2005）研究所得，中国持续推进外资准入自由化进程，一个重要的

① 企业利息支出在 2012—2013 年存在缺失，故选取的样本时间为 2003—2011 年。

原因是缓解企业成本负担和融资压力，这一点同样也被黄玖立和冼国明（2010）、施炳展和邵文波（2014）等学者所证实。纾解企业成本难题有助于拓宽利润空间，在利润最大化驱使下，企业才能更好地投身于产品质量和技术研发，增强出口产品综合竞争优势。现实亦是如此，各地紧锣密鼓地出台了一系列支持企业（尤其是中小企业）降成本的若干措施办法，从外资政策、税改政策和社保政策精准发力，切实减负企业，激发产品升级动力。

5.5 进一步检验：市场准入还是政策优惠使然

前文将 2007 年版《目录》修订条目放宽的情形统归为外资准入自由化的指标内容。实际上，外资准入又可细分为两种情况：第一，由原先限制类、禁止类或允许类放宽为鼓励类。这类型外资自由化促使外商积极进入鼓励类行业投资，并享受税收优惠。例如，进口自用设备免征关税（特殊规定除外）、减按 15%征收企业所得税、外商再投资不征收预提所得税等，多重优惠政策对于吸引外商投资是一个巨大的利好。第二，由原先限制类或禁止类放宽为允许类，或是由原先禁止类放宽为限制类。这类型外资自由化降低了外资准入业门槛，但却未能同等享受鼓励类情形下的全部政策优惠。

外资准入自由化对出口产品升级路径的影响究竟是市场准入还是政策优惠使然？为回答这一问题，依据 2007 年版《目录》修订内容进一步生成两个政策虚拟变量 $Type1_{j,t}$ 和 $Type2_{j,t}$，分别对应市场准入型和政策优惠型的外资自由化情形（情形为“是”，则相应的政策虚拟变量赋值为 1，“否”则赋值为 0）。将调整后的政策虚拟变量与时间虚拟变量的交互项，取代原先交互项加入基准检验方程中重新回归（见表 5.10）。其中，（1）—（2）列为加入 $Type1_{j,t} \times Post07_t$ 交互项的回归结果，旨在考察市场准入型的外资自由化对出口产品升级路径的影响；（3）—（4）列为加入 $Type2_{j,t} \times Post07_t$ 交互项的回归结果，旨在考察政策优惠型的外资自由化对出口产品升级路径的影响。

可见，市场准入型的外资自由化有助于企业出口产品质量提升，进而实现产品内升级路径，但对产品间升级路径的影响在统计上不显著；政策优惠型的外资自由化显著促进了企业出口产品质量和技术复杂度，最终有助于实现出口产品升级。政策优惠是实现外资准入自由化、增强外资溢出效应的主要手段，单纯的市场准入的吸引力较低。

表 5.10　　　　　　　　进一步检验结果：外资准入类型

变量	市场准入型		政策优惠型	
	（1）	（2）	（3）	（4）
$Type1_{j,t} \times Post07_t$	0.011 5*** （0.002 0）	−0.001 4 （0.013 2）		
$Type2_{j,t} \times Post07_t$			0.006 1*** （0.001 5）	0.036 7*** （0.007 7）
常数项	0.361 3*** （0.000 5）	4.766 6*** （0.002 9）	0.361 4*** （0.000 5）	4.763 5*** （0.002 9）
N	388 311	388 311	388 311	388 311
R^2	0.521 1	0.615 9	0.521 0	0.616 0
F	32.573 5	0.011 2	15.780 0	22.899 2
固定效应	δ_i、δ_j、δ_t	δ_i、δ_j、δ_t	δ_i、δ_j、δ_t	δ_i、δ_j、δ_t
控制变量	是	是	是	是

注：单数列以 $Quality_{i,j,t}$ 为被解释变量，双数列以 $Prody_{i,j,t}$ 为被解释变量。

有关部门应结合外资效益和实践经验完善制度设计，善用相关政策优惠，以便快速提升产品质量和技术优势。还应在《目录》修订中因“素”制宜，突出区位优势，集聚创新效益、优化外资结构（史瑞祯和桑百川，2022b）。例如，鼓励外资进入中西部地区原材料、能源等资源开采型项目和综合道路、新基建等基础设施性项目，使其在享受行业优惠基础上再享受国家对中西部地区投资优惠，充分调动外国投资者积极性，加快促进地区间利用外资和出口贸易的平衡发展。

5.6　本章小结

在“进入前”阶段，利用外资管制放松政策这一准自然实验构造双重差分模型，进而检验了外资准入自由化对中国出口产品升级路径的影响效应，包括产品内与产品间升级路径检验、路径偏向性检验、模型有效性检验及一系列稳健性检验，接着考察了外资准入自由化背景下企业成本节约机制的实现，再进一步区分外资准入类型，检验其对出口产品升级路径的影响究竟是市场准入还是政策优惠使然。得到了如下的重要结论：

第一，外资准入自由化有助于企业实现产品内升级路径，命题 1 为真。外资准入自由化有助于实现产品间升级路径，命题 2 为真。模型有效性检验及其他稳健性检验均表明上述基本结论是稳健可靠的。另外，外资准入自由化不仅有助于外资企业，同时还有助于内资企业出口产品升级路径的实现，并且外资准入自由化更有助于东部地区和技术密集型行业这一路径的实现，中西部地区的影响尚不显著，资本密集型行业易受到外资集聚带来的负向冲击。

第二，外资准入自由化对不同偏向性出口产品升级路径存在影响差异。在“有限的”资本约束下，企业难以“同步”实现产品内升级和产品间升级，往往会对两条路径作“排序”选择，从而表现出路径偏向性。为考察外资准入自由化对产品升级路径偏向性的影响效应，以“中位分组”加“交叉回归”的方式展开实证设计。结果发现，若企业优先选择产品内升级，外资准入自由化对其产品间升级路径的影响为负向；若企业优先选择产品间升级，外资准入自由化仍将显著促进其实现产品内升级路径。故优先产品间升级而后产品内升级的路径偏向更能从外资准入自由化中受益，命题 3 为真。

第三，成本节约为外资准入自由化影响出口产品升级路径实现的主要传导机制，可细分为企业内部的生产成本节约机制和企业外部的融资成本节约机制。测算相关指标并在基准检验方程中加入三重交互项的重新回归结果表明，外资准入自由化显著缓解了企业内外部成本对其出口产品质量和技术复杂度的制约作用。纾解企业成本负担有助于拓宽利润空间，在利润最大化驱使下，企业更多关注于自身产品质量提升和技术研发活动，增强出口产品综合竞争优势。

第四，市场准入型的外资自由化只是单纯降低了外商投资行业准入门槛，有助于吸引外资进入并发挥其对产品内升级路径的积极影响，但对产品间升级路径的影响在统计上不显著；政策优惠型的外资自由化不仅降低了行业准入门槛，还确保外商能享有相关税收优惠，进而显著促进了产品内升级路径与产品间升级路径的实现。由此可见，政策优惠是推动外资准入自由化、增强外资溢出效应的主要手段，单靠市场准入吸引力较低。

第 6 章

外资“水平”进入与中国出口产品升级路径的实证检验

“双循环”新发展格局下，中央多次强调对外开放与引进外资的重要意义，围绕着“稳住外贸外资基本盘”部署各项工作，放宽外资准入政策限制，认同外资经济在中国高质量发展、外贸转型和产品升级中的积极作用。外资在“进入时”阶段集中表现为行业内外资“水平”进入规模①。2022 年，中国实际利用外资持续达到万亿规模，大规模外资流入国内不同行业并对行业范围内的企业出口绩效产生影响，既有弥补资金缺口、带来技术及管理经验等正向溢出，又有资本过度聚集造成的负向冲击。为考察外资“水平”进入能否促进中国出口产品升级路径的实现，以及对产品内升级路径和产品间升级路径的影响差异，展开接下来的实证设计。

① 区别于“垂直”溢出，外资“水平”进入主要考察外资进入特定行业并对该行业内企业出口产品升级路径的溢出影响，不涉及行业间关联效应与上下游外资进入的分析。

6.1 计量模型、变量与数据

6.1.1 计量模型的设定

为探究外资“水平”进入与中国出口产品升级路径之间的影响关系，本章设定了基准检验方程（见式 6.1 和式 6.2）

$$Quality_{i,j,t} = \alpha_3 + \beta_3 Fdi_{j,t} + X + \delta_i + \delta_j + \delta_t + \varepsilon \quad (6.1)$$

$$Prody_{i,j,t} = \alpha_4 + \beta_4 Fdi_{j,t} + X + \delta_i + \delta_j + \delta_t + \varepsilon \quad (6.2)$$

其中，下标 i、j、t 分别为企业、行业和年份；被解释变量为出口产品升级路径，以出口产品质量（$Quality_{i,j,t}$）和产品技术复杂度（$Prody_{i,j,t}$）分别作为产品内升级路径和产品间升级路径的衡量指标；本章的核心解释变量为外资“水平”进入，以行业 j 在第 t 年的外资进入规模（$Fdi_{j,t}$）作为衡量指标；系数 β_3、β_4 分别刻画了外资“水平”进入对不同产品升级路径的差异化影响；X 为控制变量集合，包括企业层面的控制变量（企业年龄 $Age_{i,t}$、雇用员工数 $Employ_{i,t}$、资产周转率 $Turns_{i,t}$）、行业层面的控制变量（行业规模 $Scale_{j,t}$、行业集中度 $HHI_{j,t}$）和地区层面的控制变量（地区基础设施 $Infra_{c,t}$、地区进口贸易 $Imp_{c,t}$）①；δ_i、δ_{j2}、δ_t 分别为个体、行业（2 位码）及年份固定效应，ε 为随机扰动项。有关控制变量和固定效应的添加逻辑详见第 5 章 5.1.1，此处不再赘述。

6.1.2 外资“水平”进入的识别策略

（1）指标测算

狭义上讲，外资进入是指企业资本进入外国市场的系统筹划和有机安排。广义上讲，外资进入是指外商（包括港澳台商）通过兼并、收购（并购投资）原有企业或者新设企业（绿地投资）的方式打开一国市场的战略行为。已有研究表明，大多企业将实收资本中的外资比例作为企业外资进入指标（实质上是并购投资范畴）。鉴于 2008 年后中国工业企业数据中缺失指标测算所需的关键字段，为确保内容完整性，本部分优先选择行业数据测算这一指标，计算公式如式 6.3 所示。

① 以企业所处省地县码（2 位码）作为行业信息的识别标准。

$$Fdi_{j,t}=\frac{\sum_{i\in\Omega_j} main_{i,j,t}}{\sum_{i\in j} main_{i,j,t}} \tag{6.3}$$

其中，$main_{i,j,t}$ 为行业 j 企业 i 在第 t 年的主营业务销售收入（以 2000 年为基期作平滑处理），Ω_j 为行业 j 全部外资控股企业集合（即企业登记注册代码以 2、3 开头的外资控股企业）。因此，外资“水平”进入指标衡量了行业内外资进入规模，既能刻画外资进入与行业利用外资之间的数量关系，又能反映市场竞争和出口升级难度。有关外资“水平”进入指标的测算结果详见附表 4。

（2）工具变量的选取

本章的被解释变量和核心解释变量分别选取的是企业层面和行业层面的指标，由逆向因果关系导致内生性问题的可能性较低，这也是大多数微观研究中将外资看作外生变量的原因（陈琳和林珏，2009）。虽然在回归模型中加入各类固定效应并从企业层面进行聚类回归的做法，在一定程度上将企业及行业层面随时间变化影响出口产品升级的因素做了控制，但仍可能存在对无法观测到的其他重要变量加以控制的缺漏。同时，还需对外资“进入前”和“进入后”两个阶段进行划分。

为解决上述问题，本章选取外资准入自由化（指标测算详见第 5 章 5.1.2）作为核心解释变量外资“水平”进入的工具变量。逻辑在于：外资“进入前”准入门槛持续放宽，引起“进入时”行业内外资规模持续扩张，进而影响出口产品升级路径。因此，在后续回归中主要以外资准入自由化作为工具变量并采用 2SLS 回归。具体思路为：在第一阶段回归外资自由化对外资“水平”进入份额的影响，再将得到的拟合值作为第二阶段的核心解释变量，分析其对出口产品升级路径的影响效应。如此一来，既能合理划分外资“进入前”和“进入后”两个阶段，考察外资准入门槛放宽能否带来外资“水平”进入规模扩大，又能排除外资准入政策之外的其他因素干扰，仅保留外资进入与出口产品升级路径之间的有效信息，部分解决模型设定的内生性问题。

6.1.3　其他变量选取与数据说明

采用 2003—2013 年中国制造业企业出口产品的微观数据展开指标测算和实证检验。其中，出口产品升级路径指标、控制变量集合、样本数据选取及清洗思路详见第 5 章 5.1.3，此处不再赘述。为初步描述外资“水平”进入和出口产品升级路径之间的相关关系，现绘制二者的散点图（见图 6.1）。从中可以看出，二者存在正相关关系，为后续检验提供了初步的经验支持。

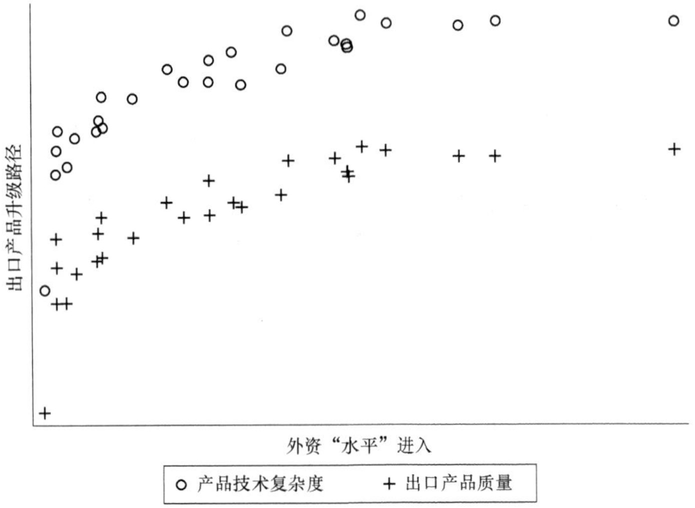

图 6.1　外资“水平”进入与出口产品升级路径的相关关系

各变量描述统计如表 6.1 所示。外资“水平”进入的均值和标准差分别为 0.582 2 和 0.144 8，存在一定的变化趋势；其余变量的取值变化均符合预期。此外，用出口产品升级路径指标对核心解释变量和控制变量进行 OLS 回归，得到的 VIF 均值为 1.13，远小于 10，不存在多重共线性问题。

表 6.1　　主要变量的描述统计（*N*= 400 151）

变量名称	符号	最小值	最大值	均值	标准差
出口产品质量	$Quality_{i,j,t}$	0	1.000 0	0.361 7	0.154 9
产品技术复杂度	$Prody_{i,j,t}$	0.953 0	10.866 4	4.767 8	0.953 0
外资“水平”进入	$Fdi_{j,t}$	0.195 5	0.888 4	0.582 2	0.144 8
企业年龄	$Age_{i,t}$	0	5.135 8	2.155 3	0.627 4
雇用员工数	$Employ_{i,t}$	3.401 2	12.315 9	5.567 6	1.007 9
资产周转率	$Turns_{i,t}$	0.000 1	12.409 0	0.986 2	0.864 9
行业规模	$Scale_{j,t}$	3.044 5	9.480 7	8.104 2	0.680 0
行业集中度	$HHI_{j,t}$	0.001 0	0.173 3	0.006 1	0.006 5
地区基础设施	$Infra_{c,t}$	0.034 4	2.065 9	1.082 0	0.369 4
地区进口贸易	$Imp_{c,t}$	0.004 1	0.889 7	0.365 2	0.217 4

6.2　基准检验结果与分析

表 6.2 报告了外资“水平”进入与产品内升级路径的基准检验结果。其中，（1）—（3）列以出口产品质量为被解释变量，检验外资“水平”进入对产品内升级路径的影响效应；（4）—（6）列以产品技术复杂度为被解释变量，检验其对产品间升级路径的影响效应。

6.2.1　产品内升级路径检验

表 6.2 的（1）列为直接采用 OLS 回归的结果，外资“水平”进入负向影响企业出口产品质量。表 6.2 的（2）—（3）列为选取工具变量并采用 2SLS 回归的结果。其中，（2）列为第一阶段（StageI）的回归结果，外资准入自由化显著促进了行业内外资“水平”进入；（3）列为第二阶段（StageII）的回归结果，外资“水平”进入能显著提升出口产品质量，从而实现产品内升级路径。对比上述两方面的回归结果发现，不考虑内生性直接选择 OLS 回归会导致回归结果偏误。理论上讲，行业外资“水平”进入能降低企业出口门槛，同时还会增加要素使用成本，两方面综合作用下，外资进入最终正向影响出口产品质量。在外资自由化背景下，企业能以较低价格获取外国资本品，从外资“水平”进入中汲取养分，降低出口固定成本，从而增强出口产品质量，命题 4 为真。

部分文献认为，外资“水平”进入与出口行为之间还可能存在替代关系，尤其在运输成本较高、出口回报低及知识产权保护薄弱的行业部门中（Helpman 等，2004；Okechukwu 等，2018；Zhang 和 Xing，2019）。这实际上与行业异质性有关，外资“水平”进入对不同行业出口产品升级路径的影响差异将呈现在下文的分组检验中。此外，（3）列中 F 值为 1 242.759 0，远超临界值 10。因而，后续回归中均以外资准入自由化作为外资“水平”进入的工具变量并采用 2SLS 回归。控制变量方面，企业年龄、资金周转率和进口贸易均正向影响产品内升级路径的实现，说明成立时间越久、资金周转率越高的企业及进口规模较大的地区的出口质量更容易受到外资进入积极溢出；雇用员工数、行业规模和行业集中度均起到负向影响，说明企业工资负担越大、行业规模越大和垄断程度越高，外资进入带来的产品质量升级效应会越小。

接下来按照第 5 章 5.2.1 的思路做分组检验。

第一，外资“水平”进入对不同性质企业产品内升级路径的实现均有正向影响（见表 6.3 的（1）—（2）列）。这不仅表明外资数量增加有助于提升产品质量，而且由于外国资本品通常质量较高，企业在生产过程中使用更多外国资本品也有助于提高最终产品质量。从现实来看，2022 年中国制造业实际利用外资同比增长了 7.8 个百分点。施耐德电气创新实验室、上汽通用在武汉建厂等一大批高含金量的外资项目纷纷落地，参与中国高质量发展，为中国产业转型和企业出口产品质量升级提供了有力支撑。

表 6.2　　外资“水平”进入与出口产品升级路径的基准检验结果

变量	$Quality_{i,j,t}$			$Prody_{i,j,t}$		
	OLS	StageI	StageII	OLS	StageI	StageII
	(1)	(2)	(3)	(4)	(5)	(6)
$Fdi_{j,t}$	$-0.026\ 4^{***}$ (0.007 3)		$0.568\ 7^{***}$ (0.061 3)	$0.208\ 3^{***}$ (0.039 5)		$7.419\ 4^{***}$ (0.374 9)
$Treat_{j,t} \times Post07_t$		$0.012\ 3^{***}$ (0.000 2)			$0.012\ 3^{***}$ (0.000 2)	
$Age_{i,t}$	$0.002\ 1^{**}$ (0.000 7)	$-0.001\ 0^{***}$ (0.000 1)	$0.002\ 7^{***}$ (0.000 4)	$0.053\ 9^{***}$ (0.004 2)	$-0.001\ 0^{***}$ (0.000 1)	$0.060\ 8^{***}$ (0.002 4)
$Employ_{i,t}$	$-0.024\ 4^{***}$ (0.000 5)	$0.000\ 4^{***}$ (0.000 1)	$-0.024\ 6^{***}$ (0.000 3)	$-0.022\ 4^{***}$ (0.002 8)	$0.000\ 4^{***}$ (0.000 1)	$-0.025\ 7^{***}$ (0.001 5)
$Turns_{i,t}$	$0.001\ 1^{***}$ (0.000 3)	$-0.000\ 3^{***}$ (0.000 1)	$0.001\ 3^{***}$ (0.000 3)	$-0.008\ 9^{***}$ (0.001 9)	$-0.000\ 3^{***}$ (0.000 1)	$-0.006\ 7^{***}$ (0.001 6)
$Scale_{j,t}$	$-0.000\ 7$ (0.001 4)	$0.009\ 9^{***}$ (0.000 3)	$-0.004\ 9^{***}$ (0.001 3)	$0.029\ 8^{***}$ (0.007 1)	$0.009\ 9^{***}$ (0.000 3)	$-0.037\ 1^{***}$ (0.007 7)
$HHI_{j,t}$	$-0.122\ 4^{***}$ (0.049 2)	$1.572\ 0^{***}$ (0.013 3)	$-1.018\ 2^{***}$ (0.105 1)	$-6.236\ 4^{***}$ (0.338 1)	$1.572\ 0^{***}$ (0.013 3)	$-1.092\ 5^{***}$ (0.642 7)
$Infra_{c,t}$	$0.008\ 0^{**}$ (0.003 5)	$0.014\ 2^{***}$ (0.000 8)	$-0.000\ 6$ (0.003 0)	$-0.005\ 0$ (0.022 4)	$0.014\ 2^{***}$ (0.000 8)	$-0.108\ 2^{***}$ (0.018 5)
$Imp_{c,t}$	$0.040\ 8^{***}$ (0.007 1)	$0.001\ 9$ (0.001 4)	$0.040\ 0^{***}$ (0.005 5)	$-0.013\ 7$ (0.043 9)	$0.001\ 9$ (0.001 4)	$-0.022\ 9$ (0.033 4)
常数项	$0.478\ 9^{***}$ (0.012 9)	–	–	$4.471\ 4^{***}$ (0.069 5)	–	–
N	400 151	400 151	400 151	400 151	400 151	400 151
F	328.314 3	–	1 242.759 0	78.467 0	–	189.902 9
固定效应	δ_i、δ_j、δ_t	δ_i、δ_j、δ_t	δ_i、δ_j、δ_t	δ_i、δ_j、δ_t	δ_i、δ_j、δ_t	δ_i、δ_j、δ_t

注：*、**、***分别为 10%、5%和 1%的显著性水平，δ_i、δ_j、δ_t 分别为个体、行业和年份固定效应，括号内为稳健标准误。本章余同。

第二，外资“水平”进入更有助于中部地区实现产品内升级路径，其次是东部地区，而西部地区影响不显著（见表 6.3 的（3）—（5）列）。结合现实来看，中部地区本身产业配套能力较强，承接了大量产业转移，各地政府也给予了多项政策优惠和鼓励措施，从而使得中部省份对外资的“磁吸力”与日俱增。2021 年 7 月出台了《中共中央　国务院关于新时代推动中部地区高质量发展的意见》强调，推动内陆地区高水平对外开放。2022 年前半年，中部地区实际利用外资同比增长了 21.9%，高于全国平均水平 15.6 个百分点[①]。因此，要以更高水平开放塑造新发展优势，推动优惠政策持续落地，有效引进高质量外资，充分释放生产潜力及市场需求，培育更具质量优势的出口产品。与此同时，西部地区的外资参与度和出口参与度仍有待提高，单靠市场机制无法实现，亟须扶持性、偏向性的政策支持。

表 6.3　　外资“水平”进入与产品内升级路径的分组检验结果

变量	内资企业	外资企业	东部地区	中部地区
	（1）	（2）	（3）	（4）
$Fdi_{j,t}$	0.911 2*** （0.155 0）	0.678 3*** （0.082 5）	0.651 8*** （0.076 0）	0.963 1** （0.487 9）
N	173 842	226 309	369 240	21 040
F	34.554 0	67.617 9	73.556 7	1.349 1
变量	西部地区	劳动密集行业	资本密集行业	技术密集行业
	（5）	（6）	（7）	（8）
$Fdi_{j,t}$	0.529 3 （0.455 7）	0.192 9 （0.213 7）	0.958 7** （0.374 1）	2.612 7*** （0.237 5）
N	9 871	109 545	118 273	172 333
F	3.896 5	0.815 3	6.567 2	121.025 9
固定效应	δ_i、δ_j、δ_t	δ_i、δ_j、δ_t	δ_i、δ_j、δ_t	δ_i、δ_j、δ_t
控制变量	是	是	是	是

注：仅展示第二阶段（Stage Ⅱ）回归结果。

第三，外资“水平”进入更有助于技术密集型行业实现产品内升级路径，其次是资本密集型行业，而劳动密集型行业不显著（见表 6.3 的（6）—（8）列）。从历史角度来看，外资从过去集中在低质量的劳动密集型行业转向高技术

① 数据来自商务部外资司。根据新修订的《外商投资统计调查制度》，2022 年 5 月起，实际利用外资金额为包含银行、证券、保险领域的全口径数据，同比为不含上述领域的可比口径。

的技术密集型行业，外资结构不断优化，故技术密集型行业从外资进入中获取的质量提升效应更加突出，这也是对“引资引技”的最好诠释。此外，引资规模对不同要素密集型行业的出口绩效存在异质性影响，这在跨国层面也得到了有力支持（Tee 等，2021）。

6.2.2 产品间升级路径检验

表 6.2 的（4）列为直接采用 OLS 回归的结果。在此基础上，以外资准入自由化作为外资“水平”进入工具变量，再采用 2SLS 回归，各阶段（第一阶段为 StageI，第二阶段为 StageII）回归结果见表 6.2 的（5）—（6）列。从中可以看出，外资“水平”进入有助于企业产品间升级路径的实现，且采用工具变量回归的结果依然稳健，只是回归系数有所增大。这主要是因为外资“水平”进入能够为企业生产提供更大规模的外国资本品，带来正向的示范效应与人员流动效应，有助于增强企业生产技术并改进多产品技术结构，从而实现产品间升级路径。至此可得，命题 5 为真。外资“水平”进入带来的技术溢出主要表现为中间品技术溢出，外资规模扩大则体现为中间品溢出的深度和广度，从而正向影响出口产品技术复杂度。这一基本结论与既有研究也是相符的（Fu 等，2010；Kim 等，2015）。同时，查阅相关文献发现，本章采用行业层面外资“水平”进入指标的回归结果在微观层面也成立。例如，Esaku 和 Bonsu（2022）实证发现，企业外资股权份额增大会减轻企业进入出口市场的沉没成本负担，促使小企业轻松进入出口市场，进而提高生产技术。另外，（5）列的结果表明，外资准入自由化促进外资“水平”进入规模扩大，进而增强产品技术复杂度以实现产品间升级路径。控制变量基本符合预期。后续回归均以工具变量回归作为基础。

接下来为分组检验结果，思路同第 5 章 5.2.1。

第一，外资“水平”进入有助于不同性质企业提升出口产品技术复杂度，从而实现产品间升级路径，其中，外资企业受到的影响更大（见表 6.4 的（1）—（2）列）。这表明在某种程度上，当外资控股企业主营业务收入占行业的比重提高时，要素资源和市场份额会更多地被外企所享有，行业内竞争加剧，进而压缩了内资企业产品间升级空间。从现实来看，中国一直是外商青睐的投资热土，给予内外资企业同等税收待遇，创造公平公正的营商环境，充分发挥外资在技术溢出、区域发展和产业转型等方面的重要作用。因此，内外资企业之间需进一步加强技术合作，互享出口信息，畅通人才交流渠道，共同服务于高质量发展。

第二，外资“水平”进入能促进东部地区产品间升级路径的实现，而中西部地区不显著（见表 6.4 的（3）—（5）列）。由于东部地区的出口及外资参与度最高，外资“水平”进入规模对产品间升级路径的积极影响主要体现在东部地区，与基准检验结果保持一致。中西部地区未能从外资进入中获得明显的技术复杂度提升效益，这意味着外资政策设计更要考虑引导外资流入的区域布局，降低外资进入的“锚定效应”。同时，结合第 3 章 3.1.2 来看，中西部地区吸收外资规模稳步扩大，说明现有外资政策已取得一定成效。但引进外资如何更好地助力出口产品升级？其中的作用机制和影响渠道还有待探索，以便充分释放外资效益，引导经济主体调整预期，从而最大化出口产品升级动力。

其三，外资“水平”进入更能促进技术密集型行业实现产品间升级路径，其次是劳动密集型行业，而资本密集型行业的影响为负向（见表 6.4 的（6）—（8）列）。这主要是因为技术密集型行业为 2007 年版《目录》修订中面临外资准入政策限制放宽幅度最大的行业，纺织品等劳动密集型行业也能够获得显著的技术提升效益。但资本密集型行业却遭受了资本集聚带来的负向冲击，反而不利于实现产品间升级路径。已有文献认为，这主要是因为国内要素环境发生了根本性变化，制造业“低端过剩、高端不足”的困境日益凸显，尤其表现在资本密集型行业中（史瑞祯、桑百川，2023）。

表 6.4　　外资“水平”进入与产品间升级路径的分组检验结果

变量	内资企业	外资企业	东部地区	中部地区
	（1）	（2）	（3）	（4）
$Fdi_{j,t}$	$1.740\ 3^{***}$ （1.108 9）	$7.247\ 9^{***}$ （0.479 4）	$1.563\ 9^{***}$ （0.482 5）	−0.572 2 （2.763 1）
N	173 842	226 309	369 240	21 040
F	176.712 3	228.581 1	479.392 8	1.671 3
变量	西部地区	劳动密集行业	资本密集行业	技术密集行业
	（5）	（6）	（7）	（8）
$Fdi_{j,t}$	−3.219 8 （2.777 9）	$1.204\ 3^{***}$ （1.866 8）	$-2.967\ 5^{***}$ （2.825 1）	$2.673\ 7^{***}$ （1.838 8）
N	9 871	109 545	118 273	172 333
F	1.343 5	84.931 0	78.105 8	260.408 0
固定效应	δ_i、δ_j、δ_t	δ_i、δ_j、δ_t	δ_i、δ_j、δ_t	δ_i、δ_j、δ_t
控制变量	是	是	是	是

注：仅展示第二阶段（Stage Ⅱ）的回归结果。

综上所述，外资“水平”进入对产品间升级路径的影响差异与外资准入自由化对不同企业、行业及地区带来的影响差异基本保持一致。这给出的启示是，外资“进入前”的政策设计初衷与“进入时”规模扩大带来的实际效益是相符的，为促进内资企业间、行业间及地区间出口产品升级路径的实现，应在政策层面上加以引导，在实践中施加约束。

6.2.3 路径偏向性检验①

基准检验结果表明，外资准入政策管制放松加深了外资自由化进程，促使行业内外资大规模“水平”进入，进而有助于企业出口产品升级路径的实现，包括以出口产品质量提升为表现的产品内升级路径和以产品技术复杂度提升为表现的产品间升级路径。那么，在“有限的”资金约束下，企业实现出口产品升级是否具有路径偏向性？怎样偏向性的产品升级路径更有助于减轻外资进入的负向冲击、放大其对产品升级路径的助力作用？为解答这些疑问，本部分仍采用“中位分组”加“交叉回归”的方式考察不同偏向性产品升级路径从外资“水平”进入中获取的影响效应。如表 6.5 所示，（1）列为外资“水平”进入对优先产品内升级而后产品间升级路径的影响，（2）列为其对优先产品间升级而后产品内升级路径的影响，在此基础上，（3）—（4）列为变量标准化处理（即减去均值再除以标准差）后的回归结果。

表 6.5　　外资“水平”进入与出口产品升级路径偏向性的检验结果

变量	$Prody_{i,j,t}$	$Quality_{i,j,t}$	$Prody_{i,j,t}$	$Quality_{i,j,t}$
	（1）	（2）	（3）	（4）
$Fdi_{j,t}$	9.264 0*** （0.456 3）	0.617 4*** （0.074 1）	0.957 2*** （0.144 3）	0.755 4* （0.401 3）
$Fdi_{j,t} \times group_1$	0.108 6*** （0.011 9）		2.510 9*** （0.471 3）	
$Fdi_{j,t} \times group_2$		0.008 3*** （0.001 9）		1.408 0*** （0.401 9）
N	400 151	400 151	400 151	400 151
F	243.428 2	50.030 5	82.566 4	32.792 8
固定效应	δ_i、δ_j、δ_t	δ_i、δ_j、δ_t	δ_i、δ_j、δ_t	δ_i、δ_j、δ_t
控制变量	是	是	是	是

注：分别选取 $Treat_{j,t} \times Post07_t$ 、 $Treat_{j,t} \times Post07_t \times group$ 作为 $Fdi_{j,t}$ 、 $Fdi_{j,t} \times group$ 的工具变量。

① 实证设计思路详见第 5 章 5.2.3。

可以看出，前一种路径偏向之下，$Fdi_{j,t} \times group_1$ 的回归系数显著为正，意味着优先产品内升级的企业仍能从外资“水平”进入中获得显著的技术复杂度提升效益；后一种路径偏向之下，$Fdi_{j,t} \times group_2$ 的回归系数也显著为正，说明优先产品间升级的企业也能借助外资实现产品内升级路径。对比两种偏向性的产品升级路径发现（2.510 9＞1.408 0），后一种路径偏向下的企业能充分借助外资“水平”进入带来的积极效应，从而更快、更好地实现出口产品质量及技术复杂度升级，而前一种路径偏向下的企业出口产品升级效应较弱。因此，在“有限的”资本约束下，企业优先产品间升级而后产品内升级的路径更具潜力，能最大限度汲取外资“水平”进入带来的积极效应。至此可得，命题 6 为真。

6.3　稳健性检验

延续第 5 章 5.3.2，本小节剔除以加工贸易方式参与出口的产品样本后重新回归（见表 6.6 的（1）—（2）列）；更换主要变量指标，采用 OLS 法测算得到出口产品质量，并采用 RCA 加权法测算产品技术复杂度，作为出口产品升级路径指标重新回归（见表 6.6 的（3）—（4）列）；考虑企业存活时间，为降低外资过度集中带来的负向冲击而造成的回归结果不稳定，剔除存活时间低于 3 年的企业样本后重新回归（见表 6.6 的（5）—（6）列）。此外，本部分还特别采用加入滞后项、更换外资“水平”进入指标和考虑非线性影响这三种方法作为稳健性检验内容。

表 6.6　　稳健性检验结果

变量	剔除加工贸易		出口产品升级指标		考虑企业存活时间	
	（1）	（2）	（3）	（4）	（5）	（6）
$Fdi_{j,t}$	0.743 3*** （0.084 6）	10.618 2*** （0.543 4）	0.295 8*** （0.087 5）	11.299 1*** （0.433 1）	0.071 0* （0.073 0）	8.424 6*** （0.451 6）
N	356 255	354 284	269 554	269 554	269 099	269 099
F	77.116 2	381.766 0	79.408 3	405.776 0	0.946 0	348.024 1
变量	加入滞后项		外资“水平”进入指标		非线性检验	
	（7）	（8）	（9）	（10）	（11）	（12）
$Fdi_{j,t}$	0.209 9*** （0.052 0）	4.120 3*** （0.318 3）	0.738 3*** （0.082 9）	10.606 8*** （0.526 6）	4.595 9*** （0.529 8）	6.082 8*** （3.710 7）

续表

变量	剔除加工贸易		出口产品升级指标		考虑企业存活时间	
	(1)	(2)	(3)	(4)	(5)	(6)
$Quality_{i,j,t-1}$	0.846 7*** (0.001 1)					
$Prody_{i,j,t-1}$		0.829 5*** (0.001 1)				
$Fdi_{j,t}^2$					−3.338 5 (0.384 1)	−4.009 8 (2.690 1)
N	267 776	267 776	400 151	400 151	400 151	400 151
F	47.637 5	47.686 8	79.408 3	405.776 0	38.700 1	163.752 1
固定效应	δ_i、δ_j、δ_t	δ_i、δ_j、δ_t	δ_i、δ_j、δ_t	δ_i、δ_j、δ_t	δ_i、δ_j、δ_t	δ_i、δ_j、δ_t
控制变量	是	是	是	是	是	是

注：单数列以 $Quality_{i,j,t}$ 为被解释变量，双数列以 $Prody_{i,j,t}$ 为被解释变量。

第一，由于产品升级过程存在路径依赖性，即在遵循过往比较优势的基础上追求更高的出口产品质量及技术复杂度，因此，上一期出口产品状态会对当期产品升级路径产生影响。为了稳健起见，本部分在基准检验方程中加入出口产品质量的滞后项（$Quality_{i,j,t-1}$）再重新回归（见表 6.6 的（7）列），接着又加入产品技术复杂度的滞后项（$Prody_{i,j,t-1}$）再重新回归（见表 6.6 的（8）列）。可见，外资“水平”进入对出口产品升级路径的回归系数仍然显著，且产品过去的状态倾向于正向影响其未来的升级方向。

第二，前文采用的外资“水平”进入指标为行业内全部外资控股企业的主营业务销售收入占总行业的份额，为避免因单一测算方法所得指标而造成的回归结果偏误，现采用外资控股企业的资产份额来衡量（基于“资本形成效应”的认识），替代原有变量加入基准检验方程中，同样以外资准入自由化作为工具变量，采用 2SLS 重新回归（见表 6.6 的（9）—（10）列）。结果发现，替换外资进入指标后的回归结果与基准结果保持一致，说明上述基本结论是稳健可靠的。

第三，前文在基准模型中仅加入外资“水平”进入规模的一次项，以考察其与出口产品升级路径之间的线性影响关系。为检验这一线性关系是否稳健，特在基准检验方程中加入外资“水平”进入二次项（$Fdi_{j,t}^2$）再重新回归（见表 6.6 的（11）—（12）列）。结果发现，二次项回归系数并不显著，这表明前文的线性回归结果是稳健可靠的。

6.4　机制检验：技术溢出

由理论分析可知，外资“水平”进入为东道国企业带来了技术溢出，可细分为竞争效应、示范效应和人员流动效应，最终对出口产品升级路径的影响取决于以上三方面效应的综合表现（详见第 4 章 4.3）。

从竞争效应来看，外资进入最直接的后果是加剧了同行竞争，得益于外国资本品的质量优势或品牌效应，部分投入外国资本品较多的企业能够增强产品生产优势，降低出口固定成本，进而增强产品升级动力。为检验这一传导机制是否成立，本部分剔除了中国制造业企业出口成本中的可变部分，测算得到固定成本因素作为竞争效应的衡量指标 $Fcost_{i,t}$，再生成其与外资“水平”进入指标交互项，一并加入基准检验方程中进行回归（见表 6.7 的（1）—（2）列）[①]。交互项回归系数显著为正，意味着外资“水平”进入通过竞争效应推动了企业出口产品升级路径的实现。考虑到上述影响机制还可能同行业规模有关，本章的控制变量包含了反映行业内企业数目多寡的规模指标 $Scale_{j,t}$，故又在基准检验方程中加入三重交互项 $Fdi_{j,t} \times Fcost_{i,t} \times Scale_{j,t}$ 重新回归（见表 6.7 的（3）—（4）列）。三重交互项回归系数也显著为正，意味着在行业规模较大的情况下，外资“水平”进入通过竞争效应带来的产品升级动力更大，遭受外资集聚带来的负向冲击有所减缓。

表 6.7　　　机制检验结果：基于竞争效应的技术溢出

变量	$Quality_{i,j,t}$	$Prody_{i,j,t}$	$Quality_{i,j,t}$	$Prody_{i,j,t}$
	（1）	（2）	（3）	（4）
$Fdi_{j,t}$	0.452 0*** （0.056 7）	6.355 8*** （0.356 4）	0.768 4*** （0.113 6）	11.343 4*** （0.749 9）
$Fcost_{i,t}$	−0.120 7*** （0.031 7）	−2.280 2*** （0.199 4）	−0.022 2*** （0.001 7）	−0.190 6*** （0.011 2）

---

① 指标测算分为两步：第一步，建立回归方程，$lnexpense_{i,t} = k_0 lnvalue_{i,t} + k_1 n\left(1 + \sum_{it} tariff_{h,t} \times lnvalue_{i,h,t}\right) + \sum_j k_2 \delta_j + \sum_t k_3 \delta_t + \varepsilon$。其中，$lnexpense_{i,t}$ 为出口成本，$lnvalue_{i,t}$ 为出口金额，$tariff_{h,t}$ 为产品平均税率（数据来源于 WTO 的 Tariff Download Facility 数据库）。通过回归方程得到企业出口成本中不随出口规模变化的固定因素，即 δ_j、δ_t 的回归系数之和，有 $F_{i,t} = \hat{\delta}_j + \hat{\delta}_t$。第二步，将出口固定成本数值转化在［0，9］区间内，计算公式为 $Fcost_{i,t} = \left[\left(F_{i,t} - minF_{i,t}\right) / \left(\max F_{i,t} - \min F_{i,t}\right)\right] \times 9$。

续表

变量	$Quality_{i.i.t}$	$Prody_{i.i.t}$	$Quality_{i.i.t}$	$Prody_{i.i.t}$
	(1)	(2)	(3)	(4)
$Fdi_{j,t} \times Fcost_{i,t}$	0.014 0*** (0.000 9)	0.062 5*** (0.005 7)		
$Fdi_{j,t} \times Fcost_{i,t} \times Scale_{j,t}$			0.209 9*** (0.064 5)	2.936 6*** (0.425 4)
N	367 532	367 532	367 532	367 532
F	423.146 7	612.966 8	407.268 5	535.414 9
固定效应	δ_i、δ_j、δ_t	δ_i、δ_j、δ_t	δ_i、δ_j、δ_t	δ_i、δ_j、δ_t
控制变量	是	是	是	是

注：分别选取 $Treat_{j,t} \times Post07_t$、$Treat_{j,t} \times Post07_t \times Fcost_{i,t}$、$Treat_{j,t} \times Post07_t \times Fcost_{i,t} \times Scale_{j,t}$ 作为 $Fdi_{j,t}$、$Fdi_{j,t} \times Fcost_{i,t}$、$Fdi_{j,t} \times Fcost_{i,t}$、$Fdi_{j,t} \times Fcost_{i,t} \times Scale_{j,t}$ 的工具变量。

从示范效应来看，外资中蕴含的知识、技术与管理经验能被东道国企业模仿吸收、改进生产，进而对出口质量及技术复杂度产生影响。为检验这一传导机制是否成立，选取企业全要素生产率作为示范效应的衡量指标 $ATFP_{i,t}$，再生成其与外资“水平”进入指标的交互项，一并加入基准检验方程中进行回归（见表 6.8 的（1）—（2）列）①。交互项回归系数显著为正，意味着外资“水平”进入能强化企业生产效率对出口产品升级路径实现的助推作用。也有文献认为，外资进入带来的示范效应主要基于企业吸收能力而产生效果（刘斌等，2021）。吸收能力又与专利版权、专营权和企业商誉等无形资产有关。本部分采用企业无形资产占资产总额的比重作为衡量指标 $Ability_{i,t}$，加入三重交互项 $Fdi_{j,t} \times ATFP_{i,t} \times Ability_{i,t}$ 到基准检验方程中重新回归（见表 6.8 的（3）—（4）列）。三重交互项回归系数也显著为正，意味着技术吸收及转化能力越强的企业，更能从外资“水平”进入带来的示范效应中受益。

表 6.8　　机制检验结果：基于示范效应的技术溢出

变量	$Quality_{i,j,t}$	$Prody_{i,j,t}$	$Quality_{i,j,t}$	$Prody_{i,j,t}$
	(1)	(2)	(3)	(4)
$Fdi_{j,t}$	0.541 6*** (0.087 7)	6.475 6*** (0.522 8)	0.896 3*** (0.103 7)	8.952 8*** (0.626 4)

① 鉴于工业增加值数据在 2004 年、2008—2010 年存在缺失，自然损失了这部分样本数据。指标构建为 $ATFP_{i,t} = \ln(Q/L) - 1/3\ln(K/L)$。其中，$Q$、$L$、$K$ 分别用工业增加值、职工人数和固定资产净值表示。

续表

变量	$Quality_{i,j,t}$	$Prody_{i,j,t}$	$Quality_{i,j,t}$	$Prody_{i,j,t}$
	（1）	（2）	（3）	（4）
$ATFP_{i,t}$	0.004 0*** （0.000 6）	0.028 9*** （0.003 9）	0.009 5*** （0.001 0）	−0.007 5 （0.005 9）
$Fdi_{j,t} \times ATFP_{i,t}$	0.279 0*** （0.055 9）	2.127 1*** （0.333 5）		
$Ability_{i,t}$			0.002 2 （0.004 8）	0.061 2** （0.028 9）
$Fdi_{j,t} \times ATFP_{i,t} \times Ability_{i,t}$			0.959 5*** （0.267 3）	5.364 1*** （1.614 9）
N	273 133	273 133	273 117	273 117
F	127.021 3	78.823 0	117.926 2	59.209 7
固定效应	δ_i、δ_j、δ_t	δ_i、δ_j、δ_t	δ_i、δ_j、δ_t	δ_i、δ_j、δ_t
控制变量	是	是	是	是

注：分别选取 $Treat_{j,t} \times Post07_t$、$Treat_{j,t} \times Post07_t \times ATFP_{i,t}$、$Treat_{j,t} \times Post07_t \times ATFP_{i,t} \times Ability_{i,t}$ 作为 $Fdi_{j,t}$、$Fdi_{j,t} \times ATFP_{i,t}$、$Fdi_{j,t} \times ATFP_{i,t} \times Ability_{i,t}$ 的工具变量。

从人员流动效应来看，外资进入加快了科技人才交流，通过员工培训等渠道增强劳动力素质，促进技术要素流动，提高人均产出效率，进而推动东道国企业形成更具竞争力的生产系统和产品结构。为检验这一传导机制是否成立，本部分选取人均产出效率作为人员流动效应的衡量指标 $Persale_{i,t}$，再生成其与外资“水平”进入指标的交互项，一并加入基准检验方程中进行回归（见表 6.9 的（1）—（2）列）[①]。交互项回归系数显著为正，意味着外资“水平”进入增强了技术人才流动对出口产品升级路径的积极影响。在此基础上，以企业应付工资薪酬总额的对数值作为效率工作指标 $Wage_{i,t}$，再加入三重交互项 $Fdi_{j,t} \times Persale_{i,t} \times Wage_{i,t}$ 到基准检验方程中重新回归（见表 6.9 的（3）—（4）列）。三重交互项回归系数也显著为正，意味着工资水平越高的企业，更能通过外资“水平”进入带来的人员流动机制加速实现出口产品升级路径。

① 由于企业工业总产值、工业增加值数据存在大量缺失，为确保数据完整性，选取产品销售额和从业人数展开测算。指标构建为 $Persale_{i,t} = \ln(main\_incom_{i,t} / employ_{i,t} + 1)$。其中，$main\_incom_{i,t}$ 为主营业务产品销售额，$employ_{i,t}$ 为企业年末从业人员数。

表 6.9　　机制检验结果：基于人员流动效应的技术溢出

变量	$Quality_{i,j,t}$	$Prody_{i,j,t}$	$Quality_{i,j,t}$	$Prody_{i,j,t}$
	(1)	(2)	(3)	(4)
$Fdi_{j,t}$	0.145 5*** (0.071 0)	4.168 5*** (0.425 0)	0.665 5*** (0.065 0)	5.361 9*** (0.385 2)
$Persale_{i,t}$	0.003 1*** (0.000 3)	0.039 3*** (0.001 8)	0.002 4*** (0.000 3)	0.036 1*** (0.002 0)
$Fdi_{j,t} \times Persale_{i,t}$	0.371 0*** (0.047 5)	2.636 4*** (0.284 1)		
$Wage_{i,t}$			−0.022 3*** (0.000 4)	−0.004 3** (0.002 1)
$Fdi_{j,t} \times Persale_{i,t} \times Wage_{i,t}$			0.098 9*** (0.017 2)	0.348 3*** (0.102 2)
N	352 565	352 565	301 832	301 832
F	75.921 0	235.451 3	157.536 1	125.717 4
固定效应	δ_i、δ_j、δ_t	δ_i、δ_j、δ_t	δ_i、δ_j、δ_t	δ_i、δ_j、δ_t
控制变量	是	是	是	是

注：分别选取 $Treat_{j,t} \times Post07_t$、$Treat_{j,t} \times Post07_t \times Persale_{i,t}$、$Treat_{j,t} \times Post07_t \times Persale_{i,t} \times Wage_{i,t}$ 作为 $Fdi_{j,t}$、$Fdi_{j,t} \times Persale_{i,t}$、$Fdi_{j,t} \times Persale_{i,t} \times Wage_{i,t}$ 的工具变量。

综上可知，外资“水平”进入首先会增加同行竞争，减缓企业出口固定成本对其出口产品升级路径的制约作用，尤其表现在规模较大的行业中；其次，外资进入还会带来正向的示范效应，通过改进企业生产效率来提升出口产品升级动力，且随企业自身的吸收能力进一步得到增强；最后，外资“水平”进入还会带来显著的人才流动效应，强化企业人均产出效率对其出口产品质量及技术复杂度的提升作用，并通过效率工资在更大程度上得以发挥。

6.5　进一步检验：外资并购冲击

自 2008 年全球金融危机后，以美国为首的发达国家纷纷提出重振制造业战略，引导投资回流。尽管确实有一些企业选择将工厂迁回本国，也有一些企业反而加大对外国具有比较优势行业部门的投资力度，“制造扩张”成为“再工业化”的另一种表现形式，由此也形成了外资对中国企业依然“兴致勃勃”的并购（桑百川和邵莹雪，2013）。外资并购表现为外国资本在企业内部取得部分或全部控股权，会影响企业海外经营战略布局与出口利润分配，这一过程可看作是外资并购的“微观溢出”（Liu 等，2017；蒋殿春和谢红军，2018）。

随着中国《外商投资产业指导目录》持续放宽准入门槛，大量外资涌入国内市场，外国投资者通过投资控股、出资买断及股权转让等方式，对政策优惠力度较大领域内的企业重点投资和并购。据投中数据及普华永道分析，中国并购活动交易金额持续增长，最高为 2020 年的 7 338 亿美元。在国内政策利好变化加上市场对资本流动性的需求下，外资入境并购首超中国对外并购，主要集中在消费品、高科技和工艺品领域。那么，前文的基本结论是否在微观层面也站得住脚？外资并购冲击下企业如何调整其经营战略及出口布局？

首先，生成是否存在外资并购的虚拟变量 M_i 与时间虚拟变量 T_t。参考 Brucal 等（2019）的做法，若企业在第 $t-1$ 年外资股权占比（即外商资本与港澳台商资本占实收资本的比重）低于 25%，但在第 t、$t+1$ 年不低于 25%，则认为该企业存在外资并购，M_i 赋值为 1，其余企业 M_i 赋值为 0；并购当年直至样本结束期间，T_t 赋值为 1，之前赋值为 0。例如，编码为“10126550”的企业，其外资股权占比在 2004—2006 年分别为 0、80%和 100%，即可认定该企业在 2005 年被外资并购。由于工业企业数据自 2008 年后资本字段大量缺失，仅选取 2003—2007 年共计 65 687 家企业作为研究样本①。测算发现，在研究期间内发生外资并购的企业共计 2 598 家，占总样本的 3.96%。其中，2004—2006 年为发生外资并购较多的年份，分别为 467 例、562 例和 713 例。

其次，外资并购通常会选择经营状况良好和规模较大的企业（Harris 和 Robinson，2002），直接采用 DID 回归会造成偏误问题。一个解决办法是采用倾向得分匹配（PSM）识别出与外资并购企业组的基本特征相似的对照组。选择企业年龄、企业雇用员工数、行业规模、行业集中度、地区基础设施和出口贸易作为匹配变量（指标测算详见第 5 章 5.1.3），先利用 Logit 模型估计相关变量影响外资并购概率，再采用卡尺内最近邻（1:1）方法进行逐年匹配，最终得到共计 189 822 个观测值。表 6.10 报告了匹配变量的组别差异，P 值逐渐不显著，表明组别差异在匹配后下降幅度明显，同时也证实了外资并购的确存在偏向。

---

① 指标测算需用到上一年企业股权占比情况，为尽可能保留样本，特补齐了 2002 年相关数据，同时还需要下一年股权占比，自然损失了 2008 年样本。

表 6.10　　PSM 匹配变量的组别差异

变量	状态	均值		偏差	变化幅度	P 值
		处理组	控制组			
企业年龄	匹配前	1.969 8	2.085 8	−16.8%	70.9	0.000 0
	匹配后	1.969 8	1.936 0	4.9%		0.601 0
雇用员工数	匹配前	5.455 9	5.331 2	11.7%	46.2	0.000 0
	匹配后	5.455 9	5.388 7	6.3%		0.650 3
行业规模	匹配前	7.863 8	7.882 3	−2.8%	66.8	0.000 0
	匹配后	7.863 8	7.870 0	−0.9%		0.794 2
行业集中度	匹配前	0.059 4	0.060 8	−2.4%	35.8	0.000 0
	匹配后	0.059 4	0.058 5	1.5%		0.482 7
地区基础设施	匹配前	0.916 3	0.875 6	11.5%	86.9	0.000 0
	匹配后	0.916 3	0.921 6	−1.5%		0.444 6
地区进口贸易	匹配前	0.475 4	0.326 9	64.2%	99.9	0.000 0
	匹配后	0.475 4	0.475 2	0.1%		0.713 8

最后，采用 DID 法估算外资并购对企业出口产品升级路径的影响效应（见表 6.11）。其中，表 6.11 的（1）—（2）列以全部外资资本份额作为外资股权的识别标准。在此基础上还区分外资来源地及外资质量差异，分别检验外商并购（见表 6.11 的（3）—（4）列）和港澳台商并购（见表 6.11 的（5）—（6）列）对出口产品升级路径的影响差异。结果发现，微观层面的外资并购冲击不利于产品内升级路径的实现，但有利于产品间升级，与基准结果有所出入。进一步发现，上述结论主要是外商并购行为引起的，被外商并购的中国企业不能如愿增强出口质量，港澳台商并购反而起到正向影响，这可能是欧美等国投资蕴含的制度管理要素与我国国内环境差距较大，导致被并购企业无法充分吸收转换，港澳台地区投资与内地企业的匹配度更好，更适合我国出口产品质量提升。另外，外商并购能促进企业产品间升级路径的实现，港澳台商并购的影响则不显著。

表 6.11　　外资并购对出口产品升级路径的 PSM-DID 识别

变量	总体并购		外商并购		港澳台商并购	
	（1）	（2）	（3）	（4）	（5）	（6）
$M_i \times T_t$	$-0.012\,7^{***}$ （0.003 4）	$0.025\,0^{***}$ （0.023 2）	$-0.017\,6^{***}$ （0.002 4）	$0.055\,1^{***}$ （0.015 9）	$0.006\,4^{***}$ （0.002 4）	−0.000 5 （0.016 1）

续表

变量	总体并购		外商并购		港澳台商并购	
	（1）	（2）	（3）	（4）	（5）	（6）
常数项	0.749 1*** (0.040 8)	3.215 4*** (0.237 7)	0.744 9*** (0.040 7)	3.199 8*** (0.237 6)	0.728 1*** (0.041 0)	3.238 2*** (0.237 5)
N	189 822	189 793	189 764	189 762	189 817	189 815
R^2	0.462 3	0.524 8	0.465 3	0.525 1	0.453 4	0.525 6
F	362.228 2	36.351 2	387.780 8	39.769 6	250.466 9	43.458 5
固定效应	δ_i、δ_j、δ_t	δ_i、δ_j、δ_t	δ_i、δ_j、δ_t	δ_i、δ_j、δ_t	δ_i、δ_j、δ_t	δ_i、δ_j、δ_t
控制变量	是	是	是	是	是	是

注：单数列以 $Quality_{i,j,t}$ 为被解释变量，双数列以 $Prody_{i,j,t}$ 为被解释变量。

可见，外资并购冲击对企业出口产品升级路径的微观溢出有别于行业外资“水平”进入带来的影响，港澳台商并购更多带来了以质量提升为表现的产品内升级动力，外商并购则更多带来了以技术提升为表现的产品间升级动力。

6.6　本章小结

为考察外资“水平”进入能否促进中国出口产品升级路径的实现，本章具体内容包括：测算行业外资进入指标并以外资准入自由化作为工具变量展开基准回归，同时还按照企业性质、地区及行业特征进行分组检验；分析外资“水平”进入对出口产品升级路径偏向性的影响；分析外资“水平”进入通过竞争效应、示范效应及人员流动效应影响出口产品升级路径的实现机制；进一步地，探究外资并购冲击带来的微观溢出。得到了如下重要结论：

第一，外资准入自由化极大地降低了复合资本品价格，使得企业能够以较低成本获取要素投入，并从外资“水平”进入中受益，最终增强了出口产品质量以实现产品内升级路径，命题 4 为真，且更有助于内资企业、东中部地区、资本及技术密集型行业这一路径的实现。同时，还带来了正向的示范效应和人员流动效应，有助于企业实现产品间升级路径，命题 5 为真，且更有助于外资企业、东部地区、劳动及技术密集型行业这一路径的实现。

第二，外资“水平”进入对出口产品升级路径的影响效应与外资准入政策初衷是相符的。结合路径偏向性来看，若企业优先选择了产品内升级，外资进入对其产品技术复杂度的回归系数显著为正，而优先产品间升级的企业也能借助外资实现产品内升级路径。对比两种路径偏向性发现，优先产品间升级而后产品内升级的路径更具潜力，能最大限度汲取外资“水平”进入带来的积极溢出，命题 6 为真。这一结论与外资准入自由化背景下得出的结论是一致的。

第三，外资“水平”进入为东道国企业带来技术溢出，可细分为竞争效应、示范效应和人员流动效应。其一，外资“水平”进入增加了同行竞争，减缓企业出口固定成本对其实现出口产品升级路径的制约作用，尤其表现在规模较大的行业中；其二，外资“水平”进入带来正向的示范效应，通过生产效率传导进而增强出口产品升级动力，并随着企业吸收与转化能力得以强化；其三，外资“水平”进入带来人才流动效应，强化企业人均产出效率对其出口产品质量及技术复杂度的提升作用，并通过效率工资在更大程度上得以激发。

第四，外资并购表现为外国资本在企业内部取得部分或全部控股权，会影响企业海外经营战略布局与出口利润分配。研究发现，外资并购冲击不利于产品内升级路径的实现，但有利于产品间升级路径的实现，这一检验结果与基准结果有所出入，主要是外商并购行为引起的。一方面，被外商并购的中国企业未能如愿增强出口产品质量，港澳台商并购则起到了积极作用；另一方面，外商并购有助于提高企业出口产品技术复杂度，港澳台商并购带来的影响反而不显著。

第 7 章
外资“垂直”溢出与中国出口产品升级路径的实证检验

随着中国外资准入自由化进程的持续推进，大规模外资涌入国内不同行业及地区，为经济高质量发展和出口产品升级注入了新鲜动力。在外资已充分融入中国经济的同时，其对国内生产布局及出口结构的影响也更加纵深复杂，表现为行业上下游外资进入后通过前后向关联效应所产生的“垂直”溢出，可分为上游外资进入对其下游企业出口产品升级路径的前向溢出和下游外资进入对其上游企业出口产品升级路径的后向溢出。那么，外资“垂直”溢出对中国出口产品升级路径会存在怎样的影响？对不同路径是否存在影响差异？

7.1 计量模型、变量与数据

7.1.1 计量模型的设定

为分析外资“垂直”溢出与中国出口产品升级路径之间的影响关系，设定基准检验方程如式 7.1 和式 7.2 所示。

$$Quality_{i,o,t} = \alpha_5 + \beta_5 Fdi_{o,t}\_f + \beta_5' Fdi_{o,t}\_b + X + \delta_i + \delta_o + \delta_t + \varepsilon \tag{7.1}$$

$$Prody_{i,o,t} = \alpha_6 + \beta_6 Fdi_{o,t}\_f + \beta_6' Fdi_{o,t}\_b + X + \delta_i + \delta_o + \delta_t + \varepsilon \tag{7.2}$$

其中，下标 i、o、t 分别为企业、部门和年份； $Quality_{i,o,t}$ 为出口产品质量，$Prody_{i,o,t}$ 为产品技术复杂度，作为出口产品升级路径的识别指标；$Fdi_{o,t}\_f$ 为部门 IO 在第 t 年面临的外资前向溢出， $Fdi_{o,t}\_b$ 为外资后出，作为核心解释变量外资“垂直”溢出的衡量指标；系数 α_5、β_5'、α_6、β_6' 分别刻画了不同外资溢出渠道对出口产品升级路径的影响差异； X 为控制变量集合，包括企业层面的控制变量（企业年龄 $Age_{i,t}$、雇用员工数 $Employ_{i,t}$、资产周转率 $Turns_{i,t}$）、行业部门层面的控制变量（行业规模 $Scale_{o,t}$、行业集中度 $HHI_{o,t}$）和地区层面的控制变量（地区基础设施 $Infra_{c,t}$、地区进口贸易 $Imp_{c,t}$）①； δ_i、δ_o、δ_t 分别为个体、部门及年份固定效应， ε 为随机扰动项。有关控制变量和固定效应的添加逻辑详见第 5 章 5.1.1，此处不再赘述。

7.1.2 外资“垂直”溢出的识别策略

参考第 2 章 2.1.2 有关外资进入的识别方法，测算外资“垂直”溢出作为本章的核心解释变量。已有研究大多采用企业实收资本中的外资份额以企业总产值或企业增加值加权汇总到行业层面，再根据行业部门间前后向关联系数测算得到最终指标。与已有方法不同的是：第一，根据投入产出表部门与中国国民经济行业分类标准（CIC2002 版本）整理得到制造业 16 个部门的对应关系（见附表 2），以便更好地开展后续研究设计。第二，采用中国 2007 年投入产出表测算行业间前后向关联系数而非世界投入产出表，是因为前者更能切实反映出国内不同行业部门间的生产关联性，后者则更适合用在国别层面。同时，由于国内投入产出表 5 年一更新，本章的样本时间为 2003—2013 年，故选取了靠近样本时间中段的 2007 年中国投入产出表。第三，基于外资“水平”进入指标展开测算而非企业外资份额，是因为工业企业数据中的实收资本及其构成字段缺失太多且数据质量较差，为了稳健起见，采用数据更加完整且连续的企业主营业务销售收入字段，从而得到了外资进入规模作为部门外资“水平”进入指标 $FDI_{o,t}$（详见第 6 章 6.1.2）。因此，采用式 7.3 和式 7.4 来计算外资“垂直”溢出指标：

$$Fdi_{o,t}\_f = \sum_{o_u} \left(Fdi_{o_u,t} \times F_{o,o_u,t} \right) \tag{7.3}$$

① 以企业所处省地县码（2 位码）作为行业信息的识别标准。

$$Fdi_{o,t}\_b = \sum_{o_d}\left(Fdi_{o_d,t} \times B_{o,o_d,t}\right) \tag{7.4}$$

其中，下标 o 表示本部门，$o_u(o_d)$ 为其上（下）游部门；$Fdi_{o,t}\_f$ 为部门 o 在第 t 年面临的外资进入前向溢出，$F_{o,o_u,t}$ 为部门 o 在生产中消耗上游部门 o_u 的中间投入份额（称为“前向溢出系数”），$Fdi_{o_u,t}$ 为第 t 年上游部门 o_u 的外资“水平”进入规模；$Fdi_{o,t}\_b$ 为部门 o 在第 t 年所面临的外资进入后向溢出，$F_{o,o_d,t}$ 为部门 o 提供给下游部门作为生产所需中间品的使用份额（称为“后向溢出系数”）$Fdi_{o_d,t}$ 为第 t 年下游部门的外资“水平”进入规模。由此可见，$Fdi_{o,t}\_f$ 衡量了上游部门外资进入通过供应中间品对其下游部门产生的影响，$Fdi_{o,t}\_b$ 衡量了下游部门 o_d 外资进入通过向上游部门采购中间品对其产生的影响。有关外资前后向溢出指标的测算结果详见附表 5。

7.1.3　其他变量选取与数据说明

出口产品升级路径指标、控制变量集合、样本数据选取与数据清洗过程详见第 5 章 5.1.3，此处不再赘述。主要变量的描述统计如表 7.1 所示，其中，外资“垂直”溢出指标在研究期间内的变动趋势明显，外资前向溢出和外资后向溢出的标准差分别为 0.184 2 和 0.134 8；其余变量的取值变动基本符合预期。此外，用出口产品升级路径指标对核心解释变量和控制变量作 OLS 回归，得到的 VIF 均值为 1.37，远小于 10，不存在多重共线性问题。

表 7.1　主要变量的描述统计（N= 538 638）

变量名称	符号	最小值	最大值	均值	标准差
出口产品质量	$Quality_{i,o,t}$	0	1.000 0	0.375 4	0.162 7
产品技术复杂度	$Prody_{i,o,t}$	0.933 1	10.866 4	4.795 3	0.950 6
外资前向溢出	$Fdi_{o,t}\_f$	0.040 1	0.660 9	0.280 3	0.184 2
外资后向溢出	$Fdi_{o,t}\_b$	0.073 0	0.689 1	0.337 8	0.134 8
企业年龄	$Age_{i,t}$	0	5.135 8	2.132 0	0.640 1
雇用员工数	$Employ_{i,t}$	3.401 2	12.315 9	5.539 4	1.016 5
资产周转率	$Turns_{i,t}$	0.000 1	12.409 0	0.990 4	0.864 2
行业规模	$Scale_{o,t}$	1.386 3	9.480 7	8.081 6	0.688 5

续表

变量名称	符号	最小值	最大值	均值	标准差
行业集中度	$HHI_{o,t}$	0.001 0	0.581 4	0.006 1	0.006 8
地区基础设施	$Infra_{c,t}$	0.035 4	2.065 9	1.090 4	0.367 4
地区进口贸易	$Imp_{c,t}$	0.012 0	0.889 7	0.353 8	0.214 1

7.2 基准检验结果与分析

7.2.1 产品内升级路径检验

表 7.2 的（1）—（2）列以出口产品质量为被解释变量，报告了外资“垂直”溢出与产品内升级路径的基准检验结果。其中，表 7.2 的（1）列中的核心解释变量为根据式 7.3 和式 7.4 测算得到的指标，表 7.2 的（2）列是基于《中国工业经济统计年鉴》提供的年份—地区—行业维度的规模以上工业企业实收资本、外商资本及港澳台商资本等相关数据重新测算得到的指标，以作为稳健性对照[①]。

由表 7.2 可知，外资前向溢出倾向于负向影响出口产品质量，不利于产品内升级路径的实现。对此的理论解释是，上游部门外资进入能够为下游企业带来多样化及高质量的中间品供应和信息共享，但也会加剧关键领域技术依赖和技术断层，从而阻碍了产品内升级路径实现。已有文献的解释是，中国作为最大的发展中国家，从外资前向溢出中受到的负向冲击远大于正向外溢（蒋殿春和王春宇，2020；陈涛涛，2003）。与此同时，外资后向溢出显著促进了企业出口产品质量提升，这表明后向溢出渠道有助于提高上游企业中间品规模收益和创新效率，增强出口产品质量。至此可得，命题 7 为真。

上述结果给出的启示是：第一，外资后向溢出是企业出口产品升级动力的重要来源，本土企业加强与下游部门合作能进一步强化外资后向溢出带来的产品质量提升效应；第二，关键性技术领域的上游外资管制是十分有必要的，避免上游外资垄断带来的负向冲击，削弱外资前向溢出对本土企业出口产品质量

① 通过《中国工业经济统计年鉴》与工业企业数据测算得到的外资份额指标的变化趋势基本相同。二者在 2003—2007 年的变动幅度差异不超过 10%，故默认其在 2008—2013 年也具有相同的变化趋势。此外，《中国工业经济统计年鉴》数据相较中国工业企业数据更加完整，故同时以该指标作为稳健性对照。

的不利影响；第三，企业应根据自身的产品属性及其与上下游部门之间的关联程度，找准定位，最大化外资“垂直”溢出带来的积极效应。

表 7.2　　外资“垂直”溢出与出口产品升级路径的基准检验结果

变量	$Quality_{i,o,t}$		$Prody_{i,o,t}$	
	（1）	（2）	（3）	（4）
$Fdi_{o,t}\_f$	−0.087 5*** （0.022 0）	−0.188 4*** （0.011 0）	−2.602 6*** （0.126 8）	−0.904 1*** （0.063 0）
$Fdi_{o,t}\_b$	0.154 9*** （0.018 8）	0.147 0*** （0.009 8）	2.573 5*** （0.119 3）	0.802 7*** （0.062 5）
常数项	0.347 6*** （0.004 5）	0.377 6*** （0.001 4）	4.632 6*** （0.027 7）	4.780 7*** （0.009 2）
N	538 638	489 616	538 638	489 616
R^2	0.402 9	0.405 3	0.453 6	0.453 6
F	39.149 8	149.173 7	254.752 6	106.695 0
固定效应	δ_i、δ_o、δ_t	δ_i、δ_o、δ_t	δ_i、δ_o、δ_t	δ_i、δ_o、δ_t
控制变量	是	是	是	是

注：*、**、*** 分别为 10%、5%和 1%的显著性水平，δ_i、δ_o、δ_t 分别为个体、部门和年份固定效应，括号内为企业层面聚类回归的稳健标准误。本章余同。

接下来按照第 5 章 5.2.1 分组思路，考察外资“垂直”溢出对内外资企业、不同地区及行业产品内升级路径的影响差异①。

第一，外资前向溢出不利于内资企业出口产品质量升级，对外资企业影响不显著，这表明上游部门外资进入对下游内资企业的竞争性大于示范性（见表 7.3 的（1）—（2）列）。同时，外资后向溢出依然显著促进不同性质企业产品内升级路径的实现。可见，外资“垂直”溢出对产品内升级路径的积极影响更多体现在外资企业中，内资企业应加强与外资企业的技术合作和投资往来，借助外资溢出力量积极融入国际化进程，拓宽出口业务。当前中国制造业由“生产性”向“服务性”转变，制造业投入服务业成为新时期推动经济高质量发展、提升出口竞争力的重要途径（刘斌等，2016；戴翔等，2018），服务部门外资开放与出口产品升级路径的影响关系有待证实（详见第 7 章 7.5）。

① 部门 IO 为 7 时，该部门涵盖了行业（2 位码）C26—C30。其中，C26—C28 属于技术密集型，C29—C30 属于资本密集型，分属于不同要素密集型行业。为准确识别外资“垂直”溢出对不同行业部门出口产品升级路径的影响差异，将该部门予以剔除。

表 7.3　　外资“垂直”溢出与产品内升级路径的分组检验结果

变量	内资企业	外资企业	东部地区	中部地区
	（1）	（2）	（3）	（4）
$Fdi_{o,t}\_f$	−0.033 1* （0.031 8）	−0.049 5 （0.030 8）	−0.082 8*** （0.023 1）	0.031 5 （0.083 2）
$Fdi_{o,t}\_b$	0.149 6*** （0.026 8）	0.122 7*** （0.026 6）	0.147 8*** （0.019 8）	0.037 5 （0.070 5）
常数项	0.355 9*** （0.006 4）	0.329 9*** （0.006 3）	0.343 9*** （0.004 7）	0.380 3*** （0.017 2）
N	246 545	292 093	488 807	33 438
R^2	0.425 7	0.386 6	0.399 9	0.439 9
F	25.108 7	15.220 1	32.258 5	0.712 7
变量	西部地区	劳动密集行业	资本密集行业	技术密集行业
	（5）	（6）	（7）	（8）
$Fdi_{o,t}\_f$	−0.189 7 （0.127 1）	−0.023 3 （0.089 6）	0.863 3*** （0.112 4）	0.258 9** （0.102 0）
$Fdi_{o,t}\_b$	0.169 1 （0.108 1）	0.236 1*** （0.082 9）	0.789 0*** （0.085 5）	−0.014 2 （0.086 8）
常数项	0.398 5*** （0.024 9）	0.432 4*** （0.020 8）	0.452 2*** （0.010 8）	0.302 3*** （0.006 1）
N	16 393	135 262	121 908	205 340
R^2	0.408 2	0.326 6	0.486 8	0.334 0
F	1.334 6	28.328 6	43.438 1	70.709 0
固定效应	δ_i、δ_o、δ_t	δ_i、δ_o、δ_t	δ_i、δ_o、δ_t	δ_i、δ_o、δ_t
控制变量	是	是	是	是

第二，外资“垂直”溢出对产品内升级路径的影响集中体现在东部地区，中、西部地区影响不显著（见表 7.3 的（3）—（5）列）。造成这一差异的原因依旧是东部地区的出口参与度和外资参与度较高，中、西部地区相对来说较弱。由此可见，外资准入政策设计、地区发展战略与企业改革应有机结合在一起，提高中、西部地区的吸引外资规模，加快产品布局调整，增强地区利用外资效益，将引进外资到出口升级外部“大循环”，牢牢融入国内市场环境“小

循环”中，引导经济主体有效竞争与合作，加强产业联动布局，为出口产品升级助力。

第三，外资“垂直”溢出更有助于资本密集型行业实现产品内升级路径，这一影响效应在前、后向溢出渠道中均显著且成立（见表 7.3 的（6）—（8）列）。同时，外资前、向溢出还有助于技术密集型行业实现产品内升级路径，后向溢出有助于劳动密集型行业实现产品内升级路径。与基准结果表现不一致的是，外资前向溢出对资本及技术密集型行业出口产品质量的影响效应为正，这主要得益于外资准入政策持续放宽以及石油加工、化学工业、金属制品与非金属矿物制品等资本密集型行业对资本需求较大，上游外资进入有效地弥补了这类型行业资金缺口，促进资本密集型行业增强出口产品质量。另外，技术密集型行业从外资后向溢出中未获得显著影响，这可能是因为技术密集型行业与其下游行业部门之间的技术差距较大，也从侧面反映出行业异质性的确是影响企业吸收外资“垂直”溢出效应的重要因素。

7.2.2　产品间升级路径检验

表 7.2 的（3）—（4）列以出口产品技术复杂度为被解释变量，报告了外资“垂直”溢出和产品间升级路径的基准检验结果。各列结构同表 7.2 的（1）—（2）列类似。结果表明，外资前向溢出阻碍了企业产品间升级路径的实现，外资后向溢出有助于这一路径的实现。同外资“垂直”溢出影响产品内升级路径的基本结论保持一致。至此可得，命题 8 为真。从现实来看，中国改革开放四十多年来的积累坚定了“供应端”优势并将持续存在。得益于该优势，企业从外资后向溢出渠道中获得了显著的中间品规模收益和创新效率，从而更快更好地实现产品升级路径。因此，引进外资和吸收外资要始终坚持“以我为主，为我所用”原则，在发挥自身优势的基础上，汲取外资养分服务于产品升级目标。

接下来考察外资“垂直”溢出对内外资企业、不同地区及行业产品间升级路径的影响差异。

第一，外资“垂直”溢出对不同性质企业出口产品技术复杂度均有显著影响，与基准结果保持一致，说明外资进入带来的“溢出门槛”不仅存在于内外资企业间，甚至还存在于不同部门的外资企业间（见表 7.4 的（1）—（2）列）。因此，在新时期更高水平对外开放背景下，应最大限度破除企业间壁垒，畅通外资溢出渠道。从现实来看，中央加快部署出台了一系列减税减费等助企纾困政策，确保内资与外资企业平等享有，畅通资金链，推动各环节生产协调。

表 7.4 外资“垂直”溢出与产品间升级路径的分组检验结果

变量	内资企业	外资企业	东部地区	中部地区
	(1)	(2)	(3)	(4)
$Fdi_{o,t}\_f$	−1.191 4*** (0.195 9)	−3.349 0*** (0.167 1)	−2.594 2*** (0.131 3)	−1.942 8*** (0.584 3)
$Fdi_{o,t}\_b$	1.585 1*** (0.182 9)	2.998 5*** (0.157 7)	2.660 7*** (0.124 3)	1.824 2*** (0.511 0)
常数项	4.651 4*** (0.042 2)	4.648 3*** (0.036 8)	4.578 8*** (0.029 0)	4.889 3*** (0.110 5)
N	220 655	268 961	447 756	27 999
R^2	0.439 3	0.465 8	0.453 5	0.416 9
F	37.571 9	217.417 3	245.611 1	6.803 8

变量	西部地区	劳动密集行业	资本密集行业	技术密集行业
	(5)	(6)	(7)	(8)
$Fdi_{o,t}\_f$	−2.023 5** (0.813 8)	−7.879 7*** (0.679 6)	−8.802 8*** (0.673 5)	−0.741 0 (0.534 2)
$Fdi_{o,t}\_b$	0.428 8 (0.778 7)	3.627 5*** (0.632 1)	3.068 5*** (0.520 8)	0.702 1 (0.448 8)
常数项	5.492 6*** (0.163 4)	4.488 9*** (0.166 0)	5.833 9*** (0.073 5)	4.799 5*** (0.032 9)
N	13 861	127 900	107 870	192 923
R^2	0.477 0	0.353 4	0.557 9	0.484 0
F	5.404 9	117.673 3	161.553 3	1.473 5
效应	δ_i、δ_o、δ_t	δ_i、δ_o、δ_t	δ_i、δ_o、δ_t	δ_i、δ_o、δ_t
控制变量	是	是	是	是

第二，外资“垂直”溢出对不同地区产品间升级路径的影响主要体现在东部地区，其次是中部地区，最后是西部地区（见表 7.4 的（3）—（4）列）。与基准结果不同的是，外资前向溢出对不同地区产品间升级路径的实现均有阻碍作用，同时，外资后向溢出主要促进了东中部地区产品间升级路径的实现，西部地区影响不显著，这意味着西部地区从外资进入中受益较小，有待进一步完

善吸引外资政策、提高出口参与度。

第三，外资“垂直”溢出对不同行业产品间升级路径的影响集中体现在劳动及资本密集型行业，技术密集型行业影响反而不显著（见表 7.4 的（6）—（8）列）。究其原因，通用设备、专用设备、交通运输设备、通信设备及电子设备等技术密集型行业对关键技术和中间品的依赖性较强，得益于上游部门外资进入带来的溢出效应也更大，而其产品大多作为最终品直接参与出口，投入下游行业部门作为中间品的份额较小，故从外资后向溢出中获取的影响并不显著。另外，也可能是因为技术密集型行业出口产品属于技术密集型产品，本身蕴含一定的技术优势。因此，产品间升级空间较小。

7.2.3　路径偏向性检验[①]

为进一步明确外资“垂直”溢出对不同偏向性出口产品升级路径的影响差异，先按照出口产品质量均值将总样本分为质量较高与较低两组，据此生成分组虚拟变量及其与外资“垂直”溢出指标的交互项 $Fdi_{o,t}\_f \times group_1$、$Fdi_{o,t}\_d \times group_1$，依次加入基准检验方程中对产品技术复杂度进行交叉回归（见表 7.5 的（1）—（2）列），以考察外资“垂直”溢出对优先产品内升级而后产品间升级路径的影响效应。同理，还考察了外资“垂直”溢出对优先产品间升级而后产品内升级路径的影响效应（见表 7.5 的（3）—（4）列）。相关变量均做了标准化处理（即减去均值再除以标准差），以增强系数在不同组别间的可比性。

交互项 $Fdi_{o,t}\_f \times group_1$、$Fdi_{o,t}\_b \times group_1$ 回归系数均显著为正，这表明企业出口产品质量能带来积极的调节效应，放大外资后向溢出对产品技术复杂度的提升作用，同时还削弱外资前向溢出的阻碍作用；交互项 $Fdi_{o,t}\_f \times group_2$、$Fdi_{o,t}\_b \times group_2$ 回归系数为一正一负，说明出口产品技术复杂度能减轻外资前向溢出对出口质量的负向影响，但也会削弱外资后向溢出渠道的积极效应。对比（1）列和（3）列结果发现，优先产品间升级的路径能弱化外资前向溢出带来的负向影响；对比（2）列和（4）列结果发现，优先产品内升级的路径能增强外资后向溢出带来的正向影响，选择何种路径将取决于企业自身生产与其上下游行业部门的关联程度。命题 9 为真。

---

① 实证设计思路详见第 5 章 5.2.3。

表 7.5　外资“垂直”溢出与出口产品升级路径偏向性的检验结果

变量	$Prody_{i,o,t}$	$Prody_{i,o,t}$	$Quality_{i,o,t}$	$Quality_{i,o,t}$
	（1）	（2）	（3）	（4）
$Fdi_{o,t}\_f$	−0.542 6*** （0.024 3）	−0.509 2*** （0.024 4）	−0.098 3*** （0.024 8）	−0.080 9*** （0.024 8）
$Fdi_{o,t}\_b$	0.367 1*** （0.016 8）	0.353 4*** （0.016 9）	0.127 4*** （0.015 5）	0.130 5*** （0.015 5）
$Fdi_{o,t}\_f\times group_1$	0.069 0*** （0.004 8）			
$Fdi_{o,t}\_b\times group_1$		0.025 0*** （0.004 0）		
$Fdi_{o,t}\_f\times group_2$			0.026 8*** （0.009 5）	
$Fdi_{o,t}\_b\times group_2$				−0.076 3*** （0.008 8）
常数项	−0.071 0*** （0.003 4）	−0.069 2*** （0.003 4）	−0.026 6*** （0.002 9）	−0.026 9*** （0.002 9）
N	489 616	489 616	538 638	538 638
R^2	0.409 3	0.409 7	0.459 6	0.458 8
F	463.625 7	403.621 7	212.157 9	220.166 1
固定效应	δ_i、δ_o、δ_t	δ_i、δ_o、δ_t	δ_i、δ_o、δ_t	δ_i、δ_o、δ_t
控制变量	是	是	是	是

现实中，原材料供应、零部件制造及生产等上游行业部门受到外资“垂直”溢出的影响主要来自其下游部门采购中间品而产生的后向溢出，故该行业部门内的企业应优先产品内升级路径，最大化外资后向溢出带来的积极影响；最终品部门主要受到其上游行业部门供应中间品而产生的前向溢出，故该行业部门内的企业应优先产品间升级路径，增强产品技术复杂度优势，减弱外资前向溢出带来的不利影响。

7.3　内生性处理与稳健性检验

本章的核心解释变量为外资“垂直”溢出，依据部门内外资“水平”进入规模与部门间前后向关联系数而构建，为行业层面指标。同时，被解释变量为出口产品质量及技术复杂度，为企业层面指标，由逆向因果引发内生性问题可能性较低，这也是大多数文献中将外资进入看作为外生变量的原因（陈琳和林珏，2009）。但是，还可能存在因遗漏其他重要因素而引发的回归偏误和外资溢出影响下企业有偏选择出口而造成的回归不一致问题。

一方面，为避免遗漏变量，本部分加入被解释变量滞后项（$Quality_{i,o,t-1}$、$Prody_{i,o,t-1}$）重新回归（见表 7.6 的（1）—（2）列），作为未被观测到的个体异质性和历史因子的代表（Wooldridge，2006）。可见，外资后向溢出回归系数的显著性较低，其余变量回归结果均符合预期。另一方面，为解决样本选择问题，采用 Heckman 两步法对基本结论重新检验。具体分为两步：第一步，分析外资“垂直”溢出是否影响企业出口决策，得到逆米尔斯比率 $rate$；第二步，

表 7.6　　　　内生性处理结果

变量	滞后一期		Heckman	
	（1）	（2）	（3）	（4）
$Fdi_{o,t}\_f$	0.026 9*** （0.009 5）	−0.302 3*** （0.053 7）	−0.158 0*** （0.023 8）	−2.437 0*** （0.135 8）
$Fdi_{o,t}\_b$	0.006 2*** （0.009 1）	0.541 6*** （0.054 2）	0.191 5*** （0.023 7）	3.118 7*** （0.134 7）
$Quality_{i,o,t-1}$	0.849 1*** （0.001 4）			
$Prody_{i,o,t-1}$		0.838 7*** （0.001 4）		
常数项	0.044 7*** （0.002 6）	0.697 8*** （0.016 0）	0.138 6*** （0.007 5）	4.568 1*** （0.042 3）
$rate$			0.214 0*** （0.003 3）	0.203 6*** （0.015 4）
N	375 016	403 875	337 282	403 875
固定效应	δ_i、δ_o、δ_t	δ_i、δ_o、δ_t	δ_i、δ_o、δ_t	δ_i、δ_o、δ_t
控制变量	是	是	是	是

注：单数列以 $Quality_{i,o,t}$ 为被解释变量，双数列以 $Prody_{i,o,t}$ 为被解释变量。

将 *rate* 带入外资“垂直”溢出与出口产品升级路径的基准检验方程进行回归（见表 7.6 的（3）—（4）列）。可见，外资“垂直”溢出对出口产品升级路径的影响仍是稳健可靠的。

接下来进行稳健性检验。延续第 5 章 5.5.2，本章剔除以加工贸易方式参与出口的产品样本重新回归（见表 7.7 的（1）—（2）列）；更换主要变量指标，采用 OLS 法测算得到出口产品质量，并采用 RCA 加权法测算得到产品技术复杂度，作为出口产品升级路径的衡量指标重新回归（见表 7.7 的（3）—（4）列）；考虑企业存活时间，为降低外资“垂直”溢出引致过多负向竞争而造成的回归结果不稳定，剔除了存活时间低于 3 年的企业样本重新回归（见表 7.7 的（5）—（6）列）。此外，还从以下两方面展开稳健性检验。

一是考虑外资“垂直”溢出的动态性。外资溢出动态性体现在：第一，前文回归采用的外资“垂直”溢出指标是基于 2007 年中国投入产出表测算得到的静态指标，但各行业部门投入产出情况在研究期间内并不是一成不变的。因而，采用 2002 年中国投入产出表重新测算外资“垂直”溢出指标，并替换原有指标加入基准检验方程中重新回归（见表 7.7 的（7）—（8）列）。第二，上游外资企业存在出口中间品行为，出口的这部分产品并不面向下游部门产生前向溢出，同时，下游外资企业存在进口中间品行为，也会对外资后向溢出指标测算的准确性产生影响。为避免指标测算结果偏低而引起的回归结果不稳健，借鉴 Damijan 等（2003）的方法对外资“垂直”溢出指标进行修正，并替换原有指标加入基准检验方程中重新回归（见表 7.7 的（9）—（10）列）。

表 7.7　稳健性检验结果

变量	剔除加工贸易		更换主要变量指标		企业存活时间	
	（1）	（2）	（3）	（4）	（5）	（6）
$Fdi_{o,t}\_f$	−0.107 7*** (0.027 4)	−2.248 7*** (0.133 1)	−0.055 5** (0.023 5)	−0.226 3*** (0.085 1)	−0.092 9*** (0.031 7)	−2.375 0*** (0.174 8)
$Fdi_{o,t}\_b$	0.029 5* (0.023 2)	2.403 6*** (0.124 7)	0.156 5*** (0.019 7)	0.716 4*** (0.076 5)	0.069 0*** (0.025 6)	3.002 1*** (0.171 1)
常数项	0.346 7*** (0.005 5)	4.630 8*** (0.028 3)	0.328 3*** (0.004 7)	2.047 0*** (0.018 3)	0.361 0*** (0.008 1)	4.397 5*** (0.053 8)
N	481 701	489 616	424 240	424 240	285 134	285 134
R^2	0.502 1	0.535 1	0.509 9	0.696 0	0.522 2	0.560 4

续表

变量	基于 2002 投入产出		剔除进出口份额		加入贸易自由化	
	（7）	（8）	（9）	（10）	（11）	（12）
$adj\_Fdi_{o,t}\_f$	−0.109 3*** （0.019 5）	−2.357 2*** （0.114 3）	0.005 6 （0.007 5）	−0.917 9*** （0.045 2）	−0.117 9 （0.112 5）	0.126 4 （0.600 1）
$adj\_Fdi_{o,t}\_b$	0.206 3*** （0.018 1）	3.497 4*** （0.119 2）	0.046 0*** （0.002 7）	0.542 9*** （0.021 4）	0.014 0** （0.095 6）	1.364 5*** （0.565 3）
$Tariff_{i,t}$					0.003 4*** （0.001 2）	0.021 6*** （0.006 7）
常数项	0.336 6*** （0.004 8）	4.292 6*** （0.029 3）	0.332 0*** （0.003 2）	4.963 6*** （0.018 8）	0.413 3*** （0.017 5）	5.085 9*** （0.112 3）
N	529 845	482 367	538 638	489 616	84 488	77 076
R^2	0.485 8	0.553 3	0.503 3	0.554 3	0.494 9	0.552 7
固定效应	δ_i、δ_o、δ_t	δ_i、δ_o、δ_t	δ_i、δ_o、δ_t	δ_i、δ_o、δ_t	δ_i、δ_o、δ_t	δ_i、δ_o、δ_t
控制变量	是	是	是	是	是	是

注：单数列以 $Quality_{i,o,t}$ 为被解释变量，双数列以 $Prody_{i,o,t}$ 为被解释变量。

修正后的外资“垂直”溢出指标的计算公式如式 7.5 和式 7.6 所示。

$$adj\_Fdi_{o,t}\_f=\sum_{o_u}\left[Fdi_{o_u,t}\times\left(B_{o,o_u,t}-E_{o_u,t}\right)\right] \quad (7.5)$$

$$adj\_Fdi_{o,t}\_b=\sum_{o_d}\left[Fdi_{o_d,t}\times\left(B_{o,o_d,t}-M_{o_d,t}\right)\right] \quad (7.6)$$

其中，$E_{o_u,t}(M_{o_u,t})$ 为上（下）游部门 $o_u(o_d)$ 面向出口（进口）的中间品份额，$adj\_FDI_{o,t}\_f(adj\_FDI_{o,t}\_b)$ 为剔除出口（进口）中间品后的外资前（后）向溢出指标。

二是考虑贸易政策变动的影响。中国“入世”后贸易自由化进程不断推进，自 2002 年起大幅降低了 5 300 余种商品进口关税，平均关税从 2002 年的 15.3% 降至 2007 年的 9.8%，特别是中间品进口关税的大幅下降降低了企业生产成本，推动制造业出口爆发式增长。为了稳健起见，借鉴 Amiti 和 Konings（2007）的做法，本部分基于海关进口数据和 WTO 的 Tariff Download Facility 数据库，测算中间品关税指标作为贸易自由化代理变量，加入基准检验方程中重新回归（见表 7.7 的（11）—（12）列）。

中间品关税的计算公式如式 7.7 所示。

$$Tariff_{i,t}=\sum_{l\in\Delta}a_{i,l,t}\tau_{l,t} \quad (7.7)$$

其中，l表示中间品，Δ表示企业i在第t年进口中间品集合，$\tau_{l,t}$表示中间品l在第t年的进口关税，$a_{i,l,t}$为固定权重（由企业i在第t年对中间品l的进口占其进口中间品总额的比重来确定）。

由表 7.7 可知，除（9）列、（11）列、（12）列中外资前向溢出的回归系数不显著外，其余变量均显著达到预期，前文的基本结论具有不错的稳健性。

7.4　机制检验：吸收能力

由理论分析可知，在“进入后”阶段，上下游外资通过行业部门间的前后向关联作用，进而对企业出口产品升级路径产生了“垂直”溢出影响，包括前向溢出与后向溢出。具体来看，外资前向溢出起到了阻碍作用，后向溢出则起到了促进作用（详见第 4 章 4.4）。之于前者，本土企业只有具备一定的规模优势和技术优势，才能更好地吸收上游外资进入所带来的前向溢出；之于后者，下游外资进入通过向上游采购中间品为其创造规模收益和创新溢出，从而有助于产品升级。

企业自身生产规模和技术创新水平均会影响其吸收外资“垂直”溢出效应的能力。直觉上，生产规模及技术创新表现越好，意味着企业吸收能力越强，从外资“垂直”溢出中也将受益更多。为检验这一传导机制是否成立，以企业生产规模和技术创新水平表征吸收能力，从以下两方面展开分析。

一方面，企业吸收外资“垂直”溢出的能力取决于自身生产规模，这是因为下游外资进入增多所产生的庞大中间品需求推动上游本土企业增加供应，从而增加产品生产规模回报，增强出口获利能力。同时，企业只有在自身生产达到一定规模后才能更好地吸收上游外资进入带来的前向溢出。因此，本部分以企业工业总产值的对数形式作为企业吸收能力的衡量指标$Ability_{i,t}_s$，再依次加入其与外资“垂直”溢出指标的两个交互项到基准检验方程中重新回归（见表 7.8）。交互项回归系数显著为正，说明以企业生产规模为表征的吸收能力在外资进入与出口产品升级路径中起到正向调节作用，随着企业生产规模不断扩大，外资前向溢出的阻碍作用有所减缓，外资后向溢出的促进作用也得到强化。

表 7.8　　　　机制检验结果：基于生产规模的吸收能力

变量	$Quality_{i,o,t}$	$Prody_{i,o,t}$	$Quality_{i,o,t}$	$Prody_{i,o,t}$
	（1）	（2）	（3）	（4）
$Fdi_{o,t}\_f$	−0.065 5*** （0.022 7）	−2.476 6*** （0.129 4）	−0.077 6*** （0.021 9）	−2.539 1*** （0.126 4）
$Fdi_{o,t}\_b$	0.165 0*** （0.019 2）	2.508 2*** （0.120 1）	0.148 3*** （0.019 0）	2.476 4*** （0.119 8）
$Ability_{i,t}\_s$	−0.013 4*** （0.000 4）	0.016 7*** （0.002 1）	−0.013 0*** （0.000 4）	0.018 5*** （0.002 0）
$Fdi_{o,t}\_f \times Ability_{i,t}\_s$	0.005 9*** （0.002 0）	0.027 1*** （0.009 7）		
$Fdi_{o,t}\_b \times Ability_{i,t}\_s$			0.023 7*** （0.001 8）	0.072 8*** （0.011 1）
常数项	0.486 9*** （0.006 1）	4.454 5*** （0.035 4）	0.490 8*** （0.006 0）	4.462 6*** （0.035 2）
N	474 363	431 518	474 363	431 518
R^2	0.416 0	0.450 3	0.416 8	0.450 5
F	349.072 1	144.834 7	424.169 1	154.985 4
固定效应	δ_i、δ_o、δ_t	δ_i、δ_o、δ_t	δ_i、δ_o、δ_t	δ_i、δ_o、δ_t
控制变量	是	是	是	是

另一方面，企业吸收能力还与其技术创新水平直接相关，尤其是专利版权、专营权、商誉、独家秘方等无形资产规模，与企业吸收能力直接挂钩（刘斌等，2021）。本部分以企业无形资产的对数形式作为企业吸收能力的衡量指标 $Ability_{i,t}\_a$ ，依次加入其与外资“垂直”溢出指标的交互项 $Fdi_{o,t}\_f \times Ability_{i,t}\_a$ 到基准检验方程中重新回归（见表 7.9）。结果发现，以企业技术创新水平表征的吸收能力在外资进入与出口产品升级路径关系中起到了负向调节。具体地，企业自身技术创新水平提高，有助于其吸收上游外资进入带来的前向溢出，但也会在一定程度上制约了其对外资后向溢出的吸收。

表 7.9　　机制检验结果：基于技术创新的吸收能力

变量	$Quality_{i,o,t}$	$Prody_{i,o,t}$	$Quality_{i,o,t}$	$Prody_{i,o,t}$
	（1）	（2）	（3）	（4）
$Fdi_{o,t}\_f$	$-0.068\ 9^{***}$ （0.022 5）	$-2.466\ 8^{***}$ （0.128 6）	$-0.084\ 6^{***}$ （0.022 1）	$-2.562\ 4^{***}$ （0.126 6）
$Fdi_{o,t}\_b$	$0.151\ 8^{***}$ （0.019 0）	$2.482\ 1^{***}$ （0.120 2）	$0.148\ 0^{***}$ （0.019 0）	$2.471\ 5^{***}$ （0.120 1）
$Ability_{i,t}\_a$	$-0.009\ 0^{***}$ （0.000 3）	$0.035\ 9^{***}$ （0.009 1）	$-0.008\ 8^{***}$ （0.000 3）	$0.037\ 2^{***}$ （0.001 8）
$Fdi_{o,t}\_f \times Ability_{i,t}\_a$	$0.008\ 2^{***}$ （0.001 8）	$0.050\ 2^{***}$ （0.009 1）		
$Fdi_{o,t}\_b \times Ability_{i,t}\_a$			$-0.013\ 5^{***}$ （0.001 8）	$-0.074\ 0^{***}$ （0.010 4）
常数项	$0.434\ 5^{***}$ （0.005 5）	$4.258\ 3^{***}$ （0.033 6）	$0.438\ 3^{***}$ （0.005 5）	$4.277\ 1^{***}$ （0.033 4）
N	508 885	462 616	508 885	462 616
R^2	0.411 1	0.457 1	0.411 2	0.457 1
F	220.000 3	233.719 3	233.719 3	243.432 4
固定效应	δ_i、δ_o、δ_t	δ_i、δ_o、δ_t	δ_i、δ_o、δ_t	δ_i、δ_o、δ_t
控制变量	是	是	是	是

可见，吸收能力是本土企业对外资技术模仿及二次创新的重要保障。以生产规模为表征的吸收能力有助于强化下游外资进入带来的后向溢出，以技术创新水平为表征的吸收能力则更能强化上游外资进入带来的前向溢出。整体上看，企业只有具备一定的生产规模及技术优势，才能更好地吸收外资“垂直”溢出，进而实现出口产品升级路径。

7.5　进一步检验：服务部门外资开放

前文分析的是制造业上游（下游）部门外资进入对其下游（上游）部门出口产品升级的前（后）向溢出影响，得益于多年来积累的供应端优势，外资后向溢出渠道是制造业外资进入影响中国出口产品升级路径的主要渠道，能增强相关企业的规模优势和创新效益。

当前，中国经济正处于“转换增长动力”的关键时期，外资进入由制造业转向服务业，《中国制造业 2025》、《关于加快推动制造服务业高质量发展的意见》和《“十四五”服务贸易发展规划》等均强调服务业对制造业发展的重要支撑作用。同时，服务业外资准入门槛持续降低，大量服务环节融入制造业产品生产过程中。在西方制造业加速回流、国内要素环境发生根本性改变的情况下，制造业服务化成为破解产品升级困境的有效有段，不仅能降低服务使用成本，优化内部组织结构与管理决策，还提供给制造业企业学习服务部门技术优势的机会。

为探究上游（下游）服务部门外资进入（简称为“SFDI”）对其下游（上游）制造部门出口产品升级的前向（后向）溢出影响，仍采用前文思路计算相关指标（见式 7.8 和式 7.9）。

$$S\_Fdi_{o,t}\_f=\sum_{s_u}\left(Fdi_{s_u,t}\times F_{o,s_u,t}\right) \tag{7.8}$$

$$S\_Fdi_{o,t}\_b=\sum_{s_d}\left(Fdi_{s_d,t}\times B_{o,s_d,t}\right) \tag{7.9}$$

其中，$s_u(s_d)$为部门o的上游（下游）服务部门；$F_{o,s_u,t}(B_{o,s_d,t})$为部门o在生产中消耗上游（下游）服务部门$s_u(s_d)$的中间投入份额（称为“服务部门前后向溢出系数”）；$Fdi_{s_u,t}(Fdi_{s_d,t})$为服务部门s在第t年所面临的外资“水平”进入规模，以实际利用外资规模来衡量。考虑到服务异质性特征，本部分重点研究了运输服务、信息服务、分销服务和金融服务部门的外资开放情况①。有关服务部门前后向溢出系数的测算结果详见附表 6。

7.5.1　SFDI 与产品内升级路径检验

基于上述指标测算思路，本部分分别将上游服务部门外资开放（$S\_Fdi_{o,t}\_f$）、下游服务部门外资开放（$S\_Fdi_{o,t}\_b$）替换原有指标加入基准检验方程中重新回归，以考察 SFDI 对制造业出口产品质量的影响（见表 7.10）。

---

① 运输服务部门是指交通运输业、仓储和邮政业，信息服务部门是指信息传输、计算机服务和软件业，分销服务部门是指批发和零售业，金融服务部门是指金融业。

表 7.10　　SFDI 与产品内升级路径的检验结果

变量	运输服务	信息服务	分销服务	金融服务
	(1)	(2)	(3)	(4)
$S\_Fdi_{o,t}\_f$	0.011 6*** (0.003 2)	0.040 9*** (0.013 3)	−0.009 7*** (0.001 4)	0.054 0*** (0.006 1)
$S\_Fdi_{o,t}\_b$	−0.001 8* (0.001 0)	−0.017 6*** (0.002 1)	−0.006 4*** (0.005)	−0.059 9*** (0.007 4)
常数项	0.367 7*** (0.002 5)	0.374 8*** (0.001 2)	0.394 0*** (0.002 3)	0.384 5*** (0.001 0)
N	538 638	538 638	538 638	538 638
R^2	0.502 8	0.502 9	0.503 2	0.503 0
固定效应	δ_i、δ_o、δ_t	δ_i、δ_o、δ_t	δ_i、δ_o、δ_t	δ_i、δ_o、δ_t
控制变量	是	是	是	是

结果发现，服务部门外资后向溢出阻碍了制造业产品内升级路径的实现，这可能是因为制造业向下游服务部门提供的中间品份额较少，尤其是金融服务部门和信息服务部门，存在大量空白。但是，作为制造业上游服务部门，运输服务部门外资前向溢出能够显著地促进制造业出口产品质量提升，这是因为运输服务部门外资进入与物流网络建设，有助于降低由客观存在的“地理距离”引致的产品贸易成本，从而使得企业能有更多资金投入其余环节，调整生产经营并抵御外部风险。

同时，信息服务部门和金融服务部门外资前向溢出也有助于制造业企业产品内升级路径的实现，这是因为信息技术与金融产业发展能有效地降低资产专用性，赋予企业产品选择的灵活性，尤其是金融服务部门，溢出强度取决于制造业企业与服务供应商的关系密切程度。分销服务部门外资前向溢出不利于企业产品内升级，原因可能是批发零售服务业本身对制造业出口产生的前向溢出效应较弱，也可能是上游分销服务业的“在位优势”阻碍了技术创新和产品升级。

整体上看，上游服务部门外资进入后通过前向溢出渠道显著促进了下游服务部门内的相关企业出口产品质量升级，有助于产品内升级路径的实现。

7.5.2　SFDI 与产品间升级路径检验

基于上述分析，本部分分别将上游服务部门外资开放（$S\_Fdi_{o,t}\_f$）、下游服务部门外资开放（$S\_Fdi_{o,t}\_b$）替换原有指标加入基准检验方程中重新回归，以考察 SFDI 对制造业出口产品技术复杂度的影响（见表 7.11），各列结构同表 7.10 类似。

表 7.11　SFDI 与产品间升级路径的检验结果

变量	运输服务	信息服务	分销服务	金融服务
	（1）	（2）	（3）	（4）
$S\_Fdi_{o,t}\_f$	0.314 9*** （0.020 7）	0.294 9*** （0.075 1）	0.141 1*** （0.008 5）	0.541 6*** （0.036 1）
$S\_Fdi_{o,t}\_b$	−0.003 9 （0.005 3）	0.220 0*** （0.013 7）	−0.042 1*** （0.003 3）	−0.268 8*** （0.051 9）
常数项	5.022 4*** （0.015 7）	4.733 1*** （0.006 6）	4.619 6*** （0.013 7）	4.877 5*** （0.006 1）
N	489 616	489 616	489 616	489 616
R^2	0.552 7	0.552 9	0.553 8	0.552 6
固定效应	δ_i、δ_o、δ_t	δ_i、δ_o、δ_t	δ_i、δ_o、δ_t	δ_i、δ_o、δ_t
控制变量	是	是	是	是

结果发现，不同服务部门外资开放均能够通过前向溢出渠道促进制造业企业实现产品间升级路径，特别是金融服务部门，其外资规模扩大有助于下游制造业出口产品技术复杂度提升，这正好证明了降低服务部门外资准入门槛、增加制造环节服务投入和加强产业融合等政策措施取得的产业效益。但是，分销服务部门和金融服务部门外资后向溢出不利于产品间升级，这可能是因为这些服务部门与制造业企业的后向关联较弱。同时，信息服务部门外资后向溢出有助于产品间升级，这表明制造业上下游信息服务越完备，技术要素投入增多，创新效率改进，越有助于产品间升级路径的实现。

7.6　本章小结

在“进入后”阶段，外资已充分融入中国经济，对国内生产布局和出口结构的影响更加纵深复杂，不同行业部门外资进入通过部门间前后向关联带来了差异化的“垂直”溢出效应。本章首先分析了外资“垂直”溢出对企业出口产品升级路径的影响，同时还分析其对不同企业、部门及行业出口产品升级路径的差异性影响；其次，检验了外资“垂直”溢出对产品升级路径偏向性的影响，并探讨其中的传导机制；最后，进一步分析了服务部门外资开放对制造业出口产品升级路径的影响。得到了如下的重要结论：

第一，外资前向溢出倾向于负向影响出口产品质量，从而不利于产品内升级路径的实现，外资后向溢出则起到正向影响，这一基本结论具有较强的稳健性，命题 7 为真。另外，外资前向溢出促进了资本密集型及技术密集型行业实现产品内升级路径，但不利于内资企业、东部地区这一路径的实现；外资后向溢出促进了内资企业、东部地区、劳动密集型及资本密集型行业实现产品内升级路径。企业应根据产品性质及其与上下游行业部门之间的前后向关联程度，找准自身定位，最大化外资“垂直”溢出带来的正向效应。

第二，外资“垂直”溢出对产品间升级路径的影响与产品内升级路径中的影响类似，前向溢出起到阻碍作用，后向溢出则起到了促进作用，命题 8 为真。另外，外资前向溢出削弱了外资企业、东部地区、劳动密集型及资本密集型行业出口产品技术复杂度，从而不利于其产品间升级路径的实现；外资后向溢出促进了外资企业、东部地区、劳动密集型及资本密集型行业实现产品间升级路径，技术密集型行业影响反而不显著。

第三，外资“垂直”溢出对不同偏向性出口产品升级路径的影响较为复杂。若企业优先产品内升级，外资前向溢出对其产品间升级路径的制约作用得到弱化，后向溢出作用得到强化；而若企业优先产品间升级，外资前向溢出对其产品内升级路径的负向影响大幅减弱，但后向溢出作用也会受到制约。总体上，优先产品内升级的路径有助于增强外资后向溢出带来的积极效应，优先产品间升级的路径有助于弱化外资前向溢出带来的负向影响，选择何种路径取决于企业自身生产与其上下游行业部门的关联程度，命题 9 为真。

第四，机制检验发现，企业只有具备一定的规模优势和技术创新水平，才能更好地吸收外资“垂直”溢出，进而实现出口产品升级路径。随着企业生产规模不断扩大，外资“垂直”溢出带来的影响效应得到了积极的调节，而随着企业自身技术创新水平的提高，这一影响效应得到了负向调节。总体来看，企业生产规模越大，越有助于吸收下游外资进入带来的后向溢出，技术创新水平越强，越有助于吸收上游外资进入带来的前向溢出。

第五，进一步检验发现，服务部门外资前向溢出显著促进了上游制造业出口产品升级路径的实现，尤其是信息服务业和金融服务业，后向溢出则起到阻碍作用。这一结果正好证明了放宽服务业外资准入门槛、增加制造环节服务投入以及加强产业融合等政策措施取得的积极成效。综合前文结论来看，中国出口产品升级动力更多来自下游制造业部门外资进入带来的后向溢出以及上游行业部门外资进入产生的前向溢出。

第 8 章

研究结论与政策启示

新发展格局下，中国开启了新一轮更高水平对外开放，缩减外资准入负面清单，打造国际化营商环境，引导大规模外资进入并融入国内经济发展进程。同时，外贸结构正处于新旧动能转换的关键时期，由高速增长转向高质量发展，实现出口产品升级有助于重塑外贸比较优势。另外，经济主体在有限的资本约束下偏向于选择更加合意的产品升级路径，最终迈向更高出口质量及技术复杂度。在此背景下，本书以“外资进入与中国出口产品升级路径”为研究主题，全面考察二者之间的影响关系，得到如下结论和启示。

8.1 研究结论

本书遵循“文献梳理—典型事实—理论分析—实证检验”的脉络展开研究，采用文献调查法、比较研究法、数理模型分析法和实证研究法等多种方法深入研究，全面考察不同阶段外资进入对中国出口产品升级路径的影响效应，包括以产品质量提升为表现的产品内升级路径和以技术复杂度提升为表现的产品间升级路径，以及存在优先“排序”的路径偏向性研究，最终得出了如下的重要结论：

第一，外资进入以“FDI 流入”“跨国公司为了获得长期收益和支配权而投资于本土企业或设立子公司”为内涵。从国内视角看，中国外资准入的方针政策始终与同时期推动经济体制改革和产业发展的政策步调相一致，并呈现出由制造业转向服务业、由稳固东部逐渐向中西部延伸的分布特征。从国际视角看，中国市场一直是 FDI 流入的重要选择，庞大的外资进入不仅助力国内经济增长，还加快经济结构转型和出口产品升级。那么，如何实现出口产品升级？依据同一类产品内及不同类产品间的要素差异，本书将产品升级过程识别为以质量增强为表现的产品内升级路径和以技术复杂度提升为表现的产品间升级路径。从国内视角看，中国自 2003 年以来出口产品升级动力主要来源于资源配置，即产品内质量变化与产品间技术结构调整所带来的综合效应。从国际视角看，中国出口产品质量及技术复杂度在样本期间排名分别上升了 13 位和下降了 2 位，同排名前 10 位国家差距较大，有很大的产品升级空间。

第二，不同阶段外资进入对出口产品升级路径存在差异化的影响。在“进入前”阶段，外资准入自由化有助于降低外国资本品价格和企业边际成本，赋予企业增强出口产品质量的能动性，还促使企业缩短产品技术距离以提升技术复杂度，最终有助于实现出口产品升级路径。其中，成本节约为重要的影响机制。进一步地，相关税收优惠政策设计是推行外资自由化和实现出口产品升级路径的主要方式。在“进入时”阶段，行业内外资“水平”进入规模扩张显著促进出口产品技术复杂度，从而有助于实现产品间升级路径，同时，在资本过度集中的负向冲击和技术优势增强的综合作用之下，外资“水平”进入整体上有助于以质量提升为表现的产品内升级路径实现。其中，技术溢出为重要的影响机制。进一步地，受外资并购冲击（尤其是外商并购）的企业更能获取外资进入带来的微观溢出。在“进入后”阶段，下游制造业外资进入带来的后向溢出有利于企业出口产品升级路径的实现，前向溢出的影响正好相反，吸收能力为其中的影响机制。与此同时，上游服务部门外资进入带来的前向溢出有助于企业实现出口产品升级，后向溢出的影响正好相反。

第三，在外资进入背景下，受限于有限的资本，企业难以集中全力同步实现产品内升级与产品间升级，往往会在两条路径中作排序选择，因此呈现出路径偏向性。在企业优先提升出口产品质量以实现产品内升级的路径中，外资准入政策放宽不利于其出口产品技术复杂度提升，削弱了产品间升级动力，行业内外资进入规模扩张也带来类似的影响。反之，当企业优先实现产品间升级的路径中，外资进入显著增强企业出口产品质量，进而实现产品内升级路径。因此，企业优先选择产品间升级而后追求产品内升级的路径潜力较大，能最大限度地释放外资进入带来的积极效应。但在外资充分融入国内经济后，通过行业间前后向关联渠道对出口产品升级路径偏向的影响稍显纵深复杂，即优先产品内升级的路径有助于强化外资后向溢出带来的积极影响，优先产品间升级的路径有助于弱化外资前向溢出带来的阻碍作用，选择何种路径取决于企业所处行业同其上下游行业部门间的生产关联程度。

第四，外资进入对内外资企业、不同地区及要素密集型行业的出口产品升级路径存在差异化的影响。其一，外资进入所带来的技术溢出主要存在于关联更为密切的外资企业中。当外资控股企业主营业务收入占行业的比重提高时，意味着要素资源和市场份额会更多地被外企所享有，加剧行业内竞争，压缩内资企业产品升级空间。其二，外资进入对出口产品升级路径的影响主要存在于东部地区，其次是中部地区，西部地区的影响较不显著。这主要是因为东部地区不仅参与出口的企业最多，还是吸引外资进入的主要区位，外国投资者会优先选择能增强并维持其自身垄断优势的东部地区进入。因此，需完善地区利用外资的政策设计，降低外资准入前的锚定效应，激发外资在缩小区域经济发展差距中的重要功能。其三，在外资准入自由化背景下，技术密集型行业作为准入门槛降低最多的行业更有动力实现出口产品升级路径，劳动密集型行业倾向于实现产品间升级路径，资本密集型行业则遭受较大的负向冲击，此外，外资前向溢出渠道有助于资本密集型及技术密集型行业实现产品内升级路径，后向溢出渠道有助于劳动密集型及资本密集型行业同时实现产品内升级和产品间升级路径。

8.2　政策启示

8.2.1　将外资进入效益内化为出口产品升级动力

外资进入并融入国内经济发展进程，有助于补齐资金短板，供应多样化和高质量的外国资本品，赋予企业实现出口产品升级的能动性，最终增强出口产品质量及技术优势，应多措并举将外资进入效益内化为出口产品升级动力。

一是提高外资准入负面清单精准度，加快推进制度型对外开放。例如，2021年版本的外资准入负面清单为从事负面清单禁止投资领域业务的境内企业到境外上市融资提供了政策支持，拓宽多样化融资渠道和产业发展空间。同时，还应正视外资开放后对国内产业造成的竞争压力，特别是当前全球产业链供需紧张、制造业发展格局面临重大变革的关键时期，缩减外资准入负面清单，扩大对外商的“磁吸力”，以汽车制造等重点领域为突破，完善海外布局的先手棋，带动更大范围的技术进步和产品升级，以更好地满足海外市场对高品质产品的需求。此外，各地方、各部门应加快清理与《外商投资法》不符的规章制度和管理条例，坚定落实负面清单外的内外资一致原则，从而营造透明公正的竞争环境。

二是完善外商投资产业鼓励类目的优惠政策设计，破除外资进入前的锚定效应，最大限度激发出口产品升级动力。外资进入对出口产品升级路径的积极影响主要是政策优惠使然，而非单纯的市场准入。从现实来看，鼓励类外资项目可享受进口自用设备免税等多项优惠政策，在此基础上可继续完善相关优惠政策，如增加鼓励领域、设立复工复产资金及完善配套优惠政策等，吸引外商投资并汲取产品升级动力。西部地区鼓励类目规定，企业主营业务收入占总收入比重不低于 60%的部分，可享受减按 15%税率征收企业所得税的优惠政策[①]，未来或可进一步扩大优惠政策覆盖面，吸引外资进入西部地区，优化区域产业链布局，畅通西部企业融入海外市场的外循环。另外，还应警惕部分外资“高进低出”逃税及利润转移行为，加强外资监管以便让优惠政策真正落到实处。

三是畅通外资进入影响出口产品升级路径的传导机制，增强外资技术溢出、企业成本优势及吸收能力。外资准入自由化使得国内企业能以较为实惠的价格获取外国资本品，降低内部生产成本和外部融资成本，行业内外资规模扩大通过竞争性应、示范及人员流动效应带来技术溢出，进而又通过行业间前后向关联渠道带来“垂直”溢出。因此，推动企业间信息共享和技术合作，减缓负向竞争冲击，增强对外资正向溢出的吸收能力。具体措施包括：加强知识产权保护与研发合作，维护内外资企业合法权益，促进技术交流共享；加强内外资银行金融合作，以亟须资金企业的“清单式”管理，强化对中小企业融资增信支持，破解企业研发与升级产品过程中的资金难题；在企业吸收能力建设方面采取配套措施，如建设新型基础设施、加强对中小规模企业成长保护及推进人力资本结构高级化等，以更好地发挥外资进入对出口产品升级路径的促进作用。

四是以服务业作为提升制造业产品出口竞争力、实现产品升级和高质量发展的重要支撑。随着制造业投入服务化、服务部门外资开放程度增强，上游服务部门外资进入显著促进其下游服务部门内的相关企业出口产品升级，尤其是

---

① 2020 年 11 月 5 日，国家发展改革委第 11 次委务会议审议通过了《西部地区鼓励类产业目录（2020 年本）》，并经国务院同意，自 2021 年 3 月 1 日起施行。

金融服务业和信息服务业。因此，进一步提升服务业外资开放水平，增强服务部门供给质量、专业化及社会化，促进产业融合发展。具体措施包括：建设综合性服务平台，为上下游企业提供共性指导和专业化服务；开展生产性服务业与先进制造业融合发展试点，探索原材料、装备制造等重点领域同服务部门融合发展新路径；推动产学研协同创新，支持科研机构、高校和科技企业共建研发机构，整合创新资源赋能产品升级；调动企业培育自主品牌能动性，优化产品和服务供给，强化以质量为基础的品牌发展理念。

8.2.2　选取切合产品要素属性的差异化升级路径

外资进入对不同要素密集型行业出口产品升级路径的影响存在差异，尤其是外资“垂直”溢出渠道，企业应选取切合自身产品要素属性的差异化升级路径，以最大化外资进入带来的正向效益，加快出口产品质量及技术复杂度升级进程。

一是加大对传统产业改造力度，注重核心技术研发而后逐步提升产品质量，培育参与国际市场合作及竞争的新优势。食品加工、纺织服装皮革及其制品和家具制品等传统生产部门有赖于较低廉的劳动力投入，这类型产品本身质量提升空间较小、技术基础薄弱，但却能从外资准入进程中集聚资金优势，进而汲取技术复杂度提升动力。因此，改造传统产业应优先从技术研发环节入手，充分获取外资“水平”进入带来的技术溢出及下游行业部门外资进入带来的后向溢出，优先实现产品间升级路径，再逐步增强出口产品质量。具体措施包括：深耕现有领域，巧用外资补足资金缺口，在技术研发和产品设计环节切实发力；培育供应链优势，密切与下游行业部门生产合作，加快向新材料、新能源和新业态转型；谨防过度依赖外资，注重科技人才引进和技术培训，尽可能掌握产品制造核心技术；在与外资优惠政策和国家发展战略的衔接上，以国内市场为依托，拓宽资源配置空间，努力开拓海外新市场，加速实现出口产品升级。

二是扩大资本密集型行业外资开放，引入竞争、技术和管理人才，以质量提升带动技术升级，最终实现“弯道超车”。石油化工、交通建设和机械制造等资本密集型行业有赖于较大的资本投入，外资“水平”进入带来的竞争冲击大于正向溢出，但上下游外资“垂直”溢出尤其是后向溢出却能显著提升其出口产品技术复杂度，该提升效应还能从产品质量增强过程中进一步得到强化。因此，资本密集型行业应持续扩大外资开放，引入竞争，吸收技术和管理人才，以质量提升带动技术复杂度升级。具体措施包括：立足于市场优势，以国内广阔的市场需求为依托，吸收外资进入带来的新技术，促进传统工艺改造升级，从而衍生出新产品和新技术；立足于产业链优势，加强上下游行业部门间的资金融通和技术合作，打造过硬品牌，加深市场及同行对自身产品的认可度，主动研发创新；立足于产业集聚优势，发展“两新一重”，降低企业生产成本，弱化资本过度集聚造成的负向冲击，突破产品升级瓶颈。

三是强化技术密集型行业部门的技术引进、吸收及创新活动，优先提升出口产品技术复杂度，打破外资技术垄断困境，从而实现跨越式发展。电子计算机、电气设备、航天工业和新材料等技术密集型行业部门对资金及技术知识要素的需求较大，不仅从外资准入自由化中获取强劲的产品升级动力，还能受益于其上游行业部门外资进入带来的前向溢出，且优先提升产品质量而后增强技术复杂度的路径更能汲取外资营养。因此，技术密集型行业部门要融合技术引进、吸收及创新活动，掌握核心技术以提升产品技术复杂度，加速升级路径的实现。具体措施包括：完善创新激励政策体系，如财政资助、税收优惠和加速折旧等，引导经济主体有效利用跨国公司直接投资和技术转让，加强技术研发合作，提高资源配置效率；加强政策导向和调控功能，在技术吸收及转化上下功夫，特别是关键领域核心技术的消化、吸收及创新，增强自主创新和持续创新能力；完善技术创新服务体系建设，以产业园区、科技创新基地和中介服务等形式，促进要素资源充分流动，合力推动出口产品升级。

8.2.3 有机结合外资产业效益和地区发展目标

外资进入对出口产品升级路径的积极作用集中体现在东部地区，其次是中部地区，西部地区的影响则不显著，这主要是各地外资参与度和出口参与度不同造成的，地区外资政策设计既要匹配产业要素需求，更要将其与自身发展目标相结合，联动促进出口产品升级和高质量发展。

一是着力优化东部地区外资结构，引导其流向先进制造业和现代服务业，注重外资质量，推动出口贸易创新发展。在外资进入与出口产品升级路径的典型事实分析中，东部地区开放程度最深，其对外开放政策与出口绩效相较中西部地区的表现更好，故从外资进入中获得的出口升级动力最大，尤其是外资“水平”进入与下游外资进入带来的后向溢出。未来应着力优化外资结构，提升外资质量和创新效能。具体措施包括：持续优化外资准入负面清单，完善外商投资营商环境，落实先进技术服务型外资企业的政策优惠，改善外国投资者政策预期；推动先进制造及现代服务领域（如汽车行业和金融业）高质量外资项目顺利落地，做好“一对一”精准政策服务，形成示范带动效应；支持外资企业在华设立研发机构、技术创新合作中心等，鼓励内外资企业开展共性技术合作、精尖端技术交流研究，提升外资技术转让、产品测试和研发融资的配套服务水平；鼓励外资企业参与智能制造关键装备及核心技术研发活动，引导国内领军企业与国外创新团队联合研发及产业化应用。

二是持续增设中西部鼓励类外商投资条目，适当以税收减免、股权转让限制等形式予以政策倾斜。中部地区的河南、江西、湖北和湖南等省及西部地区的重庆、贵州等地，兼具人口规模和政策优势，较好承接中等技术密集型、资本密集型及劳动密集型外商投资，应持续增设鼓励类外商投资条目，发挥外资促进区域经济共享发展的功能。具体措施包括：将外资政策同西部大开发、中部崛起、沿边开发开放等区域发展战略紧密结合，完善中西部外资营商环境；重点支持能源化工、装备制造和旅游等优势产业对外资开放，适当以税收减免、股权转让限制等形式予以政策倾斜；改善中西部口岸、跨境运输等基础设施体系，打破商品、服务及要素流动的区域壁垒和市场分割。另外，还应增强各级政府“放管服”意识，引进市场化的投资服务中介，逐步替代政府在外资布局中的主导地位，切实为外商投资、内外资合作、技术研发和产品转换等提供一揽子专业化服务。

三是解决好不同地区利用外资与出口升级的共性问题，完善相关政策设计，加强区域间资源共享，形成东西互济的双向开放格局。第一，加强政策合规性审查，清理各地方、各部门有悖《外商投资法》、外资准入负面清单的条目内容，还要清理有悖国际规则的贸易及投资补贴政策，深化外商投资营商环境，维护公平市场秩序；第二，推进知识产权保护和技术转让，建立跨区域、跨行业部门的知识产权协同保护机制，保障不同企业同等享受知识产权公共服务资源，鼓励其基于自愿原则和商业规则与各类市场主体开展技术合作，加大知识产权侵权的违法成本和惩治力度；第三，重点邀请制造业领域跨国公司从东部地区转移到产业发展基础较好的中西部地区，支持中西部承接产业示范区、加工贸易梯度转移重点承接地建设。

8.2.4　加强关键领域的外资审查及外资监管

外资进入在很大程度上助力中国出口产品升级路径的实现，但上游外资进入通过向下游企业供应中间品所产生的前向溢出却不利于出口产品质量及技术复杂度提升，且资本密集型行业遭到的负向影响较大。这意味着在享受不同阶段外资进入带来溢出效应的同时，更应对“有限的”外资保持清醒认识，加强关键领域的外资审查及外资监管，降低外资集聚对出口产品升级的负向冲击。

一是加强对重点行业部门及其上游生产环节的外资审查和监管。行业内外资进入带来竞争效应、示范效应及人员流动效应，综合作用之下显著促进其范围内企业出口产品升级路径的实现，故当前外资审查办法多从“水平”视角出发，对关乎国计民生和国防安全的重点领域加强外资审查[①]。实际上，外资对出口产品升级路径的阻碍作用集中体现在行业上游外资进入对其下游企业产生的前向溢出，故十分有必要从“垂直”视角对现有外资审查及管理办法加以完善，具体包括对重要资源、原材料供应及零部件生产等上游行业部门（如技术类芯片、半导体硅和光电池等）的外商投资加强管理，以自主申报和抽查安审结合的方式避免外资审查泛化，完善配套的外资审查奖惩机制，将应报未报、弄虚作假等违规行为纳入征信系统并按规实施惩戒。

二是增加外资准入政策优惠和企业经营绩效挂钩的审计环节与反馈机制。政策优惠是实现外资准入自由化、增强外资溢出效应的主要手段，单靠市场准入吸引力较低。但在扩大外资准入政策优惠力度的同时，应格外警惕部分外资“高进低出”的逃税及利润转移行为，增加审计环节和反馈机制，让优惠政策真正落到实处。具体措施包括：从法律上明文规定外资企业的避税行为，加大处罚力度；以税收减让、先行先试等方式加码外资准入政策优惠，激励大型跨国经营的外资企业主动向税务部门申报自身经营状况；完善外资企业财务审计的内容细则，定期审核相关企业商务活动是否真实合法；将当期审核结果纳入下一年审核内容，并将其作为外资企业是否持续享有相关政策优惠的条件；谨防个别外资企业利润转移行为，通过实地查看、人员约谈、外调分析和关联交易信息采集等多种方式，加大对大额对外支付业务真实性与合理性的核查力度。

8.3 研究展望

鉴于研究主题、文章篇幅和数据获取等方面的限制，本书还存在如下的不足之处，有待未来进一步研究。

第一，本书主要从理论和实证两个方面探究外资进入与出口产品升级路径的影响关系。在理论分析中，由于外资“垂直”溢出效应涉及不同行业部门间的生产关联，难以纳入数理模型推演过程，仅通过文献梳理及分析得到了外资“垂直”溢出对出口产品升级路径的影响机制，有待进一步完善多部门异质性产

① 2020 年 12 月，国家发展改革委和商务部联合发布了《外商投资安全审查办法》，对投资军工、军工配套等关系国防安全的领域及关系国家安全的重要能源资源、关键技术和其他重要领域的外商投资展开安全审查。

品模型，探究部门间前后向关联作用下的外资进入同出口产品质量及技术复杂度的数理关系。从研究维度看，本书主要分析了不同阶段外资进入对出口产品升级路径实现和路径偏向的影响，但该影响还可能受到其他因素的作用，如外资质量水平、东道国市场环境等，对这些问题的研究有助于深化对外资进入与出口产品升级路径影响关系的认识，从而得到更加丰富且细致的结论。

第二，本书主要采用 2003—2013 年中国工业企业与海关贸易数据库的匹配数据作实证检验。自 2001 年中国正式加入 WTO 以来，贸易投资环境发生了显著改变，而 2002 年“入世”的经济效益尚未充分体现，故以 2003 年为研究起点。由于难以获取 2013 年之后的出口产品微观数据，最终选取了 2003—2013 年为研究区间，导致实证部分的数据略显陈旧。为尽可能捕获外资进入与出口产品升级路径的最新动态，特在第 3 章的典型事实中采用最新数据加以分析。具体包括：将宏观层面实际利用外资数据、《外商投资产业指导目录》及《外商投资准入特别管理措施（负面清单）》的修订内容均更新到 2022 年，将国内不同行业及地区层面的利用外资数据更新到 2021 年，将国别层面的外资净流入数据更新到 2020 年，将国别层面的出口产品质量及技术复杂度指标测算结果更新到 2017 年。下一步有待结合最新的外资政策和产业政策，更新匹配相关数据，完善外资进入与出口产品升级路径的实证研究内容。

参考文献

[1] Aghion P，Blundell R W，Griffith R，Howitt P，Prantl S. The Effects of Entry on Incumbent Innovation and Productivity [R]. The Review of Economics and Statistics，CEPR Discussion Paper，2005，No.5323.

[2] Aiginger K. The Use of Unit Values to Discriminate Between Price and Quality Competition [J]. Cambridge Journal of Economic，1997，21 (5)：571 – 592.

[3] Aitken B，Hanson G H，Harrison A E. Spillovers，Foreign Investment and Export Behavior [J]. Journal of International Economics，1997，43 (1 – 2)：103 – 132.

[4] Albeaik S，Kaltenberg M，Alsaleh M，Hidalgo C A. Improving the Economic Complexity Index [R]. ARXIV Working Paper，2017.

[5] Amiti M，Khandelwal A K. Import Competition and Quality Upgrading [J]. Review of Economics and Statistics，2013，95 (2)：476 – 490.

[6] Amiti M，Konings J. Trade Liberalization，Intermediate Inputs and Productivity: Evidence from Indonesia[J]. American Economic Review，2007，97 (5)：1611 – 1638.

[7] Baldwin R，Harrigan J. Zeros，Quality and Space：Trade Theory and Trade Evidence [R]. CEPR Discussion Papers，2007，No.6368.

[8] Bernard A B，Jensen J B. Why Some Firms Export [J]. The Review of Economics and Statistics，2004，86 (2)：561 – 569.

[9] Bernard A B，Redding S J，Schott P K. Multiply-Product Firms and Product Switching [J]. American Economic Review，2010，100 (1)：70 – 97.

［10］ Blalock G，Gertler P J. Welfare Gains from Foreign Direct Investment through Technology Transfer to Local Suppliers［J］. Journal of International Economics，2007，74（2）：402－421.

［11］ Blomstrom M，Kokko A. Multinational Corporations and Spillovers［J］. Journal of Economic Surveys，Wiley Blackwell，1998，12（3）：247－277.

［12］ Brandt L，Johannes V B，Zhang Y F. WTO Accession and Performance of Chinese Manufacturing Firms［J］. American Economic Review，2017，107（9）：2784－2820.

［13］ Brucal A，Javorcik B，Love I. Good for the Environment，Good for Business：Foreign Acquisitions and Energy Intensity［R］. CEPR Discussion Papers，2019，No.13810.

［14］ Buckley P J，Casson M. The Future of Multinational Enterprises in Retrospect and in Prospect［J］. Journal of International Business Studies，2003，34（2）：219－222.

［15］ Caves R E. Multinational Firms，Competition，and Productivity in Host Country Market［J］. Economics，1974，41（162）：176－193.

［16］ Damijan J P，Knell M，Majcen B，Rojec M. Technology Transfer through FDI in Top10 Transition Countries：How Important are Direct Effects，Horizontal and Vertical Spillovers?［R］. William Davidson Working Paper，2003，No.549.

［17］ Ding H Y，Koedijk K G，Li C，Qi T. The International Location of Chinese Firms：Impact of FDI Experience on Export Performance［J］. The World Economy，2021，44（12）：3609－3640.

［18］ Dornbusch R，Fischer S，Samuelson P. Comparative Advantage，Trade and Payments in a Ricardian Model with a Continuum of Goods［J］. American Economic Review，1977，67（5）：823－839.

［19］ Du L S，Harriso A，Jefferson G. FDI Spillovers and Industrial Policy：The Role of Tariffs and Tax Holidays［R］. NBER Working Papers，2011，No.16767.

［20］ Dunning J H. Trade，Location of Economic Activity and the MNE：A Search for an Eclectic Approach［M］. London：Palgrave Macmillan UK，1977.

［21］ Esaku S，Bonsu S. Exports，Investment and Productivity Growth in Small Firms：A Firm-Level Analysis from Tanzania and Ghana［J］. Journal of African Business，2022，23（2）：400－421.

[22] Fan H C, Li Y A, Yeaple S. Trade Liberalization, Quality and Export Prices [R]. Working Paper, 2014.
[23] Feenstra R C, Romalis J. International Prices and Endogenous Quality [J]. Quarterly Journal of Economics, 2014, 129 (2): 477-527.
[24] Fontagné L, Gaulier G, Zignago S. Specialization across Varieties and North-South Competition [J]. Economic Policy, 2008, 23 (3): 52-91.
[25] Foster L, Haltiwanger J, Krizan C J. Aggregate Productivity Growth: Lessons from Microeconomic Evidence [M]. Chicago: University of Chicago Press, 2001.
[26] Fu X, Gong Y. Indigenous and Foreign Innovation Efforts and Drivers and Technological Upgrading: Evidence in China[J]. World Development, 2011, 39 (7): 1213-1225.
[27] Fu Y H, Tang W B, Wang Z X. Mechanism of FDI Spillover, Path of Technical Progress and Performance of Economic Growth [J]. Economic Research Journal, 2010, 45 (6): 92-104.
[28] Garvin D A. What Does Product Quality Really Mean[J]. Sloan Management Review, 1984, 26 (1): 25-43.
[29] Gereffi G. The Organization of Buyer-Driven Global Commodity Chains: How US Retailers Shape Overseas Production Networks [M]. London: Prager, 1994.
[30] Gervais A. Product Quality and Firm Heterogeneity in International Trade[J]. Canadian Journal of Economics, 2015, 48 (3): 1152-1174.
[31] Gnangnon S K, Roberts M. Aid for Trade, Foreign Direct Investment and Export Upgrading in Recipient Countries [J]. The World Economy, 2019, 42 (2): 396-418.
[32] Greenaway D, Sousa N, Wakelin K. Do Domestic Firms Learn to Export from Multinationals? [J]. European Journal of Political Economy, 2004, 20 (4): 1027-1043.
[33] Grossman G M, Helpman E. Quality Ladders and Product Cycles [J]. The Quarterly Journal of Economics, 1991, 106 (2): 557-586.
[34] Hallak J C, Schott P K. Estimating Cross-Country Differences in Product Quality [J]. Quarterly Journal of Economics, 2011, 126 (1): 417-474.
[35] Hallak J C, Sivadasan J. Product and Process Productivity: Implications for Quality Choice and Conditional Exporter Premia [J]. Journal of International Economics, 2013, 91 (1): 53-67.

［36］ Hallak J C. Product Quality and the Direction of Trade［J］. Journal of International Economics，2006，68（1）：238－265.

［37］ Harris R，Robinson C. The Effect of Foreign Acquisitions on Total Factor Productivity：Plant-Level Evidence from UK Manufacturing［J］. Review of Economics and Statistics，2002，84（3）：562－568.

［38］ Haruyama T，Zhao L X. Trade and Firm Heterogeneity in a Schumpeterian Model of Growth［J］. Research in Economics，2017，71（3）：540－563.

［39］ Hausmann R，Hwang J，Rodrik D. What You Export Matters［R］. NBER Working Paper，2005，No.5444.

［40］ Hausmann R，Klinger B. Structural Transformation and Patterns of Comparative Advantage in the Product Space［R］. CID Working Paper，2006，No.128.

［41］ Hausmann R，Klinger B. The Structure of the Product Space and the Evolution of Comparative Advantage［R］. CID Working Paper，2007，No.146.

［42］ Hausmann R，Rodrik D. Economic Development as Self-Discovery［J］. Journal of Development Economics，2003，72（2）：603－633.

［43］ Havranek T，Irsova Z. Estimating Vertical Spillovers from FDI：Why Results Vary and What the Truth Effect Is［J］. Journal of International Economics，2011，85（2）：234－244.

［44］ Helble M，Okubo T. Heterogeneous Quality Firms and Trade Costs［R］. University of Geneva，Graduate Institute of International Studies，World Bank Policy Research Working Paper，2008，No.4550.

［45］ Helpman E，Melitz M J，Yeaple S R. Export versus FDI with Heterogeneous Firms［J］. American Economic Review，2004，94（1）：300－316.

［46］ Henn C，Papageogiou C，Spatafora M N. Export Quality in Developing Countries［R］. IMF Working Paper，2013，No.108.

［47］ Hidalgo C A，Hausmann R. The Building Blocks of Economic Complexity［J］. Proc Natl Acad Sci USA，2009，106（26）：10570－10575.

［48］ Hidalgo C A. The Dynamic of Economic Complexity and the Product Space over a 42 Year Period［R］. CID Working Paper，2009，No.189.

［49］ Huang Y S. Selling China：Foreign Direct Investment during the Reform Era［M］. Cambridge：Cambridge University Press，2005.

[50] Hummels D, Ishii J, Yi K M. The Nature and Growth of Vertical Specialization in World Trade [J]. Journal of International Economics, 2001, 54 (1): 75–96.

[51] Hymer S. International Operations of National Firms: A Study of Direct Foreign Investment [D]. Cambridge: Massachusetts Institute of Technology, 1960.

[52] Javorcik B S. Does Foreign Direct Investment Increase the Productivity of Domestic Firms? In Search of Spillovers through Backwards Linkages [J]. American Economic Review, 2004, 94 (3): 605–627.

[53] Johanson J, Vahline J E. The International Process of the Firms—A Model of Knowledge Development and Increasing Market Commitment [J]. Journal of International Business Studies, 1977, 8 (2): 23–32.

[54] Jung J W, Simonovska I, Weinberger A. Exporter Heterogeneity and Price Discrimination: A Quantitative View [J]. Journal of International Economics, 2019, 116 (3): 103–124.

[55] Kasahara H, Lapham B. Productivity and the Decision to Import and Export: Theory and Evidence [J]. Journal of International Economics, 2013, 89 (2): 297–316.

[56] Keller W, Yeaple S R. Multinational Enterprises International Trade and Productivity Growth: Firm Level Evidence from the United States [J]. Review of Economics and Statistics, 2009, 91 (4): 821–831.

[57] Khandelwal A. The Long and Short of Quality Ladders [J]. Review of Economics Studies, 2010, 77 (4): 1450–1476.

[58] Kim H H, Lee H, Lee J. Technology Diffusion and Host-Country Productivity in South-South FDI Flows [J]. Japan and the World Economy, 2015, (33): 1–10.

[59] Klinger B, Lederman D. Diversification, Innovation and Imitation inside the Global Technological Frontier [J]. Policy Research Working Paper, 2006, 36 (31): 1–24.

[60] Knickerbocker F T. Oligopolistic Reaction and the Multinational Enterprise [M]. Cambridge: Harvard University Press, 1973.

[61] Kokko A. Technology, Market Characteristics and Spillovers [J]. Journal of Development Economics, 1994, 43 (2): 279–293.

[62] Koopman R, Wang Z, Wei S J. How Much of Chinese Exports Is Really Made in China? Assessing Domestic Value-added When Processing Trade Is Pervasive [R]. NBER Working Paper, 2008, No.14109.

[63] Krishnan K, Nandy D K, Puri M. Does Financing Spur Small Business Productivity? [R]. NBER Working Paper, 2014, No.20149.

[64] Kugler M, Verhoogen E. Prices, Plant Size and Product Quality [J]. Review of Economic Studies, 2012, 79 (1): 203–226.

[65] Lall S, Weiss J, Zhang J K. The Sophistication of Exports: A New Trade Measure [J]. World Development, 2006, 34 (2): 222–237.

[66] Liu J Y, Xie J. Factor Input Structure, Environmental Policies and the Export Quality Upgrade: A Perspective of Heterogeneity [J]. Chinese Journal of Population, Resources and Environment, 2018, 16 (1): 67–76.

[67] Liu Q, Lu R, Qiu L D. Foreign Acquisitions and Target Firm's Performance in China [J]. The World Economy, 2017, 40 (1): 2–20.

[68] Lu Y, Tao Z G, Zhu L M. Identifying FDI Spillovers [J]. Journal of International Economics, 2017, 107 (7): 75–90.

[69] Mahdavi M R. Foreign Direct Investment and the Theory of International Trade [D]. Los Angeles: University of California, 1988.

[70] Manova K, Zhang Z W. Export Prices across Firms and Destination [J]. The Quarterly Journal of Economics, 2012, 127 (1): 379–436.

[71] Martin J, Mejean I. Low-Wage Country Competition and the Quality Content of High-Wage Country Exports [J]. Journal of International Economics, 2014, 93 (1): 140–152.

[72] Mayer T M, Melitz J, Ottaviano G I. Market Size, Competition and the Product Mix of Exporters [J]. American Economic Review, 2014, 104 (2): 495–536.

[73] Melitz M J. The Impact of Trade on Intra-Industry Reallocation and Aggregate Industry Productivity [J]. Econometrica, 2003, 71 (6): 1695–1725.

[74] Okechukwu O G, Vita G D, Luo Y. The Impact of FDI on Nigeria's Export Performance: A Sectoral Analysis [J]. Journal of Economic Studies, 2018, 45 (5): 1088–1103.

[75] Piveteau P, Smagghue G. Estimating Firm Product Quality Using Trade Data [J]. Journal of International Economics, 2019, 118 (5): 217–232.

[76] Poon S C. Beyond the Global Production Networks: A Case of Further Upgrading of Taiwan's Information Technology Industry [J]. International Journal of Technology and Globalization, 2004, 1 (1): 130-144.

[77] Rahman, Mahbubur M. Urban Lower-Middle and Middle-Income Housing: An Investigation in Affordability and Options[D]. Nottingham: University of Nottingham, 1991.

[78] Rugman R. Multinationals and Industrial Strategy: The Role of World Product Mandates by Working Group on Industrial Policies [J]. Canadian Public Policy, 1981, 7 (3): 492-493.

[79] Schott P K. The Relative Sophistication of Chinese Exports [J]. Economic Policy, 2008, 23 (53): 5-49.

[80] Sinani E, Meyer K. Spillovers of Technology Transfer for FDI: The Case of Estonia [J]. Journal of Comparative Economics, 2004, 32: 445-466.

[81] Tacchella A, Cristelli M, Galdarelli G, Gabrielli A, Pietronero L. A New Metrics for Countries' Fitness and Products' Complexity [R]. Scientific Reports, 2012, No. 723.

[82] Tamura A. Export, Investment and Patent Licensing Decisions with Technology Diffusion: Evidence from Japanese Aggregate and Industry Data [D]. Boston: Boston University, 1996.

[83] Tang Y K, Zhang K. Absorptive Capacity and Benefits from FDI: Evidence from Chinese Manufactured Exports [J]. International Review of Economics and Finance, 2016, 42 (1-2): 423-429.

[84] Tee C L, Ng K Y, Law C H. How China's FDI Affects Malaysia's Export Performance? [J]. International Journal of China Studies, 2021, 12 (1): 115-131.

[85] Verhoongen E A. Trade, Quality Upgrading and Wage Inequality in the Mexican Manufacturing Sector [J]. The Quarterly Journal of Economics, 2008, 123 (2): 489-530.

[86] Vernon R. International Investment and International Trade in the Product Cycle [J]. Quarterly Journal of Economics, 1966 (5): 190-207.

[87] Wang Z, Wei S J. The Rising Sophistication of China's Exports: Assessing the Roles of Processing Trade, Foreign Invested Firms, Human Capital and Government Policies [C]. Working Paper for NBER Conference on China's Growing Role in World Trade, 2007.

［88］ Wooldridge J M. Introductory Econometrics：A Model Approach（3rd Edition）［M］. Boston: Chapters Thomson South Western，2006.
［89］ Xu B，Lu J. Foreign Direct Investment，Processing Trade and the Sophistication of China's Exports［J］. China Economic Review，2009，20（3）：425－439.
［90］ Xu B. Measuring China's Export Sophistication［R］. China Europe International Business School Working Paper，2007.
［91］ Xu B. Measuring China's Export：Is China Special?［J］. China Economic Review，2010，21（3）：482－493.
［92］ Yu M，Tian W. China's Processing Trade：A Firm-Level Analysis［M］. Canberra：Australian National University E-press，2012.
［93］ Zhang H Y，Xing Y. FDI，IPR Protection and Export Quality：An Empirical Analysis Based on National Data［J］. Nankai Business Review International，2019，10（2）：166－178.
［94］ 包群，叶宁华，王艳灵. 外资竞争、产业关联与中国本土企业的市场存活［J］. 经济研究，2015，50（7）：102－115.
［95］ 曹鸿宇. 外资自由化与中国企业创新［D］. 北京：对外经济贸易大学，2020.
［96］ 曹亮，直银苹，谭智，余乐芬. 中国—东盟自由贸易区中间品关税减让对中国农业高质量发展影响研究［J］. 宏观经济研究，2022（1）：74－90.
［97］ 陈琳，林珏. 外商直接投资对中国制造业企业的溢出效应：基于企业所有制结构的视角［J］. 管理世界，2009（9）：24－33.
［98］ 陈涛涛. 中国 FDI 行业内溢出效应的内在机制研究［J］. 世界经济，2003（9）：23－28.
［99］ 陈晓华，黄先海，刘慧. 中国出口技术结构演进的机理与实证研究［J］. 管理世界，2011（3）：44－57.
［100］ 陈晓华，刘慧. 成本上升、外需疲软与制造业技术复杂度演进——基于内外资和要素密集度异质性视角［J］. 科学学研究，2014，32（6）：860－872.
［101］ 代中强. 知识产权保护提高了出口技术复杂度吗？——来自中国省际层面的经验研究［J］. 科学学研究，2014，32（12）：1846－1858.
［102］ 戴魁早. 技术市场发展对出口技术复杂度的影响及其作用机制［J］. 中国工业经济，2018（7）：117－135.
［103］ 戴觅，余淼杰，Maitra M. 中国出口企业生产率之谜：加工贸易的作用［J］. 经济学（季刊），2014，13（2）：675－698.

[104] 戴觅，余淼杰. 企业出口前研发投入、出口及生产率进步——来自中国制造业企业的证据 [J]. 经济学（季刊），2012，11（1）：211－230.

[105] 戴翔，李洲，何启志. 中国制造业出口如何突破“天花板约束”[J]. 统计研究，2018，35（6）：56－67.

[106] 戴翔. 服务贸易自由化是否影响中国制成品出口复杂度[J]. 财贸研究，2016，27（3）：1－9.

[107] 戴翔. 中国制造业国际竞争力——基于贸易附加值的测算 [J]. 中国工业经济，2015，322（1）：78－88.

[108] 董琴. 技术标准与中国制造业出口升级 [D]. 沈阳：辽宁大学，2021.

[109] 樊海潮，郭光远. 出口价格、出口质量与生产率间的关系：中国的证据[J]. 世界经济，2015，38（2）：58－85.

[110] 樊海潮，黄文静，吴彩云. 贸易自由化与企业内的产品质量调整[J]. 中国工业经济，2022（1）：93－112.

[111] 樊娜娜. FDI 如何影响本地企业出口——来自中国制造业的发现[J]. 南方经济，2018（1）：100－114.

[112] 房帅，田珺，程睿智. 外国直接投资、比较优势与发展中国家产品出口持续时间 [J]. 世界经济研究，2020（7）：120－134＋137.

[113] 高凌云，易先忠. 外资并购对目标企业生存的影响 [J]. 数量经济技术经济研究，2019，36（4）：61－81.

[114] 韩超，朱鹏洲. 改革开放以来外资准入政策演进及对制造业产品质量的影响 [J]. 管理世界，2018，34（10）：43－62.

[115] 韩会朝，徐康宁. 中国产品出口“质量门槛”假说及其检验 [J]. 中国工业经济，2014（4）：58－70.

[116] 韩亮. 单边外资自由化——90 年代发展中国家外资法发展趋势 [J]. 国际贸易，2000（1）：54－57.

[117] 何欢浪，蔡琦晟，黄语嫣. 外资自由化、上下游产业关联和中国制造业企业创新行为 [J]. 世界经济研究，2020（5）：73－84＋136.

[118] 贺灿飞，任卓然，叶雅玲. 中国产业地理集聚与区域出口经济复杂度[J]. 地理研究，2021，40（8）：2119－2140.

[119] 胡东胜. 国际直接投资自由化及其对我国利用外资的启示 [J]. 国际经贸探索，2000（4）：45－47＋56.

[120] 黄玖立，冼国明. 金融发展、FDI 与中国地区的制造业出口 [J]. 管理世界，2010（7）：8－17＋187.

[121] 黄先海，陈晓华，刘慧. 产业出口复杂度的测度及其动态演进机理分析——基于 52 个经济体 1993－2006 年金属制品出口的实证研究 [J].

管理世界，2010（3）：44－55.
［122］江小涓. 中国出口增长与结构变化：外商投资企业的贡献［J］. 南开经济研究，2002（2）：30－34.
［123］蒋殿春，王春宇. 外商直接投资与中国制造业产业升级［J］. 南开学报（哲学社会科学版），2020（4）：32－43.
［124］蒋殿春，谢红军.外资并购与目标企业生产率：对中国制造业数据的因果评估［J］. 世界经济，2018，41（5）：99－124.
［125］蒋玲多，陆毅，陈勇兵. 市场机制是否有利于僵尸企业处置：以外资管制放松为例［J］. 世界经济，2018，41（9）：123－147.
［126］雷娜. “双循环”新格局下的国内市场一体化与出口技术复杂度［M］. 北京：中国金融出版社，2022.
［127］李琛，赵军，刘春艳. 双向 FDI 协同与制造业出口竞争力升级：理论机制与中国经验［J］. 产业经济研究，2020（2）：16－31.
［128］李春顶. 中国出口企业是否存在“生产率悖论”：基于中国制造业企业数据的检验［J］. 世界经济，2010，33（7）：64－81.
［129］李福柱，曹友彬，李昆泽. 中国制造业出口技术复杂度的区域差异及收敛性研究［J］. 数量经济技术经济研究，2022，39（4）：107－126.
［130］李宏，刘珅. FDI 对制造业垂直专业化分工的影响机制——基于一般均衡分析视角［J］. 世界经济研究，2014（11）：80－86＋89.
［131］李坤望，王有鑫. FDI 促进了中国出口产品质量升级吗？——基于动态面板系统 GMM 方法的研究［J］. 世界经济研究，2013（5）：60－66＋89.
［132］李磊，刘斌，王小霞. 外资溢出效应与中国全球价值链参与［J］. 世界经济研究，2017，278（4）：43－58＋135.
［133］李猛，董哲昱，周卫民. 中国出口产品的贸易限制指数估算［J］. 数量经济技术经济研究，2021，38（6）：129－145.
［134］李瑞琴，王汀汀，胡翠. FDI 与中国企业出口产品质量升级——基于上下游产业关联的微观检验［J］. 金融研究，2018，456（6）：91－108.
［135］李向毅. 外资进入对企业嵌入全球价值链位置影响研究［D］. 武汉：中南财经政法大学，2021.
［136］李小平，周记顺，卢现祥. 出口的“质”影响了出口的“量”吗?［J］. 经济研究，2015，50（8）：114－129.
［137］林毅夫，张鹏飞. 适宜技术、技术选择和发展中国家的经济增长［J］. 经济学（季刊），2006（3）：985－1006.
［138］刘斌，刘颖，曹鸿宇. 外资进入与中国企业创新：促进还是抑制［J］. 山西财经大学学报，2021，43（3）：14－27.

［139］刘斌，魏倩，吕越，祝坤福．制造业服务化与价值链升级［J］．经济研究，2016，51（3）：151－162．

［140］刘灿雷，康茂楠，邱立成．外资进入与内资企业利润率：来自中国制造业企业的证据［J］．世界经济，2018，41（11）：98－120．

［141］刘慧，陈晓华．中国制造业出口品内涵深化的机理研究——基于出口产品质量和出口技术复杂度的双重视角［M］．杭州：浙江大学出版社，2018．

［142］刘建丽．新中国利用外资70年：历程、效应与主要经验［J］．管理世界，2019，35（11）：19－37．

［143］刘金焕，万广华．最低工资标准、外资进入与中国内资企业出口产品质量［J］．广东财经大学学报，2021，36（5）：75－89．

［144］鲁晓东．技术升级与中国出口竞争力变迁：从微观向宏观的弥合［J］．世界经济，2014，37（8）：70－97．

［145］马述忠，吴国杰．中间品进口、贸易类型与企业出口产品质量——基于中国企业微观数据的研究［J］．数量经济技术经济研究，2016，33（11）：77－93．

［146］毛其淋，方森辉．外资进入自由化如何影响中国制造业生产率［J］．世界经济，2020，43（1）：143－169．

［147］毛其淋，许家云．外资进入如何影响了本土企业出口国内附加值？［J］．经济学（季刊），2018，17（4）：1453－1488．

［148］毛其淋．外资进入自由化如何影响了中国本土企业创新？［J］．金融研究，2019a，（1）：72－90．

［149］毛其淋．人力资本推动中国加工贸易升级了吗？［J］．经济研究，2019b，（1）：52－67．

［150］聂辉华，江艇，杨汝岱．中国工业企业数据库的使用现状和潜在问题［J］．世界经济，2012，35（5）：142－158．

［151］牛志伟，邹昭晞，卫平东．全球价值链的发展变化与中国产业国内国际双循环战略选择［J］．改革，2020，322（12）：28－47．

［152］裴长洪．吸收外商直接投资与产业结构优化升级——“十一五”时期利用外资政策目标的思考［J］．中国工业经济，2006（1）：33－39．

［153］齐俊妍，王永进，施炳展，盛丹．金融发展与出口技术复杂度［J］．世界经济，2011，34（7）：91－118．

［154］桑百川，李玉梅，田丰．中国对外贸易体制百年变迁与前景展望［J］．世界经济与政治论坛，2021a，（5）：49－64．

[155] 桑百川，鲁雁南，史瑞祯. 以更高水平开放筑牢新发展格局的思考［J］. 国际贸易，2021b，（6）：4－13.
[156] 桑百川，邵莹雪. 值得关注的中国外资并购［J］. 中国经贸，2013（7）：72－74.
[157] 桑百川. 外商直接投资动机与中国营商环境变迁［J］. 国际经济评论，2019（5）：34 －43＋5.
[158] 桑百川. 我国外商直接投资的变迁与前景展望[J]. 中国流通经济，2021，35（11）：112－119.
[159] 邵海燕，卢进勇，陈清萍.投资自由化经济影响研究述评［J］. 财贸研究，2016，27（3）：55－62＋79.
[160] 沈国兵，黄铄珺. 外资进入与中国多产品企业出口技术含量［J］. 国际经贸探索，2020，36（2）：4－22.
[161] 盛斌，王浩. 金融开放、自主创新与企业出口产品质量——来自外资银行进入中国的经验分析［J］. 财贸研究，2021，32（11）：1－15.
[162] 施炳展，邵文波. 中国企业出口产品质量测算及其决定因素——培育出口竞争新优势的微观视角［J］. 管理世界，2014（9）：90－106.
[163] 施炳展，王有鑫，李坤望. 中国出口产品品质测度及其决定因素［J］. 世界经济，2013，36（9）：69－93.
[164] 施炳展. FDI 是否提升了本土企业出口产品质量［J］. 国际商务研究，2015，36（2）：5－20.
[165] 施炳展. 中国企业出口产品质量异质性：测度与事实［J］. 经济学（季刊），2013，13（1）：263－284.
[166] 史瑞祯，桑百川. 外资进入是否促进了中国制造业产品升级——基于产品空间演化视角［J］. 国际商务（对外经济贸易大学学报），2023（2）：67－84.
[167] 史瑞祯，桑百川. 美国在华制造业投资的趋势研判及对策分析［J］. 国际贸易，2022a，（2）：22－31.
[168] 史瑞祯，桑百川. 中国对“一带一路”沿线国家 OFDI 的区位选：要素环境竞争力视角［J］. 国际经贸探索，2022b，（8）：85－100.
[169] 苏理梅，彭冬冬，兰宜生. 贸易自由化是如何影响我国出口产品质量的？——基于贸易政策不确定性下降的视角［J］. 财经研究，2016，42（4）：61－70.
[170] 孙江永，冼国明. 产业关联、技术差距与外商直接投资的技术溢出［J］. 世界经济研究，2011（4）：55－61＋88－89.

[171] 孙林，卢鑫，钟钰. 中国出口产品质量与质量升级研究 [J]. 国际贸易问题，2014（5）：13-22.

[172] 孙浦阳，侯欣裕，盛斌. 外资自由化与贸易福利提升：理论与经验研究 [J]. 世界经济，2018，41（3）：29-53.

[173] 孙浦阳，蒋为，陈惟. 外资自由化、技术距离与中国企业出口——基于上下游产业关联视角 [J]. 管理世界，2015（11）：53-69.

[174] 唐宜红，俞峰，林发勤，张梦婷. 中国高铁、贸易成本与企业出口研究 [J]. 经济研究，2019，54（7）：158-173.

[175] 佟家栋，李胜旗. 贸易政策不确定性对出口企业产品创新的影响研究[J]. 国际贸易问题，2015（6）：25-32.

[176] 汪慧玲，李妍，杨烨. 城市群规模、对外开放程度对环境污染影响的门槛效应——基于中国十大城市群的实证检验 [J]. 吉林大学社会科学学报，2017，57（2）：68-76 +205.

[177] 汪智刚. 外资准入和投资自由化——兼谈发展中国家对国际投资自由化趋势的应对策略 [J]. 商业研究，2005（21）：171-173.

[178] 王红玲，李稻葵，冯俊新. FDI 与自主研发：基于行业数据的经验研究 [J]. 经济研究，2006（2）：44-56.

[179] 王华，祝树金，赖明勇. 技术差距的门槛与 FDI 技术溢出的非线性——理论模型及中国企业的实证研究 [J]. 数量经济技术经济研究，2012，29（4）：3-18.

[180] 王明益. 内外资技术差距与中国出口产品质量升级研究——基于中国 7 个制造业行业数据的经验研究 [J]. 经济评论，2013（6）：59-69.

[181] 王思语，郑乐凯. 制造业服务化是否促进了出口产品升级——基于出口产品质量和出口技术复杂度双重视角 [J]. 国际贸易问题，2019（11）：45-60.

[182] 王小丽，黄夕彪. 国际投资法自由化与我国外资立法对策 [J]. 安徽农业大学学报（社会科学版），2007（3）：81-84.

[183] 王永进，盛丹，施炳展. 基础设施如何提升了出口技术复杂度? [J]. 经济研究，2010，45（7）：103-115.

[184] 文东伟，冼国明，马静. FDI、产业结构变迁与中国的出口竞争力[J]. 管理世界，2009（4）：96-107.

[185] 谢建国. 外商直接投资与中国的出口竞争力——一个中国的经验研究 [J]. 世界经济研究，2003（7）：34-39.

[186] 熊瑞祥，万倩. 劳动保护与私营企业出口 [J]. 经济学（季刊），2022，22（4）：1259-1278.

[187] 徐美娜，彭羽. 外资垂直溢出效应对本土企业出口产品质量的影响［J］. 国际贸易问题，2016（12）：119－130.

[188] 徐泉. 跨国公司来华投资新趋向及我国应对政策与法律原则探析［J］. 西南政法大学学报，2000（5）：48－52.

[189] 徐泉. 略论外资准入与投资自由化［J］. 现代法学，2003（2）：146－150.

[190] 许和连，魏颖绮，赖明勇，王晨刚. 外商直接投资的后向链接溢出效应研究［J］. 管理世界，2007（4）：24－31.

[191] 许家云，毛其淋，胡鞍钢. 中间品进口与企业出口产品质量升级：基于中国证据的研究［J］. 世界经济，2017（3）：52－75.

[192] 杨俊，郭娟娟. 外资自由化对中国制造业企业出口比较优势的影响［J］. 国际贸易问题，2021（11）：54－72.

[193] 杨汝岱，姚洋. 有限赶超与经济增长［J］. 经济研究，2008（8）：29－41＋64.

[194] 姚洋，张晔. 中国出口品国内技术含量升级的动态研究——来自全国及江苏省、广东省的证据［J］. 中国社会科学，2008（2）：67－82＋205－206.

[195] 殷德生，唐海燕，黄腾飞. 国际贸易、企业异质性与产品质量升级［J］. 经济研究，2011，46（S2）：136－146.

[196] 殷醒民. 制造业升级与经济结构转变［J］. 上海经济研究，1998（4）：14－18.

[197] 于国才. 引资激励、FDI 质量与技术溢出效应［M］. 北京：中国经济出版社，2019.

[198] 于津平，吴小康，熊俊. 双边实际汇率、出口规模与出口质量［J］. 世界经济研究，2014（10）：32－42.

[199] 余淼杰，张睿. 中国制造业出口质量的准确衡量：挑战与解决方法［J］. 经济学（季刊），2017，16（2）：463－484.

[200] 余淼杰. 加工贸易、企业生产率和关税减免——来自中国产品面的证据［J］. 经济学（季刊），2011，10（4）：1251－1280.

[201] 张杰，郑文平，翟福昕. 中国出口产品质量得到提升了么？［J］. 经济研究，2014，49（10）：46－59.

[202] 张鹏飞，陈凤兰. 外资并购促进了目标企业创新吗［J］. 国际贸易问题，2021（11）：140－156.

[203] 张鹏杨，李雪，李柔. 外资引进与中国企业出口产品多样性消失［J］. 南京财经大学学报，2022，237（5）：98－108.

[204] 张其仔. 比较优势的演化与中国产业升级路径的选择［J］. 中国工业经济，2008（9）：58－68.

［205］ 郑玉. 国内中间产品创新、人力资本配置与出口国内增加值［J］. 财贸研究，2021，32（9）：14－31.

［206］ 钟昌标. 外商直接投资的横向和纵向溢出：对中国电子行业的分析［J］. 世界经济，2006（11）：23－29＋95.

［207］ 钟建军. 进口中间品质量与中国制造业企业全要素生产率［J］. 中南财经政法大学学报，2016（3）：124－132＋160.

［208］ 周靖祥，曹勤. FDI 与出口贸易结构关系研究（1978～2005）——基于 DLM 与 TVP 模型的检验［J］. 数量经济技术经济研究，2007（9）：24－36.

［209］ 周沂，贺灿飞，杨汝岱. 区域潜在比较优势与出口升级［J］. 经济研究，2022，57（2）：125－141.

［210］ 周沂，贺灿飞. 中国出口产品演化与升级：从贸易大国走向贸易强国［M］. 北京：经济科学出版社，2020.

［211］ 诸竹君，黄先海，余骁. 进口中间品质量、自主创新与企业出口国内增加值率［J］. 中国工业经济，2018（8）：116－134.

［212］ 祝树金，钟腾龙，李仁宇. 中间品贸易自由化与多产品出口企业的产品加成率［J］. 中国工业经济，2018（1）：41－59.

附　　录

附表 1　　　　中国 2007 年投入产出表部门分类及代码

Ⅰ级分类		Ⅱ级分类	
01	食品制造及烟草加工业	13011	谷物磨制业
		13012	饲料加工业
		13013	植物油加工业
		13014	制糖业
		13015	屠宰及肉类加工业
		13016	水产品加工业
		13017	其他食品加工业
		14018	方便食品制造业
		14019	液体乳及乳制品制造业
		14020	调味品、发酵制品制造业
		14021	其他食品制造业
		15022	酒精及酒的制造业
		15023	软饮料及精制茶加工业
		16024	烟草制品业
02	纺织业	17025	棉、化纤纺织及印染精加工业
		17026	毛纺织和染整精加工业

续表

Ⅰ级分类		Ⅱ级分类	
02	纺织业	17027	麻纺织、丝绢纺织及精加工业
		17028	纺织制成品制造业
		17029	针织品、编织品及其制品制造业
03	纺织服装皮革及其制品业	18030	纺织服装、鞋、帽制造业
		19031	皮革、毛皮、羽毛（绒）及其制品业
04	木材加工及家具制造	20032	木材加工及木、竹、藤、棕、草制品业
		21033	家具制造业
05	造纸印刷及文教用品业	22034	造纸及纸制品业
		23035	印刷业和记录媒介的复制业
		24036	文教体育用品制造业
06	石油加工、炼焦及核燃料加工业	25037	石油及核燃料加工业
		25038	炼焦业
07	化学工业	26039	基础化学原料制造业
		26040	肥料制造业
		26041	农药制造业
		26042	涂料、油墨、颜料及类似产品制造业
		26043	合成材料制造业
		26044	专用化学产品制造业
		26045	日用化学产品制造业
		27046	医药制造业
		28047	化学纤维制造业
		29048	橡胶制品业
		30049	塑料制品业
08	非金属矿物制品业	31050	水泥、石灰和石膏制造业
		31051	水泥及石膏制品制造业
		31052	砖瓦、石材及其他建筑材料制造业
		31053	玻璃及玻璃制品制造业
		31054	陶瓷制品制造业

续表

Ⅰ级分类		Ⅱ级分类	
08	非金属矿物制品业	31055	耐火材料制品制造业
		31056	石墨及其他非金属矿物制品制造业
09	金属冶炼及压延工业	32057	炼铁业
		32058	炼钢业
		32059	钢压延加工业
		32060	铁合金冶炼业
		33061	有色金属冶炼及合金制造业
		33062	有色金属压延加工业
10	金属制品业	34063	金属制品业
11	通用设备制造业	35064	锅炉及原动机制造业
		35065	金属加工机械制造业
		35066	起重运输设备制造业
		35067	泵、阀门、压缩机及类似机械的制造业
		35068	其他通用设备制造业
12	专用设备制造业	36069	矿山、冶金、建筑专用设备制造业
		36070	化工、木材、非金属加工专用设备制造业
		36071	农林牧渔专用机械制造业
		36072	其他专用设备制造业
13	交通运输设备制造业	37073	铁路运输设备制造业
		37074	汽车制造业
		37075	船舶及浮动装置制造业
		37076	其他交通运输设备制造业
14	电气机械及器材制造业	39077	电机制造业
		39078	输配电及控制设备制造
		39079	电线、电缆、光缆及电工器材制造
		39080	家用电力和非电力器具制造业
		39081	其他电气机械及器材制造业

续表

Ⅰ级分类		Ⅱ级分类	
15	通信设备、计算机及其他电子设备制造业	40082	通信设备制造业
		40083	雷达及广播设备制造业
		40084	电子计算机制造业
		40085	电子元器件制造业
		40086	家用视听设备制造业
		40087	其他电子设备制造业
16	仪器仪表及文化、办公用机械制造业	41088	仪器仪表制造业
		41089	文化、办公用机械制造业

注：由作者根据中国 2007 年投入产出表整理得到。

附表 2　中国国民经济行业分类（CIC）与投入产出部门的对应关系

Ⅰ级分类		CIC	
		2002 版本	2011 版本
01	食品制造及烟草加工业	农副食品加工业（C13） 食品制造业（C14） 饮料制造业（C15） 烟草制造业（C16）	农副食品加工业（C13） 食品制造业（C14） 酒、饮料和精制茶制造业（C15） 烟草制品业（C16）
02	纺织业	纺织业（C17）	纺织业（C17）
03	纺织服装皮革及其制品业	纺织、服装、鞋帽制造业（C18） 皮革、毛皮、羽毛（绒）及其制品业（C19）	纺织服装、服饰业（C18） 皮革、毛皮、羽毛及其制品和制鞋业（C19）
04	木材加工及家具制造	木材加工及木、竹、藤、棕、草制品业（C20） 家具制造业（C21）	木材加工和木、竹、藤、棕、草制品业（C20） 家具制造业（C21）
05	造纸印刷及文教用品业	造纸及纸制品业（C22） 印刷业和记录媒介复制业（C23） 文教体育用品制造业（C24）	造纸和纸制品业（C22） 印刷和记录媒介复制业（C23） 文教、美工、体育和娱乐用品制造业（C24）
06	石油加工、炼焦及核燃料加工业	石油加工、炼焦及核燃料加工业（C25）	石油加工、炼焦和核燃料加工业（C25）

续表

I 级分类		CIC	
		2002 版本	2011 版本
07	化学工业	化学原料及化学制品制造业（C26） 医药制造业（C27） 化学纤维制造业（C28） 橡胶制品业（C29） 塑料制品业（C30）	化学原料和化学制品制造业（C26） 医药制造业（C27） 化学纤维制造业（C28） 橡胶和塑料制品业（C29）
08	非金属矿物制品业	非金属矿物制品业（C31）	非金属矿物制品业（C30）
09	金属冶炼及压延工业	黑色金属冶炼及压延加工业（C32） 有色金属冶炼及压延加工业（C33）	黑色金属冶炼及压延加工业（C31） 有色金属冶炼及压延加工业（C32）
10	金属制品业	金属制品业（C34）	金属制品业（C33）
11	通用设备制造业	通用设备制造业（C35）	通用设备制造业（C34）
12	专用设备制造业	专用设备制造业（C36）	专用设备制造业（C35）
13	交通运输设备制造业	交通运输设备制造业（C37）	汽车制造业（C36） 铁路、船舶、航空航天和其他运输设备制造业（C37）
14	电气机械及器材制造业	电气机械及器材制造业（C39）	电气机械和器材制造业（C38）
15	通信设备、计算机及其他电子设备制造业	通信设备、计算机及其他电子设备制造业（C40）	计算机、通信和其他电子设备制造业（C39）
16	仪器仪表及文化、办公用机械制造业	仪器仪表及文化、办公用机械制造业（C41）	仪器仪表制造业（C40）

注：剔除了武器弹药制造业、废弃资源综合利用业及其他制造业。

附表 3　　外资准入政策管制放松行业

序号	行业代码	序号	行业代码	序号	行业代码
1	1331	8	1755	15	2612
2	1494	9	1769	16	2632
3	1499	10	1810	17	2642
4	1620	11	1924	18	2644
5	1690	12	1939	19	2666
6	1722	13	2511	20	2821
7	1741	14	2512	21	2822

续表

序号	行业代码	序号	行业代码	序号	行业代码
22	2829	41	3641	60	3769
23	3121	42	3642	61	3921
24	3133	43	3651	62	3923
25	3148	44	3652	63	3929
26	3151	45	3662	64	4011
27	3152	46	3681	65	4041
28	3153	47	3691	66	4042
29	3159	48	3699	67	4043
30	3162	49	3711	68	4053
31	3191	50	3713	69	4061
32	3525	51	3714	70	4111
33	3542	52	3719	71	4112
34	3544	53	3725	72	4113
35	3551	54	3751	73	4121
36	3583	55	3752	74	4123
37	3591	56	3754	75	4125
38	3611	57	3759	76	4152
39	3612	58	3761	77	4153
40	3615	59	3762		

注：行业代码为 CIC2002 版本。

附表 4　　外资“水平”进入指标测算结果

CIC 行业 2 位码	2003 年	2005 年	2007 年	2009 年	2011 年	2013 年
13	0.587	0.583	0.598	0.595	0.534	0.443
14	0.716	0.730	0.700	0.675	0.587	0.535
15	0.658	0.770	0.819	0.739	0.678	0.625
17	0.383	0.439	0.390	0.376	0.352	0.288
18	0.689	0.703	0.674	0.623	0.578	0.529
19	0.683	0.733	0.689	0.680	0.589	0.543
20	0.631	0.613	0.498	0.387	0.361	0.338
21	0.759	0.793	0.735	0.579	0.528	0.501

续表

CIC 行业 2 位码	2003 年	2005 年	2007 年	2009 年	2011 年	2013 年
22	0.677	0.661	0.752	0.706	0.665	0.637
23	0.762	0.704	0.764	0.707	0.608	0.580
24	0.798	0.810	0.776	0.722	0.661	0.637
25	0.302	0.332	0.741	0.797	0.594	0.583
26	0.464	0.519	0.547	0.534	0.504	0.476
27	0.394	0.437	0.417	0.484	0.422	0.390
28	0.271	0.443	0.385	0.356	0.436	0.415
29	0.618	0.582	0.549	0.561	0.508	0.395
30	0.687	0.755	0.746	0.683	0.578	0.548
31	0.569	0.497	0.532	0.499	0.436	0.373
32	0.195	0.197	0.216	0.214	0.228	0.208
33	0.234	0.265	0.295	0.330	0.288	0.370
34	0.719	0.690	0.640	0.542	0.501	0.392
35	0.548	0.554	0.534	0.494	0.500	0.610
36	0.354	0.449	0.490	0.492	0.421	0.362
37	0.639	0.678	0.653	0.646	0.610	0.662
39	0.591	0.617	0.628	0.576	0.511	0.618
40	0.863	0.880	0.888	0.846	0.838	0.678
41	0.881	0.864	0.784	0.648	0.646	0.834

注：限于篇幅未展示全部年份。

附表 5　　2003—2013 年外资“垂直”溢出指标测算结果

	IO	2003	2004	2005	2006	2007	2008	2009	2010	2011	2012	2013
外资前向溢出	1	0.127	0.137	0.175	0.166	0.196	0.173	0.169	0.163	0.151	0.145	0.134
	2	0.183	0.210	0.210	0.216	0.186	0.182	0.180	0.177	0.168	0.164	0.137
	3	0.146	0.150	0.154	0.150	0.146	0.142	0.139	0.142	0.125	0.117	0.114
	4	0.267	0.263	0.270	0.248	0.237	0.205	0.186	0.195	0.172	0.171	0.162
	5	0.324	0.326	0.323	0.319	0.337	0.320	0.311	0.295	0.282	0.271	0.268
	6	0.040	0.052	0.043	0.069	0.072	0.073	0.074	0.066	0.058	0.061	0.056
	7	0.605	0.659	0.653	0.660	0.643	0.622	0.608	0.593	0.557	0.534	0.510
	8	0.154	0.154	0.140	0.151	0.149	0.137	0.139	0.127	0.122	0.113	0.106

续表

外资前向溢出	9	0.152	0.175	0.157	0.166	0.167	0.147	0.167	0.159	0.156	0.145	0.165
	10	0.191	0.198	0.186	0.183	0.179	0.167	0.156	0.152	0.143	0.135	0.121
	11	0.237	0.244	0.238	0.240	0.238	0.230	0.221	0.221	0.213	0.207	0.237
	12	0.093	0.109	0.104	0.109	0.109	0.106	0.105	0.109	0.092	0.089	0.081
	13	0.313	0.307	0.331	0.320	0.322	0.313	0.315	0.308	0.296	0.299	0.316
	14	0.221	0.238	0.233	0.234	0.235	0.231	0.220	0.220	0.201	0.197	0.224
	15	0.637	0.644	0.654	0.647	0.661	0.652	0.628	0.634	0.614	0.595	0.523
	16	0.149	0.149	0.149	0.144	0.140	0.130	0.120	0.128	0.117	0.114	0.142
外资后向溢出	IO	2003	2004	2005	2006	2007	2008	2009	2010	2011	2012	2013
	1	0.257	0.278	0.331	0.320	0.361	0.327	0.319	0.310	0.287	0.276	0.259
	2	0.467	0.504	0.509	0.510	0.471	0.459	0.451	0.451	0.413	0.393	0.361
	3	0.412	0.419	0.429	0.418	0.411	0.398	0.390	0.394	0.353	0.333	0.332
	4	0.424	0.422	0.427	0.402	0.390	0.349	0.324	0.330	0.299	0.295	0.284
	5	0.352	0.359	0.348	0.349	0.360	0.346	0.338	0.322	0.309	0.296	0.294
	6	0.177	0.208	0.190	0.217	0.213	0.209	0.215	0.203	0.192	0.185	0.186
	7	0.325	0.360	0.352	0.357	0.344	0.341	0.335	0.329	0.314	0.298	0.293
	8	0.167	0.169	0.157	0.165	0.163	0.153	0.154	0.145	0.140	0.131	0.128
	9	0.343	0.376	0.356	0.358	0.359	0.340	0.342	0.338	0.321	0.307	0.341
	10	0.327	0.343	0.333	0.327	0.325	0.315	0.296	0.298	0.279	0.269	0.268
	11	0.351	0.361	0.369	0.363	0.362	0.356	0.345	0.350	0.331	0.326	0.371
	12	0.094	0.116	0.115	0.120	0.123	0.122	0.122	0.130	0.106	0.104	0.095
	13	0.384	0.370	0.407	0.389	0.393	0.382	0.387	0.377	0.366	0.372	0.396
	14	0.212	0.226	0.219	0.218	0.221	0.217	0.203	0.203	0.188	0.183	0.204
	15	0.674	0.672	0.686	0.676	0.689	0.678	0.652	0.661	0.646	0.625	0.536
	16	0.103	0.101	0.101	0.096	0.091	0.084	0.076	0.082	0.075	0.073	0.097

附表 6　　服务部门外资前后向溢出系数

IO	前向溢出系数				后向溢出系数			
	运输	信息	分销	金融	运输	信息	分销	金融
1	0.035	0.002	0.032	0.011	0.011	0.001	0.009	0.001
2	0.021	0.002	0.018	0.016	0.002	0.000	0.002	0.000

续表

IO	前向溢出系数				后向溢出系数			
	运输	信息	分销	金融	运输	信息	分销	金融
3	0.028	0.005	0.019	0.010	0.032	0.003	0.047	0.004
4	0.041	0.042	0.026	0.015	0.005	0.001	0.016	0.001
5	0.030	0.028	0.028	0.015	0.008	0.017	0.038	0.016
6	0.030	0.005	0.018	0.006	0.272	0.001	0.006	0.002
7	0.032	0.004	0.021	0.015	0.007	0.001	0.005	0.001
8	0.055	0.003	0.029	0.030	0.002	0.000	0.000	0.001
9	0.026	0.011	0.019	0.013	0.002	0.001	0.000	0.000
10	0.026	0.003	0.024	0.008	0.008	0.001	0.001	0.001
11	0.030	0.004	0.031	0.010	0.033	0.003	0.004	0.001
12	0.033	0.003	0.029	0.011	0.004	0.001	0.000	0.005
13	0.021	0.002	0.036	0.007	0.117	0.004	0.026	0.001
14	0.025	0.003	0.028	0.010	0.005	0.038	0.016	0.001
15	0.016	0.009	0.034	0.025	0.003	0.022	0.006	0.000
16	0.023	0.004	0.028	0.007	0.010	0.036	0.003	0.018